L'exploitation minière en Afrique

L'exploitation minière en Afrique

Les communautés locales en tirent-elles parti ?

Punam Chuhan-Pole, Andrew L. Dabalen et Bryan Christopher Land

en collaboration avec Michael Lewin, Aly Sanoh, Gregory Smith et Anja Tolonen

Ouvrage publié conjointement par l'Agence française de développement et la Banque mondiale

Collection l'Afrique en développement

Créée en 2009, la collection « **L'Afrique en développement** » s'intéresse aux grands enjeux sociaux et économiques du développement en Afrique subsaharienne. Chacun de ses numéros dresse l'état des lieux d'une problématique et contribue à alimenter la réflexion liée à l'élaboration des politiques locales, régionales et mondiales. Décideurs, chercheurs et étudiants y trouveront les résultats des travaux de recherche les plus récents, mettant en évidence les difficultés et les opportunités de développement du continent.

Cette collection est dirigée par l'Agence française de développement et la Banque mondiale. Pluridisciplinaires, les manuscrits sélectionnés émanent des travaux de recherche et des activités de terrain des deux institutions. Ils sont choisis pour leur pertinence au regard de l'actualité du développement. En travaillant ensemble sur cette collection, l'Agence française de développement et la Banque mondiale entendent renouveler les façons d'analyser et de comprendre le développement de l'Afrique subsaharienne.

Membres du comité consultatif

Agence française de développement
Thomas Melonio, directeur exécutif, direction « Innovations, recherche et savoirs »
Marie-Pierre Nicollet, directrice, département « Valorisation des savoirs sur le développement durable »
Sophie Chauvin, responsable, division « Édition et publication »
Hélène Djoufelkit, directrice adjointe, département « Diagnostics économiques et politiques publiques »

Banque mondiale
Albert G. Zeufack, chef économiste, région Afrique
Markus P. Goldstein, économiste spécialiste, région Afrique

Afrique subsaharienne

IBRD 39472 | MAI 2019

Source : Banque mondiale (IBRD 39472, mai 2019).

Titres de la collection L'Afrique en développement

Highways to Success or Byways to Waste: Estimating the Economic Benefits of Roads in Africa (2015), Ali A. Rubaba, Federico Barra, Claudia Berg, Richard Damania, John Nash, Jason Russ

2014

Youth Employment in Sub-Saharan Africa (2014), *L'emploi des jeunes en Afrique subsaharienne* (2014), Deon Filmer, Louise Fox

Tourism in Africa: Harnessing Tourism for Growth and Improved Livelihoods (2014), Iain Christie, Eneida Fernandes, Hannah Messerli, Louise Twining-Ward

2013

The Political Economy of Decentralization in Sub-Saharan Africa: A New Implementation Model (2013), Bernard Dafflon, Thierry Madiès (éds.)

Empowering Women: Legal Rights and Economic Opportunities in Africa (2013), Mary Hallward-Driemeier, Tazeen Hasan

Les marchés urbains du travail en Afrique subsaharienne (2013), *Urban Labor Markets in Sub-Saharan Africa* (2013), Philippe De Vreyer, François Roubaud (éds.)

Securing Africa's Land for Shared Prosperity: A Program to Scale Up Reforms and Investments (2013), Frank F. K. Byamugisha

2012

Light Manufacturing in Africa: Targeted Policies to Enhance Private Investment and Create Jobs (2012), *L'Industrie légère en Afrique : politiques ciblées pour susciter l'investissement privé et créer des emplois* (2012), Hinh T. Dinh, Vincent Palmade, Vandana Chandra, Frances Cossar

Informal Sector in Francophone Africa: Firm Size, Productivity, and Institutions (2012), *Les entreprises informelles de l'Afrique de l'ouest francophone : taille, productivité et institutions* (2012), Nancy Benjamin, Ahmadou Aly Mbaye

Financing Africa's Cities: The Imperative of Local Investment (2012), *Financer les villes d'Afrique : l'enjeu de l'investissement local* (2012), Thierry Paulais

Structural Transformation and Rural Change Revisited: Challenges for Late Developing Countries in a Globalizing World (2012), *Transformations rurales et développement : les défis du changement structurel dans un monde globalisé* (2013), Bruno Losch, Sandrine Fréguin-Gresh, Eric Thomas White

2011

Contemporary Migration to South Africa: A Regional Development Issue (2011), Aurelia Segatti, Loren Landau (éd.)

L'Économie politique de la décentralisation dans quatre pays d'Afrique subsaharienne : Burkina Faso, Sénégal, Ghana et Kenya (2011), Bernard Dafflon, Thierry Madiès (éds.)

2010

Africa's Infrastructure: A Time for Transformation (2010), *Infrastructures africaines, une transformation impérative* (2010), Vivien Foster, Cecilia Briceño-Garmendia (éd.)

Gender Disparities in Africa's Labor Market (2010), Jorge Saba Arbache, Alexandre Kolev, Ewa Filipiak (éds.)

Challenges for African Agriculture (2010), Jean-Claude Deveze (éd.)

Tous les ouvrages de la collection « L'Afrique en développement » sont accessibles gratuitement sur :
https://www.afd.fr/fr/ressources-accueil
et
https://openknowledge.worldbank.org/handle/10986/2150

Sommaire

Cartes

Encadrés

Figures

Tableaux

Avant-propos

L'Afrique connaît un boom du secteur extractif depuis les alentours de l'an 2000. La croissance soutenue des exportations des ressources naturelles abondantes de la région, qui vont des hydrocarbures à des minéraux tels que l'or, le cuivre et le minerai de fer, a contribué de manière significative au revirement remarquable de sa trajectoire de croissance économique. Les économies des pays riches en ressources naturelles ont par ailleurs connu une croissance plus soutenue que celles des pays moins bien dotés. Le super cycle des matières premières extractives qui a débuté en 2000 a considérablement stimulé la production de matières extractives et accru l'intérêt des investisseurs pour les ressources naturelles abondantes de la région, ce qui a conduit à une intensification de l'exploration de ressources et une flambée du nombre d'ouvertures de nouvelles mines. Entre 2001 et 2014, le secteur extractif a été responsable des deux tiers des exportations du continent africain, contribuant largement aux finances publiques notamment par le biais de fonds pour le développement des capacités et la construction d'infrastructures. Nonobstant la forte chute récente des prix des matières premières, l'expansion générale du secteur extractif et des exportations minières laissent en présager l'importance majeure des contributions du secteur aux ressources financières de l'Afrique dans les années à venir.

Bien que le boom des ressources ait porté la croissance des pays producteurs de ressources primaires de la région, il s'est avéré nettement moins efficace à améliorer le bien-être des populations. Dans l'ensemble, la conversion de la croissance en réduction de la pauvreté s'est faite de manière beaucoup plus lente en Afrique que dans le reste du monde en développement. Les habitants des pays riches en ressources d'Afrique ont une espérance de vie plus faible de 4,5 années et des taux de malnutrition des femmes et des enfants plus élevés que les autres pays du continent. La lenteur de la réduction de la pauvreté en Afrique est souvent attribuée à une croissance économique basée sur les ressources naturelles, ce que l'on qualifie de « malédiction des ressources naturelles ».

Ceci dit, il est évident que tant le rôle du secteur minier dans le développement économique de l'Afrique que la manière dont l'abondance en ressources est mise à profit pour assurer le bien-être des populations restont des questions de premier ordre. Si les chercheurs et les décideurs politiques s'intéressent à la gouvernance et aux risques macrofiscaux dans le but d'identifier des éléments susceptibles d'être améliorés, très peu d'attention a été portée aux bénéfices pour les communautés locales situées proches des sites miniers.

Cette étude porte sur le sort des communautés locales. Les auteurs examinent la manière dont l'exploitation minière aurifère à grande échelle dans trois pays africains – le Ghana, le Mali et la Tanzanie – impacte les moyens de subsistance et les communautés à l'échelle locale. Leur analyse et leurs résultats concluent qu'en moyenne, les communautés bénéficient d'effets positifs, quoique limités, sur le bien-être. Certaines retombées positives apparaissent plus fréquemment dans les localités situées à proximité d'une mine, mais pas de manière uniforme sur l'ensemble des communautés minières. L'extraction minière et le traitement des minéraux peuvent également générer différents types d'externalités négatives, dont la pollution de l'environnement, la saturation des services publics, une pression sur d'autres ressources naturelles limitées et la dislocation du tissu social, ce qui peut avoir des répercussions sur le niveau de bien-être dans la communauté locale.

Pour mettre au point des politiques efficaces traitant ces questions, il est non seulement nécessaire d'étudier en profondeur la façon dont les communautés minières sont impactées négativement par ces externalités mais aussi quels sont les bienfaits tirés par les populations en termes de qualité de vie et par quelles voies cela se fait. Cette étude fournit un cadre analytique simple pour comprendre comment les booms de ressources peuvent impacter les moyens de subsistence et les communautés locales et décline trois grandes voies d'impact par lesquelles les communautés locales et les régions peuvent se retrouver impactées : le marché, la fiscalité et l'environnement. Les auteurs appliquent cette approche à l'exploitation aurifère à grande échelle dans les trois pays étudiés, mettant à profit des méthodes économétriques robustes pour évaluer les impacts à l'échelle locale. Sur la base de leurs résultats, ils mettent en lumière les mécanismes et voies de transmission qui peuvent s'avérer utiles dans l'étude d'autres opérations minières à grande échelle en Afrique.

Nous espérons que le fait de mener des analyses similaires sur d'autres communautés locales minières en utilisant le cadre analytique et la méthodologie présentés dans cette étude aidera à mieux éclairer les politiques publiques et le comportement des entreprises concernant le bien-être des communautés dans lesquelles a lieu l'extraction de ressources. C'est en relevant le défi des ressources naturelles dans toutes ses dimensions que nous ouvrirons la voie à une prospérité mieux partagée et plus équitable, une condition essentielle à des perspectives améliorées tant à l'échelle des individus que des pays.

Makhtar Diop
Vice-président de la région Afrique
Banque mondiale

Remerciements

Le présent volume fait partie du programme d'études régionales pour l'Afrique, une initiative de la vice-présidence de la région Afrique à la Banque mondiale. La présente série d'études vise à combiner des niveaux élevés de rigueur analytique et de pertinence politique, et à les appliquer à divers sujets importants pour le développement économique et social de l'Afrique subsaharienne. Le contrôle qualité et la supervision ont été assurés par le Bureau de l'économiste en chef pour la région Afrique.

Le présent rapport a été préparé sous la direction de Punam Chuhan-Pole, d'Andrew Dabalen et de Bryan Christopher Land par une équipe principale constituée d'Aly Sanoh, de Gregory Smith et d'Anja Tolonen. Parmi les auteurs et contributeurs principaux aux différentes parties du rapport figurent Magnus Andersson, Fernando Aragón, Ola Hall, Andreas Kotsadam, Michael Lewin et Niklas Olén. Des contributions supplémentaires ont été faites par Nazli Aktakke, Meltem A. Aran, Joseph R. A. Ayee, Massaoly Coulibaly, Armstrong Dumisa Dlamini, Godbertha Kinyondo, Vijdan Korman et Beyza Polat. Stuti Khemani, Ken Opalo et Jamele Rigolini ont formulé des commentaires aussi perspicaces que précis dans le cadre de l'évaluation par les pairs. Plusieurs membres du Groupe de la Banque mondiale, dont Kathleen Beegle, William Maloney et Sanjay Srivastava, ont aussi formulé des commentaires à différentes étapes de l'élaboration du rapport. Ce rapport a été préparé sous la direction générale de Francisco H. G. Ferreira, chef économiste pour la région Afrique. Alastair McIndoe a édité l'étude. L'équipe est seule responsable de toute erreur ou omission.

À propos des auteurs

Punam Chuhan-Pole est économiste principal au bureau du chef économiste pour la région Afrique à la Banque mondiale. Elle a récemment lancé *Africa's Pulse*, une publication semi-annuelle de la Banque mondiale qui présente les tendances, perspectives et analyses économiques des grandes questions déterminantes pour l'Afrique de demain. Chuhan-Pole a conduit une étude examinant le progrès du développement en Afrique, *Yes Africa Can: Success Stories from a Dynamic Continent*, publiée par la Banque mondiale en 2011. Elle travaille actuellement sur la croissance et la réduction de la pauvreté en Afrique et sur la gestion de la richesse minière au service du développement. Elle est titulaire d'un doctorat en économie de Georgetown University. Elle a travaillé à la Federal Reserve Bank de New York avant de rejoindre la Banque mondiale.

Andrew L. Dabalen est *practice manager* au pôle mondial d'expertise Pauvreté et équité de la Banque mondiale. Son travail porte sur l'analyse de la pauvreté et de l'impact social, les inégalités des chances, l'évaluation de programmes, les risques et les vulnérabilités, les marchés du travail, ainsi que les issues des conflits et les résultats en matière de bien-être. Il a travaillé pour la région Afrique et la région Europe et Asie Centrale au sein de la Banque mondiale et il y a dirigé ou codirigé les produits analytiques pays et région. Dabalen a publié des articles académiques et des documents de travail sur la mesure de la pauvreté, les issues des conflits et les résultats en matière de bien-être, ainsi que sur l'inégalité salariale. Il est titulaire d'un master en développement international de l'University of California à Davis et un doctorat en économie de l'agriculture et des ressources de l'University of California à Berkeley.

Bryan Christopher Land est spécialiste principal sur le secteur minier au sein de la Banque mondiale et s'emploie à la recherche sur les opportunités et les défis auxquels font face les pays africains riches en ressources. Avant de rejoindre la Banque mondiale, Land a dirigé le programme du Secrétariat du Commonwealth Secretariat sur la gestion des ressources naturelles, après des expériences dans les cabinets de conseil sur le secteur extractif IHS Energy et CRU International. Il a également passé trois ans au sein du Département des minéraux et de l'énergie de Papouasie-Nouvelle-Guinée. Il est titulaire d'une maîtrise en économie de la London School of Economics et de masters en affaires internationales de Columbia University et en droit des ressources naturelles de Dundee University.

Michael Lewin enseigne l'économie à la Graduate School for Public and International Affairs de l'University of Pittsburgh. Ancien économiste senior à la Banque mondiale, il a travaillé dans l'ensemble de ses divisions régionales et a été responsable du programme de modélisation macroéconomique. Il s'intéresse particulièrement aux aspects économiques des pays exportateurs de minéraux. Parmi ses publications récentes sur l'Afrique, on compte « Botswana's Success: Good Governance, Good Policies, and Good Luck » dans *Yes Africa Can: African Success Stories* et « Harnessing Oil Windfalls for Growth in the Africa Region » dans *Africa at a Turning Point?*, qui a été publié par la Banque mondiale en 2008. Il a enseigné au sein de la Johns Hopkins School of Advanced International Studies et à Middlebury College.

Aly Sanoh est économiste statisticien au sein du pôle mondial d'expertise Pauvreté et équité de la Banque mondiale. Son travail porte sur la compréhension des facteurs de la réduction de la pauvreté et des inégalités dans les pays sahéliens. Il a occupé des postes dans le bureau du chef économiste de la région Afrique, où il a mené des analyses macroéconomiques et microéconomiques pour *Africa's Pulse*. Il est titulaire d'un master en politique énergétique et environnementale de l'University of Delaware et un doctorat en développement durable de Columbia University.

Gregory Smith est économiste senior au sein de la Banque mondiale et est basé en Zambie. Il se penche sur des questions de gestion macroéconomique et fiscale et explore la manière dont la croissance peut devenir plus inclusive pour relever les défis de la pauvreté et des inégalités. Il écrit sur l'émission d'euro-obligations, les fonds souverains, la gestion de la dette, ainsi que la gestion fiscale des recettes liées aux ressources naturelles. Il a travaillé dans le passé pour la Banque mondiale sur le Ghana, la Mongolie et le Vietnam. Il a également travaillé avec les ministères des finances et les banques centrales de la Tanzanie, de l'Ouganda et du Zimbabwe. Il est titulaire d'un doctorat en économie de Nottingham University.

Anja Tolonen est professeur adjoint d'économie à Barnard College, Columbia University, où elle travaille sur la question du développement économique. Son travail actuel porte sur les effets locaux sur le bien-être de l'extraction de ressources naturelles en Afrique, et notamment sur l'emploi, l'autonomisation des femmes, la santé et la criminalité. Elle enseigne l'économie du développement et les femmes dans l'économie du développement à Barnard College. Elle fait partie du Columbia Center for Development Economics and Policy et est chercheuse externe à l'Oxford Center for the Analysis of Resource-Rich Economies. Elle a bénéficié de financements de l'UNESCO pour ses travaux et a travaillé comme consultante pour le compte de la Banque mondiale. Elle est titulaire d'un doctor de l'University of Gothenburg et a été chercheuse invitée à l'University of Oxford et l'University of California à Berkeley.

À propos des contributeurs

Nazlı Aktakke est analyste en recherche quantitative chez Development Analytics. Elle travaille sur différents projets en rapport avec le développement avec les chercheurs associés. En tant qu'analyse de données principale, elle a travaillé sur des projets concernant la Turquie visant à mesurer l'effet de crises sur la participation à la population active, à évaluer l'impact d'un programme de développement régional, à analyser l'impact du programme de transformation des soins de santé du pays sur les résultats des mères et des enfants et à mener une analyse de méthodes mixtes de l'offre et de la demande des soins de santé pour les enfants. Elle est titulaire de masters en économie de l'université de Boğaziçi à Istanbul et de l'Universidad Carlos III de Madrid, ainsi que d'une maîtrise en ingénierie industrielle de la Middle East Technical University d'Ankara.

Magnus Andersson est professeur associé en géographique économique à Malmö University et conseiller en développement durable pour le Département des affaires économiques et sociales des Nations unies. Ses recherches portent sur le développement socioéconomique dans les pays en développement d'Afrique et d'Asie de l'Est et ont essentiellement recours aux données collectées au moyen d'enquêtes sur les ménages et de données de télédétection. Il a été publié dans des revues académiques et des publications telles que *The Economist* et *Global Finance*. Il a travaillé au sein du département de géographie humaine de Lund University et l'European Institute for Japanese Studies de la Stockholm School of Economics. Il est titulaire d'un doctorat de la Thammasat University et un master de Lund University.

Fernando Aragón est professeur associé d'économie à la Simon Fraser University, au Canada. Ses recherches portent sur l'étude du rôle des ressources naturelles dans le développement économique local et il a publié dans *The Economic Journal*, *The Journal of Development Economics* et *American Economic*

Journal: Economic Policy. Il a également été consultant pour différentes organisations publiques et privées. Il est titulaire d'une maîtrise de l'Universidad del Pacifico, au Pérou, ainsi que d'un master et d'un doctorat en économie de la London School of Economics.

Meltem Aran est un économiste du développement humain et directeur fondateur de Development Analytics, un centre de recherche sur les politiques sociales et le développement de programmes mis en oeuvre dans les pays en développement basés sur des données probantes. Ses recherches portent sur la mesure de l'autonomisation des femmes, sur les résultats des enfants dans des contextes à faibles opportunités et sur l'impact des politiques sociales inclusives sur les enfants dans les pays en développement. Elle a coécrit *Life Chances in Turkey: Expanding Opportunities for the Next Generation*, publié par la Banque mondiale en 2010. Elle est titulaire d'une double maîtrise de Brown University en économie et en relations internationales, un master en développement international de Harvard University, ainsi qu'un doctorat en économie de l'University of Oxford.

Niklas Boke-Olén est un doctorant en science de la géobiosphère à Lund University et se spécialise dans l'analyse des écosystèmes et la géographie physique. Il travaille sur l'analyse des dynamiques de la végétation à l'aide de méthodes et de matériel ayant trait à la télédétection, à la modélisation des écosystèmes et aux mesures effectuées sur le terrain. Son intérêt porte principalement sur la croissance de la végétation de savane en relation avec la production primaire nette et le stockage de carbone. Il est titulaire d'un master de la Lund University.

Ola Hall est géographe au département de géographie humaine et économique de la Lund University. Il travaille sur des questions ayant trait aux écarts de rendements des récoltes en Afrique subsaharienne. Ses recherches portent essentiellement sur la télédétection, les systèmes d'information géographique et des technologies novatrices permettant d'estimer et de détecter les cultures et leur rendement. Avant de rejoindre Lund University, il travaillait au département de géoinformatique du Royal Institute of Technology, en Suède. Il est titulaire d'un doctorat de la Stockholm University.

Andreas Kotsadam est chercheur senior au Frisch Centre et à l'université d'Oslo. Son intérêt porte principalement sur les politiques familiales, la recherche comparative sur les États providence, l'économie du développement et les inégalités, souvent centré sur la question du genre. En matière d'économie du développement, il travaille principalement sur la violence sexiste, la participation politique et les impacts locaux des ressources naturelles. Il est titulaire d'un doctorat en économie de Gothenburg University.

Beyza Polat est un microéconomiste appliqué s'intéressant particulièrement à l'organisation industrielle et le développement régional. Ses recherches portent sur l'évaluation économétrique de l'effet des politiques de développement économique régionale sur le chômage et le comportement des entreprises. Elle est titulaire d'une maîtrise en gestion ainsi qu'un master et un doctorant en économie de la London School of Economics. Elle est également adjointe de recherche au Center for Economic Performance. Elle a enseigné des cours de niveau licence et master en microéconomie, en économétrie et en économie mathématique à la London School of Economics. Elle est associée de recherche en analyse de développement et professeur adjoint à Ozyegin University, à Istanbul.

Abréviations

DMSP-OLS	*Defense Meteorological Satellite Program–Operational Linescan System*
DNTCP	Direction nationale du Trésor et de la Comptabilité publique
EDS	enquête démographique et de santé
EMAP	exploitation minière artisinale à petite échelle
GWR	*geographically weighted regression* (régression géographiquement pondérée)
km	kilomètre
MCO	méthode des moindres carrés ordinaire
MMDA	*Metropolitan, Municipal and District Assemblies*
MODIS	*moderate resolution imaging spectroradiometer*
NDVI	indice de végétation par différence normalisé
ODHD	Observatoire du développement humain durable
OMS	Organisation mondiale de la santé
PIB	produit intérieur brut
RNB	revenu national brut
RSE	responsabilité sociale d'enterprise
USD	dollar américain

Tous les montants sont en dollars américains, sauf indication contraire.

Chapitre 1

Présentation générale

Introduction

L'activité économique des pays africains a connu une poussée remarquable à partir du milieu des années 1990. Entre 1995 et 2014, le produit intérieur brut (PIB) régional a cru en moyenne de 4,5 % par an, soit à un rythme quasiment deux fois plus élevé que lors des deux décennies précédentes. La croissance économique s'est faite sur une base diversifiée et à la fois les économies des pays riches en ressources naturelles et celles des pays moins bien dotés ont connu cette expansion rapide, revirement qui a alimenté l'idée d'un « essor de l'Afrique ». De fait les résultats en termes de croissance économique sont depuis le début des années 2000 du niveau de ceux des pays en voie de développement des autres continents. Ce sursaut économique a aussi inversé la tendance à la baisse de revenu moyen par habitant, même si la croissance démographique n'a permis qu'une progression modeste du revenu moyen par habitant, de moins de 2 % en moyenne. Plusieurs facteurs, aussi bien externes qu'internes, ont permis d'assurer vingt ans de croissance soutenue en Afrique. Soulignons, notamment pour ce qui est des facteurs externes, le super cycle des matières premières extractives qui a débuté en 2000 et qui a permis aux pays riches en ressources de croître à un rythme nettement plus soutenu que les pays dotés de moindres ressources (figure 1.1).

La nette progression des prix des matières premières a aussi eu pour conséquence de fortement stimuler la production de matières extractives et d'accroître l'intérêt des investisseurs pour les ressources naturelles abondantes de la région, dont les hydrocarbures (pétrole et gaz naturel) et les minéraux (or, diamants, cuivre et minerai de fer), ce qui a conduit à partir de 2000 à une intensification de l'exploration de ressources avec une vague de nouvelles découvertes de gisements et une cadence accélérée d'ouverture de nouvelles mines (figure 1.2). Devarajan et Fengler (2013) concluent que l'extraction de ressources naturelles constituera une activité économique importante dans l'ensemble des pays de la région, à seulement cinq exceptions près, dans les années à venir.

La part des ressources naturelles dans les exportations de l'Afrique a cru de pair avec l'activité extractive. Entre 2001 et 2014, les industries extractives ont

Figure 1.1 Croissance du PIB par groupe de pays, 2000–2014

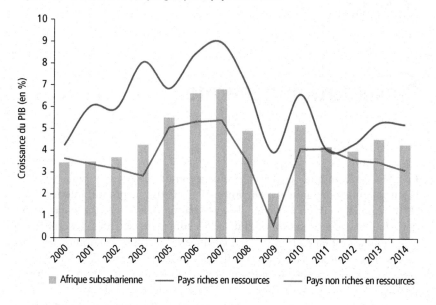

Figure 1.2 Nombre d'ouvertures de mines, 1870–2014

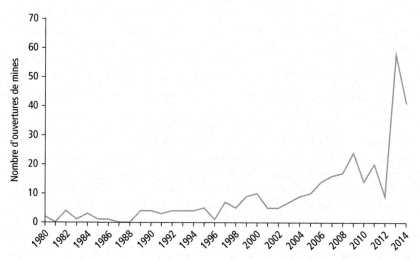

Source : Banque mondiale, 2015.

représenté près des deux tiers des exportations en provenance de pays africains, le pétrole et le gaz représentant à eux seuls près de la moitié des exportations totales. Il s'agit d'une augmentation considérable par rapport à la part de 48 % enregistrée sur la décennie précédente. Les exportations croissantes de ressources naturelles ont largement contribué aux finances publiques, fournissant des financements dont ces pays ont grand besoin pour renforcer leur capital humain et de production. La dépendance fiscale aux revenus liés aux matières premières dépasse nettement les 50 % chez les grands exportateurs de matières premières. Dans l'ensemble, l'expansion du secteur extractif a renforcé son importance comme source majeure de revenus, ce qui permet d'espérer que la région connaîtra une trajectoire de croissance durable. Si la chute abrupte des cours des matières premières qui a eu lieu en juin 2014 a assombri les perspectives de la région, ralentissant l'exploration des ressources et le rythme d'investissement, les ressources naturelles devraient continuer à représenter une part importante des exportations et des recettes publiques.

Si le boom des ressources naturelles a porté la croissance dans les pays producteurs de matières premières de la région, la question de l'amélioration du niveau de vie des populations se pose. La croissance a-t-elle augmenté les revenus et réduit la pauvreté à un rythme suffisamment rapide ? Au-delà des considérations de revenu, y a-t-il eu des progrès en termes d'éducation et de santé par exemple ? Dans l'ensemble, la conversion de la croissance en réduction de la pauvreté est considérée comme étant beaucoup plus faible dans les pays africains que dans le reste des pays en développement. L'élasticité de la pauvreté par rapport à la croissance est ainsi de seulement -0,7 en Afrique, soit seulement un tiers du niveau du reste du monde en développement (Christiaensen, Chuhan-Pole et Sanoh, 2013). Le faible rythme de réduction de la pauvreté tiendrait au fait que cette croissance est basée sur l'exploitation des ressources naturelles : c'est la « malédiction des ressources naturelles ». De piètres résultats de développement (en termes de pauvreté monétaire et d'indicateurs sociaux) existent en nombre parmi les pays dotés de ressources naturelles abondantes. C'est par exemple le cas de la Zambie, un grand exportateur de cuivre : l'incidence de la pauvreté y est restée pratiquement stationnaire sur la période 2000–2010, s'établissant à un taux de 60 %, alors même que la production économique doublait au cours de cette période.

Les indicateurs non monétaires de bien-être sont, après neutralisation de l'effet du revenu par habitant, significativement plus faibles dans les pays riches en ressources, tels que l'Angola, le Gabon, le Mozambique et le Nigeria. C'est un signe du potentiel non réalisé de la richesse en ressources naturelles (figure 1.3). Les données montrent que vivre dans un pays riche en ressources comporte une pénalité inquiétante : le taux d'alphabétisation y est plus faible de 3,1 points, l'espérance de vie plus faible de 4,5 années, le taux de malnutrition plus élevé de 3,7 points chez les femmes et de 2,1 points chez les enfants, les violences

Figure 1.3 Valeurs de l'indice de développement humain sur une sélection de pays africains, 2013

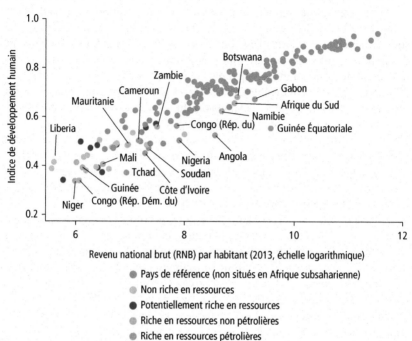

Sources : Rapport sur le développement humain 2014 et Indicateurs du développement mondial.
Note : Les valeurs d'IDH s'échelonnent entre un minimum de 0 et un maximum de 1.

domestiques plus fréquentes de 9 points et les indicateurs de participation et de responsabilisation y sont moindres (Beegle *et al.*, 2016).

À l'échelle nationale, que des millions de personnes vivant dans la pauvreté ne puissent profiter de la manne des ressources naturelles est un fait aussi affligeant qu'il est banal. Mais au-delà de l'incidence nationale ou collective, il y a un intérêt croissant à savoir si les communautés minières tirent profit des booms des ressources naturelles et, sinon, d'en comprendre les raisons. Malgré l'intérêt de longue date porté pour ces questions dans un contexte africain, les recherches dans ce domaine sont tardives et insuffisantes. Une raison est qu'en général les pays africains ne collectent pas de données économiques détaillées au niveau infranational. Il est dès lors souvent difficile de déterminer quelle proportion de la croissance qui est rapportée a lieu à l'échelle locale ou de savoir comment l'exploitation minière à grande échelle impacte l'activité économique locale. Néanmoins, la disponibilité et l'application croissantes des données de télédétection satellitaire rendent désormais possible ce type de mesure.

Les effets socioéconomiques de l'exploitation minière à grande échelle sont généralement mal compris. C'est pourquoi l'étude s'est principalement portée sur les impacts locaux. D'ailleurs, là où il existe une opinion publique sur les impacts de l'exploitation minière sur les communautés locales, elle est dans la plupart des cas négative. Cela est notamment dû au fait que, malgré la contribution substantielle des mines aux recettes d'exportation et dans de nombreux cas au PIB, le secteur génère généralement peu d'emplois à l'échelle nationale. Par exemple, au Mali, si l'exploitation minière à grande échelle représentait environ 7 % du PIB en 2013, moins d'1 % de la population bénéficiait d'un emploi dans le secteur (Sanoh et Coulibaly, 2015). Les préoccupations liées aux effets négatifs sur l'environnement et la santé de l'exploitation minière, pour lesquels les communautés locales ne s'estiment pas suffisamment dédommagées, renforcent la perception négative du secteur. De plus, la fin d'un boom minier peut laisser les communautés minières dépourvues de possibilités pour développer des moyens de subsistance alternatifs. Les compagnies minières et pétrolières qui souhaitent obtenir des concessions aggravent ces perceptions négatives, enclines qu'elles sont à exagérer les retombées à l'échelle locale et nationale.

L'objectif de cette étude est de mieux comprendre l'impact socioéconomique de l'extraction de ressources sur les communautés locales en Afrique. Plus précisément, cette étude explore l'effet de l'activité minière sur la composition de l'emploi, les salaires, l'accès aux infrastructures (eau, électricité), et l'impact sur l'état de santé des enfants et sur la production agricole dans les collectivités où a lieu l'extraction des ressources. Cette étude examine également l'importance des recettes publiques liées aux ressources naturelles dans les zones minières et cherche à déterminer si le montant et la composition des dépenses fiscales au profit des communautés est impactée par l'extraction minière.

L'étude commence par tracer un modèle simple des voies d'impact que peut avoir l'activité extractive sur les communautés locales et les moyens de subsistance locaux. C'est le plus souvent l'État, en tant que propriétaire des ressources en sous-sol pour le compte de sa population, qui dirige les retombées positives vers le reste de l'économie et notamment vers les collectivités locales. L'étude décline ainsi trois grandes voies d'impact par lesquelles les communautés locales et les régions peuvent se retrouver impactées : le marché, la fiscalité et l'environnement (figure 1.4).

L'étude applique ensuite ce cadre d'analyse à un seul secteur extractif, celui de l'exploitation minière aurifère à grande échelle, dans trois pays africains : le Ghana, le Mali et la Tanzanie. Le secteur aurifère a été choisi car l'or est une ressource qui est présente dans le sous-sol de nombreux pays africains et qui se retrouve dans des zones relativement densément peuplées, ce qui rend les impacts sur les communautés locales plus clairement identifiables. Cette étude a pour but de déterminer si les communautés locales tirent profit de l'activité minière ou non. L'accent porte principalement sur les améliorations en termes

Figure 1.4 Les voies d'impact de l'abondance en ressources naturelles sur les communautés locales

```
                    ┌─────────────────────────┐
                    │   Ressources naturelles  │
                    └─────────────────────────┘

    ┌─────────────┐      ┌─────────────┐      ┌─────────────────┐
    │   Marché    │      │  Fiscalité  │      │  Environnement  │
    └─────────────┘      └─────────────┘      └─────────────────┘
```

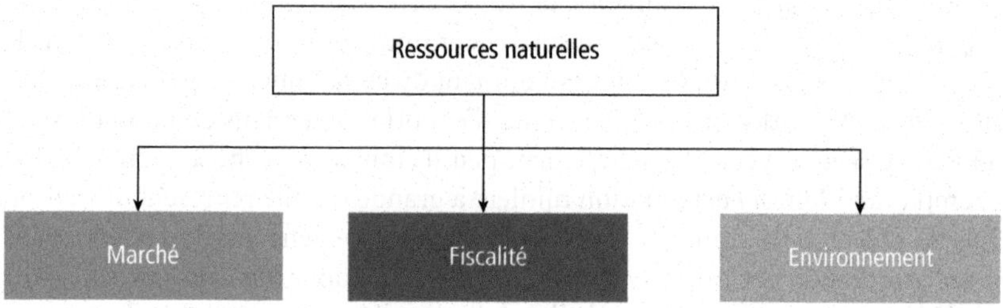

Source : Aragón, Chuhan-Pole et Land (2015).

de bien-être, mesurées par le biais de l'activité professionnelle des femmes et des hommes, l'équipement des ménages, l'accès aux infrastructures et l'état de santé des enfants. En effet, les gains enregistrés sur ces dimensions sont essentiels pour arriver à des niveaux de revenu plus élevés ainsi qu'à des moyens de subsistance plus stables et moins vulnérables.

L'étude adopte une double approche pour évaluer les effets au niveau local de l'activité minière. Premièrement, ceux-ci sont examinés dans le contexte spécifique de chacun de ces trois pays au moyen d'une analyse descriptive mettant à profit les résultats d'un travail sur le terrain. Deuxièmement, une analyse statistique est utilisée pour tester si les niveaux de bien-être augmentent avec la proximité à une mine. L'approche empirique adoptée traite l'exploitation aurifère comme une quasi-expérience où le démarrage ou le redémarrage d'une mine d'or constitue le « traitement » ou choc et cela dans le but d'appréhender les différences de résultats entre les communautés locales des zones minières et non minières.

Afin de permettre d'intensifier les retombées positives sur les communautés locales, l'étude identifie des terrains au niveau desquels des actions publiques ou privées peuvent aboutir à une amélioration des moyens d'existence et des perspectives futures des hommes et des femmes travaillant au sein d'exploitations minières à grande échelle ou dans leur voisinage, ainsi que de leur famille.

Définition d'un cadre permettant d'évaluer la manière dont les communautés locales tirent parti des retombées positives de l'exploitation minière

Dans les pays en développement, les acteurs du secteur extractif ont des possibilités quelque peu limitées pour impacter les communautés locales et les régions dans lesquelles ils opèrent puisque l'État agit comme gardien de ces ressources pour le compte de sa population (cf. chapitre 2). L'étude identifie trois grandes voies d'impact de l'activité extractive sur les communautés locales et les régions : le marché, la fiscalité et l'environnement (figure 1.4). Celles-ci procèdent sur la base de plusieurs mécanismes généraux et en particulier des trois suivants : l'emploi, le revenu et les liaisons avec d'autres secteurs ; les dépenses publiques ; et les externalités négatives de la production.

Par la voie d'impact du marché, l'extraction de ressources peut avoir des incidences sur le revenu, l'emploi et les liaisons avec d'autres secteurs économiques. Les industries extractives emploient des travailleurs locaux et achètent des biens et services aussi bien localement qu'au niveau régional. Un boom minier devrait par conséquent provoquer l'augmentation des salaires nominaux et des autres revenus, étendre les opportunités d'emploi non minier et de façon générale améliorer le bien-être des populations locales et réduire la pauvreté. Il peut néanmoins également y avoir des retombées négatives aux accroissements d'activité minière. Ainsi un démarrage d'activité extractive, comme par exemple une ouverture de mine, attire souvent des travailleurs venant d'autres régions : l'augmentation des salaires s'en trouve comprimée, les services locaux, de santé et d'éducation surchargés, et les prix des biens et services non échangeables, et notamment des loyers, s'envolent, ce qui peut donc avoir pour résultat de diminuer les revenus réels des riverains. La figure 1.5 présente schématiquement les mécanismes d'impact liés au marché et les résultats possibles d'un boom des ressources naturelles.

Outre les effets déjà mentionnés sur l'emploi et les salaires, il peut y avoir d'autres effets positifs, et notamment un gain de productivité grâce à la formation et à l'éducation des travailleurs qui s'étend souvent au-delà du site d'exploitation. Les biens publics peuvent aussi s'en trouver améliorés grâce aux investissements nécessaires au secteur extractif en termes de routes, de ponts, de ports et d'autres éléments d'infrastructure.

En ce qui concerne les dépenses publiques, le secteur public assume un rôle important puisqu'il lui revient d'utiliser la richesse en ressources pour alimenter une croissance durable. La chaîne de valeur de la gestion des ressources naturelles englobe l'organisation du secteur, l'attribution de contrats et de licences, la régulation et la surveillance des opérations, la collecte des rentes de ressources au moyen de taxes et de redevances, l'affectation des recettes et la gestion de l'investissement public ainsi que les pratiques et politiques de développement durable (Barma *et al.*, 2012). Le bénéfice tiré de l'exploitation d'une ressource naturelle dépendra dans une large mesure de la bonne utilisation des revenus qu'elle engendre. Les leçons du passé nous enjoignent toutefois à une certaine prudence. Une manne fiscale atténue les lourdes contraintes budgétaires des administrations locales et permet des dépenses publiques plus importantes. Les arrangements fiscaux entre l'administration centrale et les différents échelons territoriaux détermineront la part des bénéfices tirés de l'extraction minière qui reviendra aux zones minières.

Figure 1.5 Comment les mécanismes fiscaux et du marché peuvent impacter le bien-être des populations

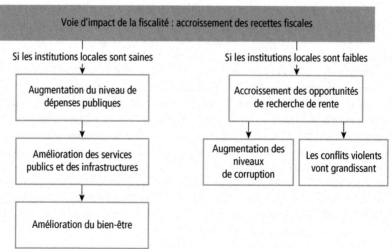

Dès lors que ces recettes exceptionnelles sont utilisées pour améliorer la qualité ou la quantité de biens et services publics locaux, il y existe un potentiel pour améliorer le bien-être des populations, notamment en matière de santé et d'éducation. De plus, dans la mesure où les biens publics constituent des facteurs de production ou créent des retombées positives, comme c'est le cas pour l'infrastructure de transport, un boom des ressources peut aussi augmenter les revenus et tirer la croissance locale vers le haut. L'effet positif des recettes exceptionnelles tient à plusieurs conditions : des responsables politiques locaux qui sont réceptifs aux besoins de l'ensemble de la population, des institutions locales qui fonctionnent bien, une certaine compétition saine sur le plan politique, et des administrations territoriales qui sont techniquement en mesure de fournir des biens et services publics. Dès lors, la compétence générale, l'honnêteté et la capacité générale de mise en œuvre de l'administration locale sont essentielles à l'amélioration du bien-être social et développement. Tant que ces conditions ne seront pas remplies, il n'y a aura pas d'effet positif sur l'offre de biens publics et sur les conditions de vie de la population locale. Aussi bien à l'échelle nationale que locale, la qualité de la gouvernance et son influence sur la façon dont les recettes liées aux ressources naturelles sont utilisées constitueront un facteur déterminant des impacts sur le bien-être des ressources naturelles. La figure 1.4 dépeint certaines des voies d'impact abordées dans la littérature académique par lesquelles des recettes exceptionnelles peuvent affecter le bien-être des populations locales.

L'extraction minière et le traitement des minéraux peuvent générer différents types d'externalités négatives, dont la pollution de l'environnement, la saturation des services publics, une pression sur d'autres ressources naturelles limitées et la dislocation du tissu social, ce qui peut avoir des répercussions sur le niveau de bien-être dans la communauté locale.

La pollution de l'environnement peut avoir une incidence négative sur la santé et c'est une préoccupation majeure, notamment en ce qui concerne l'exploitation aurifère (voir encadré 1.1). La pollution peut aussi conduire à une diminution de la productivité agricole (Aragón et Rud, 2015) : de manière directe en impactant la santé des cultures et leur croissance et en dégradant la qualité de facteurs de production agricole (sols et eau en particulier), et de manière indirecte du fait d'une diminution de la productivité de la main-d'œuvre sous l'effet de la pollution atmosphérique. La perte de productivité agricole aura une incidence négative sur la production agricole, laquelle viendra à son tour impacter les revenus des agriculteurs et des populations rurales. Cette externalité revêt un caractère particulièrement important dans des zones rurales peuplées et là où l'agriculture reste un important moyen de subsistance.

ENCADRÉ 1.1

Enjeux sanitaires et environnementaux dans les zones aurifères

Comme beaucoup d'autres secteurs, l'extraction aurifère, aussi bien industrielle ou artisanale, est associée à la dégradation et la pollution de l'environnement, ce qui entraîne des incidences graves sur la santé humaine.

La dégradation de l'environnement se manifeste par ses effets sur le paysage et l'utilisation des sols, la prolifération de pollutions aux métaux lourds naturellement présents dans le minerai d'or (arsenic et plomb en particulier), le rejet de cyanure dans la nature, la dissémination de mercure venant des mines artisanales, ou encore la pollution atmosphérique. Au Ghana, la pollution atmosphérique aux alentours des mines d'or industrielle a été associée à une incidence accrue de toux (Aragon et Rud, 2013).

De même, il a été démontré que la pollution aux métaux lourds a des conséquences néfastes sur la santé. Par exemple, Goltz et Barnwal (2014) ont déterminé au cours de l'étude qu'ils ont menée sur 800 mines dans 44 pays en développement que des pollutions au plomb et d'autres métaux lourds sont associées à une augmentation de 3 à 10 points du taux de femmes anémiées et une augmentation de 5 points dans l'incidence de retards de croissance chez les enfants des communautés minières. Il existe néanmoins des polémiques au sujet des études qui font le lien entre dégradation de l'environnement autour des mines et conséquences sur la santé humaine du fait de l'éventualité d'un biais de variables omises, l'exposition à ces pollutions pouvant éventuellement être liée à des différences de mode de vie des individus (Tolonen, 2014).

Une étude d'impact environnemental de 61 mines importantes et de quelques exploitations de moindre importance réalisée en 2008 au Ghana a mis en évidence que les zones minières présentent une concentration plus élevée en arsenic, et ce tout particulièrement dans le voisinage de grandes mines anciennes telles qu'Obuasi, Bibiani et Prestea. Dans l'aire d'influence de la mine d'Obuasi, la teneur moyenne en arsenic de l'eau sur une année d'échantillonnage est ainsi de 25 µg/L, ce qui représente plus de cinquante fois la valeur préconisée par l'Organisation mondiale de la santé (OMS) pour l'eau potable (Union européenne, 2008). Au Ghana, les concentrations élevées en cyanure sont peu fréquentes car la grande majorité des sociétés minières respectent des procédures strictes.

L'utilisation de mercure pour séparer à faible coût l'or des autres minéraux constitue l'un des grands enjeux environnementaux et sanitaires pour les mineurs artisanaux. L'utilisation de mercure tend à toujours à dépasser le seuil d'exposition de l'OMS, fixé à 1,0 µg/m³. Dans le sud-ouest du Ghana, les mineurs artisanaux et à petite échelle présentent une charge de mercure significativement plus élevée que les autres habitants vivant ou travaillant dans des zones minières (Kwaansa-Ansah *et al.*, 2014). En Tanzanie, une analyse de différentes études souligne la présence de risques importants pour la santé et la sécurité des communautés minières (Sanjay *et al.*, 2015). Dans les zones minières artisanales de Matundasi et de Makongolosi, le niveau moyen de

(suite page suivante)

Encadré 1.1 (suite)

mercure dans les échantillons de cheveux de mineurs est ainsi 2,7 fois supérieur à la limite de référence fixée par l'*Environmental Protection Agency* des États-Unis, soit 1 µg/g, et environ les deux tiers des échantillons de cheveux dépassaient cette limite de référence.

Une autre étude, cette fois en Tanzanie, s'est intéressée aux niveaux de mercure présents dans le lait maternel des mères vivant sur des sites d'exploitation aurifère artisanale et à petite échelle, mettant en évidence que 22 enfants sur 46 de ces mères avaient une exposition au mercure supérieure à la limite maximale recommandée.

Approche permettant d'évaluer les effets locaux de l'exploitation minière

Secteur examiné : l'exploitation minière aurifère en Afrique subsaharienne

Le secteur des minéraux en Afrique subsaharienne est aussi vaste qu'il est diversifié. Cette étude applique de manière sélective le cadre général présenté dans la figure 1.4 à un seul minéral : l'or. Cette ressource a été choisie sur la base des facteurs suivants :

- l'exploitation aurifère constitue désormais un secteur important dans plusieurs pays d'Afrique et se place en deuxième position des sources de recettes d'exportation après le pétrole brut à l'échelle du continent. En 2013, plusieurs pays africains, dont l'Afrique du Sud, le Ghana, le Mali et la Tanzanie, comptaient parmi les vingt plus gros producteurs mondiaux d'or.

- Vu que l'objectif de cette étude est de déterminer l'impact socioéconomique de l'activité minière sur les communautés locales, il est pertinent de choisir une activité ayant potentiellement des effets locaux importants. Si les forages pétroliers sont souvent réalisés en offshore, l'extraction de l'or, elle, se passe à terre et peut avoir des impacts sur les riverains.

- Les pays touchés par les conflits ont été exclus de l'étude dans le but de mieux cerner la façon dont l'activité extractive peut avoir une incidence sur les communautés locales par le biais de la voie d'impact du marché.

Trois pays ont été sélectionnés dans le cadre de cette étude : le Ghana, le Mali et la Tanzanie. L'exploitation aurifère présente un certain nombre de caractéristiques communes dans chacun de ces trois pays qui font que ceux-ci se prêtaient bien à l'étude. Si l'exploitation à l'échelle industrielle de l'or existe de longue date en Afrique, et tout particulièrement dans le cas du Ghana, il y a eu une forte

Figure 1.6 Production d'or au Ghana, au Mali et en Tanzanie, 1980–2011

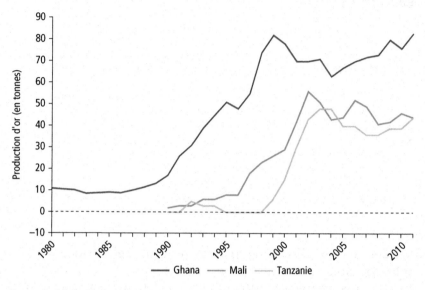

Source : Compilation de données de MineAtlas et d'IntierraRMG réalisées par les auteurs.

accélération de la production d'or depuis le milieu des années 1990 dans chacun des trois pays sélectionnés (figure 1.6) et ceux-ci représentaient en conséquence 35 % de la production africaine en 2005.

Les exportations d'or constituent une composante importante des exportations de chacun des trois pays : l'or représentait ainsi en moyenne 69 % des exportations du Mali entre 2000 et 2013, 38 % au Ghana et 31 % en Tanzanie. Si les exportations d'or ont une valeur conséquente, la contribution de l'exploitation minière aurifère au PIB est moins dominante : au Mali – le plus pauvre de ces trois pays –, l'exploitation des mines et des carrières participe pour environ 7 % du PIB, tandis qu'au Ghana, ce chiffre est de 5,5 % et en Tanzanie, de 4 %.

Une méthodologie empirique pour mesurer les effets locaux de l'exploitation minière

L'objectif de cette étude est de déterminer si les communautés locales bénéficient ou non des activités minières, et plus spécifiquement de l'exploitation aurifère industrielle ou à grande échelle. Pour mieux comprendre comment les retombées positives du secteur minier sont capturées par les communautés locales, cette étude évalue l'ampleur de l'impact de l'exploitation minière sur le bien-être des populations locales *via* une analyse de type avant/après mettant à profit les ouvertures et les fermetures des mines d'or. L'accent est principalement mis sur l'analyse des améliorations du niveau de bien-être avec la proximité à une mine, mesurées sur quatre grandes dimensions :

- *l'occupation professionnelle des hommes et des femmes* : variation des opportunités d'emploi et du montant des revenus, et impact sur l'activité agricole et non agricole ;

- *l'équipement des ménages* : évolution de l'équipement des ménages (poste de radio, bicyclette, voiture et ainsi de suite) ;

- *l'accès aux infrastructures* : évolution des variables d'accès à l'électricité et à l'eau principalement, lesquelles sont révélatrices de la fourniture de services publics par l'administration locale ;

- *l'état de santé des enfants* : évolution des indicateurs clés de santé des enfants, à savoir la mortalité infantile, l'incidence de fièvre, de toux persistante et de diarrhée chez les enfants de moins de 5 ans.

Cette étude utilise à la fois des méthodes d'analyse descriptive et des méthodes économétriques robustes pour évaluer les impacts à l'échelle locale. Les impacts de l'exploitation minière sont d'abord examinés dans le contexte spécifique de chacun des trois pays étudiés (Ghana, Mali et Tanzanie) au travers d'études de cas s'appuyant sur des résultats issus du terrain (chapitre 3). Une analyse statistique combinant les informations spécifiques aux différentes mines et un riche ensemble de données émanant de différentes sources est ensuite utilisé pour vérifier de manière rigoureuse l'amélioration des indicateurs de bien-être avec la proximité à une mine (chapitre 4).

Cette approche empirique s'appuie sur des études antérieures ayant utilisé ces événements quasi-expérimentaux pour estimer l'impact de chocs localisés sur les résultats économiques (Card et Krueger, 1994). La stratégie d'identification utilisée par ces études repose sur la comparaison des résultats des unités locales d'observation (districts, municipalités, régions, etc.) affectées par un événement ou une intervention particulière et de ceux d'unités où cet événement ou cette intervention n'a pas eu lieu. L'approche analytique adoptée dans cette étude considère l'exploitation minière aurifère comme une quasi-expérience, les environs de la mine constituant la « zone de traitement » et les zones situées à l'extérieur de ce périmètre les « zones de non traitement ». Étant donné que les zones choisies concernent des démarrages (ou redémarrages) relativement récents de mines d'or, il est aussi possible de comparer les résultats « avant traitement » et « après traitement », le « traitement » étant bien sûr le démarrage ou l'existence d'une mine. Une stratégie d'estimation par la méthode des doubles différences est utilisée pour vérifier si les indicateurs de bien-être s'améliorent avec la proximité à une mine, la proximité étant définie de différentes manières (voir l'encadré 1.2).

ENCADRÉ 1.2

Qu'est-ce qu'une communauté minière ?

Deux mesures générales de la proximité à une mine, c'est-à-dire de définition de la zone de traitement, sont utilisées dans cette analyse : la distance à une mine et le district administratif où celle-ci se situe.

La distance à une mine : la détermination de la distance sur laquelle s'étend l'influence d'une mine constitue un exercice empirique. L'analyse porte sur les ménages situés dans les 100 km d'une mine, le traitement de référence correspondant à la zone située dans un rayon de 20 km autour de la mine (figure B1.2.1). Afin de permettre la prise en compte d'effets qui ne présentent pas de relation linéaire avec la distance, l'analyse emploie également un modèle de décalage spatial qui divise la zone

Figure B1.2.1 Les mines d'or du Mali et zones tampon

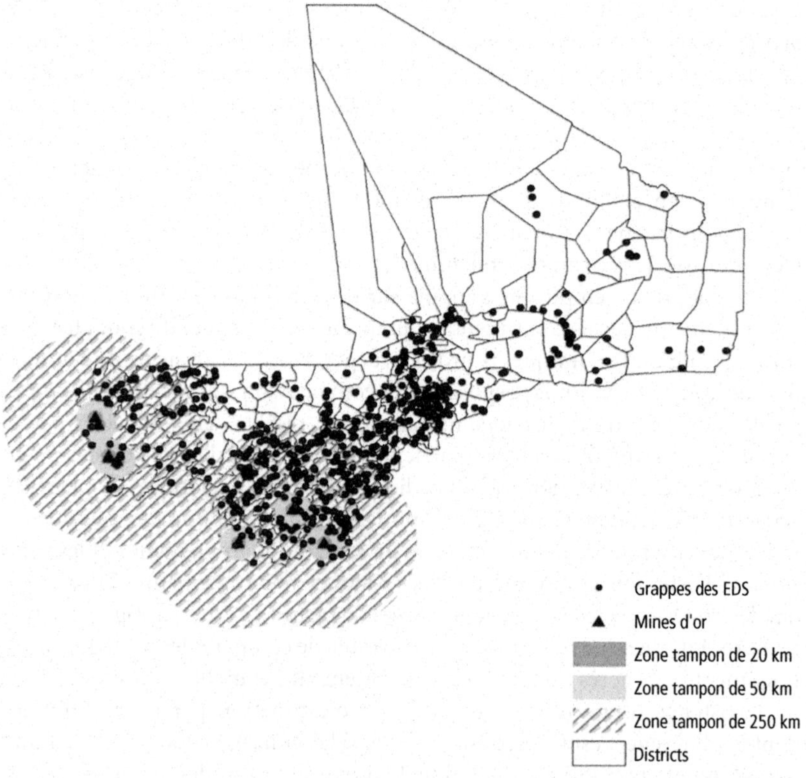

- • Grappes des EDS
- ▲ Mines d'or
- ▓ Zone tampon de 20 km
- ░ Zone tampon de 50 km
- ▨ Zone tampon de 250 km
- ☐ Districts

Note : EDS = enquête démographique et de santé.

(suite page suivante)

Encadré 1.2 (suite)

environnante en anneaux concentriques (ou classes), par exemple sur une bande comprise entre 0 à 10 km de la mine, entre 10 et 20 km, entre 20 et 30 km et ainsi de suite, jusqu'à une distance de 100 km de la mine.

Le district minier : indéniablement, une exploitation minière peut avoir des impacts additionnels bien au-delà du voisinage immédiat d'un site minier en permettant des dépenses publiques financées par les redevances et recettes minières qui profitent aux populations vivant dans l'ensemble du district où se situe la mine. L'injection de dépenses additionnelles dans le district peut correspondre à une augmentation des dépenses contribuant au bien-être des populations, comme par exemple des investissements dans l'enseignement scolaire ou les soins de santé. Un second niveau d'analyse est donc réalisé en prenant comme zone de traitement le district lui-même. Par district, on entend ici une collectivité territoriale ayant l'autorité d'effectuer certains types de dépenses publiques à l'échelle locale. Les districts eux-mêmes sont relativement arbitraires et ne chercher d'impacts que dans les districts où se situe une mine pourrait conduire à passer à côté de retombées potentielles de l'exploitation minière. Les effets d'entraînement sur d'autres districts sont aussi pris en compte et l'analyse compare à cet effet les résultats dans les districts miniers, les districts limitrophes et les districts non miniers. Les résultats des districts miniers sont également comparés avec ceux d'un groupe de contrôle synthétique constitué de districts ne comptant pas de mines mais possédant des caractéristiques aussi proches que possible de celles des districts miniers.

Les communautés minières y gagnent-elles en termes de bien-être ?

Les résultats suggèrent qu'en moyenne, les communautés minières bénéficient d'effets positifs, quoique limités, sur le bien-être. Bien que les données tendent à démontrer la présence d'améliorations dans les niveaux de bien-être en rapport avec la proximité à une mine, on ne saurait affirmer que cela est vrai pour l'ensemble des dimensions du bien-être étudiées. Il n'existe néanmoins guère non plus d'indication de détérioration liée à cette proximité. On note de plus que la plupart des effets positifs ont lieu à travers la voie d'impact du marché.

L'analyse montre que l'exploitation minière à grande échelle peut favoriser une transition structurelle de l'économie des communautés locales. Les résultats pour l'emploi et l'occupation professionnelle suggèrent un passage d'occupations agricoles à des occupations non agricoles. Les résultats sont statistiquement robustes, tout particulièrement pour les pays où l'exploitation aurifère a débuté tôt, tels que le Ghana et le Mali. Cette évolution est particulièrement manifeste dans le cas des femmes, pour lesquelles les données sont plus complètes. Les opportunités d'emploi non agricoles, et tout particulièrement l'emploi dans la vente ou les services, sont substantiellement plus élevées pour les femmes qui vivent plus près de sites miniers que celles qui vivent plus loin. De même, l'emploi des femmes dans l'agriculture a décliné tandis que la probabilité qu'elles travaillent tout au long de l'année augmente pour celles qui sont plus proches de mines et celles qui vivent dans des districts miniers. Si l'exploitation minière est un secteur à forte intensité de capital et que ses effets directs en matière d'emploi sont relativement faibles, il semblerait qu'il y ait des effets indirects transformateurs. Là où des données salariales sont disponibles, par exemple au Ghana, les résultats indiquent que les salaires des habitants des zones minières sont plus élevés.

Contrairement à la perception commune qui voudrait que les mines à grande échelle constituent des « enclaves » économiques qui ne procurent que peu de retombées économiques aux économies locales, l'analyse de données issues de la télédétection montre que la croissance économique augmente dans la période qui suit le démarrage d'une mine. Cependant, dans la durée, les zones proches des mines ne se retrouvent pas significativement en meilleure posture que les zones plus éloignées. L'analyse suggère aussi que malgré les risques que les mines posent à la productivité agricole, du fait de la pollution de l'environnement ou de changements structurels dans le marché du travail par exemple, rien n'indique que la production agricole, mesurée au moyen de l'indice de végétation par différence normalisé ou NDVI, diminue. Les résultats tendent également à démontrer qu'il y a un meilleur accès aux équipements et aux infrastructures. La part accrue des dépenses des ménages sur les postes du logement et de l'énergie mise en évidence par l'étude constitue en effet un indicateur fort de l'augmentation de l'accès à l'électricité et de l'équipement des ménages.

Avec l'augmentation des salaires, de l'accès à l'électricité et dans certains cas à de l'eau propre, la santé des enfants vivant dans des communautés minières s'améliore généralement, même si les résultats en matière de santé des enfants sont mitigés. La mortalité infantile a plus décliné dans les communautés minières que dans les communautés non minières au Ghana et au Mali, mais pas de manière statistiquement significative dans le cas de la Tanzanie. Au Mali, les retards de croissance (ratio taille sur âge) sont en baisse pour les enfants vivant près des mines alors que l'incidence estimée est négative, sans être significative, en ce qui concerne l'émaciation (ratio poids sur âge). À la fois au Ghana et en Tanzanie, ces résultats semblent être moins bons dans les zones minières, mais pas toujours de manière statistiquement significative. L'incidence de toux a diminué aussi bien au Ghana qu'au Mali, mais pas en Tanzanie. De même, l'incidence de diarrhée a diminué au Mali et en Tanzanie mais a augmenté de manière statistiquement significative au Ghana. Les mouvements migratoires expliquent peut-être certaines des différences dans les résultats en matière de santé des enfants entre les différents pays : par exemple, l'incidence accrue d'épisodes de diarrhée au Ghana semble être induite par les mauvais résultats chez les migrants vivant près des mines[1].

Quelques signes de transformation économique : occupation professionnelle, revenus et liaisons avec d'autres secteurs

Le secteur minier en Afrique subsaharienne est généralement associé à une faible création d'emplois directs par rapport à ses contributions au PIB et aux recettes d'exportation à l'échelle nationale. Il n'en a pas moins le potentiel d'avoir des impacts locaux substantiels pouvant permettre l'amorce d'une transformation structurelle de l'économie locale.

L'emploi direct par les sociétés minières constitue l'un des mécanismes majeurs par lesquels ont des retombées locales positives ont lieu. L'exploitation minière de l'or est cependant un secteur à forte intensité de capital et les études de cas des pays montrent que les effets d'entraînement sont probablement modestes. L'emploi direct dans l'industrie minière aurifère en Tanzanie représentant par exemple environ 7 000 personnes en 2013. Les chiffres de l'emploi direct sont tout aussi faibles au Ghana (environ 17 100 travailleurs en 2014) et au Mali (en moyenne environ 3 635 personnes entre 2008 et 2013). Dans de nombreux pays, les sociétés minières emploient principalement des ressortissants locaux plutôt que des expatriés, bien qu'il y ait une surreprésentation de ressortissants étrangers sur les postes managériaux. Au Mali, Sanoh et Coulibaly (2015) font état d'un ratio de 14 ressortissants maliens pour 1 expatrié et en moyenne, 78 % des emplois sont occupés par des personnes travaillant dans les mines des trois communes de Gouandiaka, Sadiola et Sitakily. Les données nationales sur l'emploi indiquent que le revenu minier moyen est plus élevé que le revenu moyen de l'ensemble des autres activités professionnelles, et qu'il est même considérablement plus élevé que dans le secteur agricole et le secteur industriel.

L'augmentation de l'emploi, des salaires et du revenu réel des populations locales peut amener des changements économiques qui sont à même d'améliorer leurs conditions de vie. Néanmoins, du fait de limitations dans les données, il est difficile d'estimer les liaisons économiques locales qui existent au niveau des mines. Bien que la description de l'exploitation minière à grande échelle comme des « enclaves » qui ne s'intègrent pas à l'ensemble de l'économie soit inexacte, on peut néanmoins aussi affirmer que les liaisons en amont ne sont pas particulièrement importantes. Par exemple, en Afrique du Sud, où des données plus complètes sont disponibles, le multiplicateur estimé de l'exploitation aurifère est de 1,8 – en d'autres termes, pour chaque emploi minier, 1,8 emploi supplémentaire est créé ailleurs du fait de liaisons en amont et d'effets liés aux dépenses effectuées par les sociétés minières. Au Mali, Sanoh et Coulibaly (2015) font état d'un multiplicateur d'une valeur de 1,67. Ces effets multiplicateurs restent limités en partie du fait de l'intensité capitalistique du secteur mais aussi parce qu'il y a manque d'opportunités d'approvisionnement locales présentant un bon rapport coût-efficacité.

Le potentiel d'approvisionnement local pourrait grandir à mesure que les sociétés minières apprennent à mieux connaître les marchés et fournisseurs locaux si tant est que les entrepreneurs locaux apprennent à tirer parti de ces opportunités relativement récentes. Cela se produit déjà en Tanzanie, où des efforts ont été menés pour améliorer le potentiel d'approvisionnement local, notamment en services tels que la restauration d'entreprise, la réparation de véhicules, le soudage, le travail du métal, les travaux électriques, la plomberie et les services d'atelier mécanique. La proportion d'intrants d'origine locale reste toutefois faible, comme on peut le constater aussi bien au Ghana qu'au Mali.

L'exploitation minière peut avoir des impacts larges du fait d'économies d'agglomération, c'est-à-dire de gains de productivité dégagés du fait du regroupement d'activités économiques autour des mines. Le premier signe d'un tel changement serait le mouvement de passage de la main-d'œuvre et d'autres facteurs de production des secteurs traditionnels vers de nouveaux secteurs. Dans les trois pays retenus pour l'étude, cela se traduit par un changement dans la structure de l'économie locale, passant d'une économie dominée par l'agriculture « traditionnelle » à une économie locale plus équilibrée.

Au Mali, au Ghana et en Tanzanie, l'afflux d'emplois, de revenus et d'infrastructure semble apporter des retombées positives et l'étude décèle les premiers signes d'une transformation structurelle. Les résultats au niveau individuel et des districts montrent que l'emploi dans l'agriculture a décliné tandis que l'emploi dans des occupations non agricoles telles que les services, l'industrie manufacturière et les mines s'est accru. Les résultats sont statistiquement robustes, tout particulièrement dans les pays où l'exploitation aurifère a débuté tôt, comme par exemple au Ghana et au Mali. De plus, là où il existe des données sur les salaires, ce qui est le cas du Ghana, il semblerait que les salaires des habitants des zones minières soient plus élevés.

Le changement structurel naissant a aussi apporté une amélioration des opportunités d'emploi non agricoles des femmes. L'emploi des femmes dans la vente et les services était nettement plus élevé pour les femmes vivant près de sites miniers que pour celles vivant plus loin. De même, le taux d'emploi des femmes dans l'agriculture a diminué, tandis que la probabilité qu'elles travaillent toute l'année augmente dans le cas des femmes vivant plus près des mines et celles qui vivent dans les districts miniers.

Le modèle de décalage spatial, lequel permet la prise en compte d'effets liés à la distance de façon non linéaire, montre à partir des données des enquêtes démographiques et de santé que l'emploi des femmes dans le secteur des services est significativement plus élevé près de mines actives (figure 1.7). En fait, les effets sont plus prononcés à une distance comprise entre 0 et 10 km d'une mine qu'entre 10 et 20 km. La probabilité qu'une femme travaille dans les services ou la vente augmente de 30 points au Mali et de 17 points au Ghana à la distance la plus proche d'une mine. Au Mali et au Ghana, la participation

Figure 1.7 **Modèle de décalage spatial illustrant la répartition géographique des effets sur l'emploi féminin dans le secteur tertiaire et le secteur agricole au Ghana, au Mali et en Tanzanie**

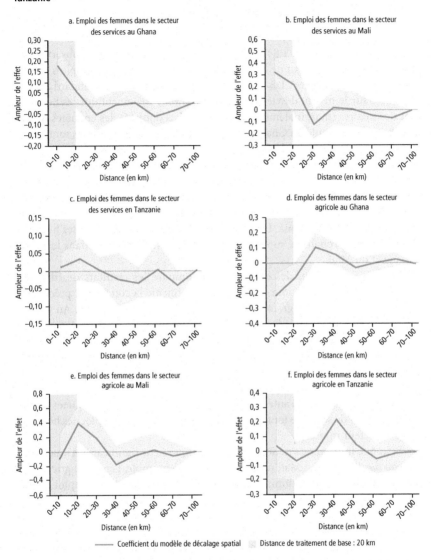

Source : Estimations réalisées par les auteurs sur la base des données des enquêtes.
Note : Le modèle de décalage spatial illustre la répartition géographique des effets sur l'emploi dans les services et l'agriculture. Les résultats sont issus des EDS. La zone grisée représente l'intervalle de confiance de 95 %.

agricole chute de respectivement 10 et 20 points à proximité des mines. En Tanzanie, il n'existe pas de preuve d'un changement net, que ce soit dans la vente et les services ou dans l'emploi agricole.

Au Ghana, les résultats montent qu'il y a une augmentation de 10 points dans la probabilité qu'un homme vivant à proximité d'une mine travaille dans le secteur minier (figure 1.8c)[2]. Cette situation contraste avec les observations faites sur les femmes, qui ne bénéficient que peu ou très peu d'emplois directs dans l'industrie minière[3]. Les données issues du Ghana Living Standard Survey, l'enquête sur le niveau de vie au Ghana, montrent également que les hommes ont des salaires (marginalement) plus élevés. Les données des enquêtes démographiques et de santé du Ghana et du Mali révèlent que les hommes sont moins susceptibles de travailler dans le secteur agricole s'ils vivent à 10 km ou moins d'une mine (ce résultat est statistiquement significatif dans le cas du Mali). Les données laissent entrevoir une tendance à la spécialisation des occupations en fonction de la distance à une mine : les populations participent moins à des activités agricoles à très grande proximité et à jusqu'à 30 km d'une mine, tout particulièrement au Ghana. Les résultats montrent également que les hommes n'ont pas une probabilité supérieure d'avoir un emploi manuel dans le cas du Ghana et du Mali.

L'analyse au niveau des districts, qui compare les résultats des districts miniers et non miniers pour les trois pays, confirme la conclusion précédente selon laquelle l'emploi agricole diminue dans les districts miniers. Au Ghana, les résultats indiquent que l'emploi agricole diminue de 5,2 points dans les districts miniers par rapport aux districts non miniers en ce qui concerne les hommes, et de 8,5 points en ce qui concerne les femmes. De plus, la probabilité que les femmes travaillent toute l'année augmente de 5,4 points, tout comme la probabilité qu'elles aient un emploi manuel. Il n'y a pas d'amélioration significative de l'emploi dans d'autres secteurs pour les hommes (les enquêtes démographiques et de santé ne font pas état d'informations sur l'emploi des hommes dans le secteur minier)[4].

Bien que les résultats ne soient pas statistiquement significatifs, l'analyse au niveau des districts au Mali montre que, dans l'ensemble, l'emploi agricole des femmes et des hommes diminue. Parallèlement, la probabilité d'emploi dans le secteur minier augmente de manière significative. Par rapport à la situation précédant l'ouverture d'une mine, les hommes ont une probabilité supérieure de près de 10 points de travailler dans l'industrie minière, contre 2,3 points de plus pour les femmes. Il convient toutefois de noter que ces changements peuvent aussi être dus à des augmentations de l'activité de mines à petite échelle dans ces districts sur la même période. Dans le cas de la Tanzanie, il n'y a pas d'information relevée sur l'emploi minier, mais, comme pour le Mali, l'on peut constater une baisse de l'emploi agricole – atteignant 8 points pour les hommes et 11 points pour les femmes –, quoique ces estimations ne soient pas statistiquement significatives.

Figure 1.8 Modèle de décalage spatial illustrant la répartition géographique des effets sur l'emploi masculin dans le secteur agricole, le travail manuel et sur les revenus salariaux au Ghana et au Mali

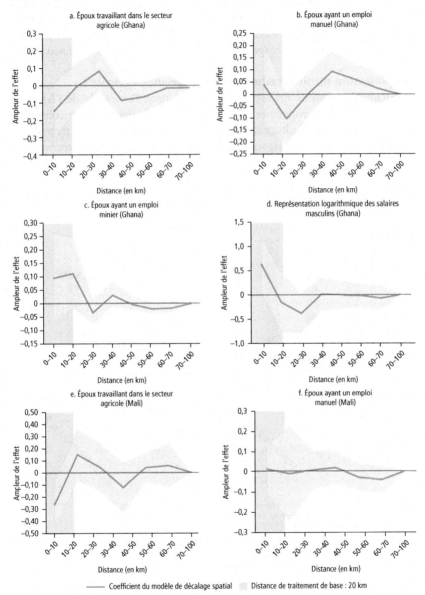

Source : Estimations réalisées par les auteurs sur la base des données des enquêtes.
Note : Le modèle de décalage spatial illustre la répartition géographique des effets sur l'emploi dans les services et l'agriculture. Les résultats sont issus des EDS, à l'exception de ceux des encarts c et d, lesquels proviennent du Ghana Living Standards Survey. La zone grisée représente l'intervalle de confiance de 95 %.

Les salaires des hommes et femmes sont en hausse au Ghana, mais cette augmentation n'est pas estimée de façon précise dans le cas des hommes (figure 1.9). Si le total des salaires des ménages augmente, les dépenses des ménages baissent quant à elles. Puisque les revenus salariaux ne sont enregistrés que pour les personnes ayant une activité salariée, ce qui se passe pour les revenus totaux dans les ménages sans source de revenu salarié reste peu clair.

L'exploitation minière réduit-elle la croissance agricole ?

L'agriculture constitue un secteur important dans l'ensemble de l'Afrique. Quelque 65 % de la population active d'Afrique subsaharienne est constituée d'agriculteurs et l'agriculture représente 32 % du PIB régional. La plupart des habitants des villages ruraux sont des agriculteurs et l'agriculture représente la

Figure 1.9 Évolution des salaires, des revenus et des dépenses au Ghana

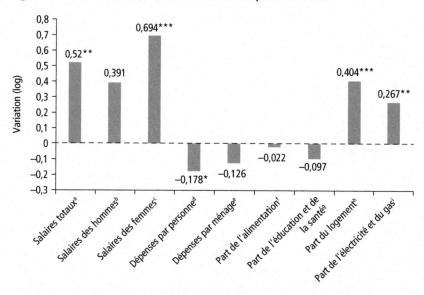

Source : Estimation des auteurs sur la base des données du Ghana Living Standards Survey.
Note : Changements dans les revenus, les salaires et les dépenses au Ghana.
a. Salaires et traitements annuels pour les individus de tous les âges (non déflatés).
b. Salaires et traitements annuels pour les femmes de tous les âges (non déflatés).
c. Salaires et traitements annuels pour les hommes de tous les âges (non déflatés).
d. Dépenses alimentaires et non alimentaires réelles par habitant par an (déflatées régionalement)
e. Dépenses totales des ménages par an, ajustées par région (en devise locale)
f–i. Toutes les variables de dépenses et de part de l'alimentation sont exprimées sous forme logarithmique.
Toutes les régressions tiennent compte du chef de famille, de la taille du ménage, des effets fixes district et des effets fixes année.
Toutes les régressions tiennent compte des effets fixes année et district, de la variable indicatrice citadin/non citadin, de l'âge et du nombre d'années d'études.
$***p < 0,01, **p < 0,05, *p < 0,1$.

plus grande part de l'activité économique dans les pays étudiés (Burkina Faso, Ghana, Mali et Tanzanie), d'où l'importance de savoir si l'exploitation minière réduit la croissance agricole. Parce que les mines font une utilisation intensive des sols, celles-ci sont principalement lancées dans des zones rurales, où la terre est moins coûteuse et où la participation agricole est souvent plus élevée avant l'ouverture d'une mine.

Les activités minières peuvent affecter la production agricole de plusieurs façons : l'exploitation minière peut conduire à une augmentation des salaires locaux, réduire ainsi les marges agricoles et conduire beaucoup de familles à abandonner l'agriculture par un phénomène semblable à un mal hollandais localisé. Les retombées environnementales négatives, notamment en matière de pollution ou de problèmes sanitaires locaux, peuvent également compromettre la productivité de la terre et celle de la main-d'œuvre agricole et donc diminuer la viabilité de l'activité agricole. À l'inverse, l'activité minière peut entraîner un mini-boom dans l'économie locale en augmentant l'emploi et les salaires locaux, ce qui peut provoquer une augmentation de la demande globale au niveau local, notamment pour les productions vivrières locales.

Pour comprendre comment l'exploitation minière à grande échelle impacte l'activité économique locale, l'étude utilise des données géoréférencées collectées par satellite pour estimer les changements dans la production agricole et non agricole dans les localités minières et non minières au Ghana, au Mali, en Tanzanie, et également au Burkina Faso (encadré 1.3).

Contrairement à la perception commune qui voudrait que les mines à grande échelle soient des enclaves économiques apportant peu de retombées économiques aux économies locales, les conclusions des analyses de données de télédétection montrent que la croissance économique s'accroît lors des lancements des mines. Les données sur l'éclairage nocturne font ainsi état de fortes augmentations du niveau d'éclairage nocturne dans les communautés minières situées dans un rayon de 10 km d'une mine dans les années qui précèdent immédiatement l'ouverture de celle-ci.

Les données indiquent également que dans les années qui suivent immédiatement l'ouverture d'une mine, les zones très proches (dans un rayon de 10 km) ont des niveaux d'activité économiquement significativement plus élevés (figure 1.10a). Néanmoins, dans la durée, les zones proches des mines ne se retrouvent pas significativement en meilleure posture que les zones plus éloignées. Cela pourrait notamment indiquer que les retombées économiques de l'exploitation minière se diffusent à terme sur un territoire plus large que celui du périmètre immédiat du site minier.

Ces résultats suggèrent également que l'ouverture d'une mine à grande échelle ne conduit pas inéluctablement à un déclin de l'activité agricole locale et vont donc à l'encontre d'études récentes d'après lesquelles l'ouverture d'une mine s'accompagne nécessairement d'une augmentation du taux d'urbanisation

---

ENCADRÉ 1.3

Comment la télédétection fournit des renseignements sur la production agricole

Les données sur l'éclairage nocturne collectées par satellite permettent de dépeindre la situation des établissements humains et leur développement et ont une sensibilité suffisamment élevée pour leur permettre de détecter des réverbères ou même des bâtiments de pêche. L'une des utilisations principales des données sur l'éclairage nocturne est de servir à la fois de mesure et d'indicateur de l'activité économique. Si les données sur l'éclairage nocturne peuvent nous en apprendre beaucoup sur les activités humaines, elles ne permettent cependant pas une évaluation exhaustive de l'activité humaine en tous lieux. Par exemple, dans les pays essentiellement ruraux et pour lesquels l'agriculture constitue le pilier de l'économie nationale, une dépendance excessive sur l'éclairage nocturne pourrait conduire à passer à côté d'une grande partie de l'activité économique totale.

Des technologies de télédétection qui repèrent le type de lumière réfléchie par la végétation peuvent être utilisées pour estimer la production agricole. Cette étude explore la relation spatiale entre activités minières et développement agricole local en utilisant un indice de végétation (l'indice de végétation par différence normalisé ou NDVI) comme indicateur de substitution de la production agricole afin de déterminer si l'ouverture de mines a des répercussions sur le secteur agricole. Afin d'estimer le niveau et la composition de la production aussi bien agricole que non agricole au niveau local, l'étude a sélectionné un périmètre autour de 32 zones minières d'exploitation à grande échelle dans quatre pays : le Burkina Faso, le Ghana, le Mali et la Tanzanie.

---

ou du déclin du secteur agricole. En utilisant l'indice de végétation par différence normalisé, l'on constate que les zones proches des mines ont des niveaux de verdure plus élevés (figure 1.10b). Cela pourrait être révélateur du fait que les zones minières sont plus rurales en général, mais l'étude a mis en évidence peu de changements dans le NDVI après le début de l'activité minière. Malgré les risques que posent les mines à la productivité agricole, notamment au travers de la pollution de l'environnement et des changements structurels du marché du travail, rien n'indique qu'il y aurait une diminution de la verdure, laquelle constitue un indicateur de la production agricole.

Améliorations du bien-être : équipement des ménages, accès aux infrastructures et résultats en matière de santé des enfants

L'équipement des ménages
L'analyse met en évidence un certain niveau de variation dans la façon dont l'ouverture d'une mine près d'une communauté affecte la probabilité que les ménages possèdent ou aient accès à des équipements tels qu'un plancher en

Figure 1.10 Éclairage nocturne et indice de végétation par différence normalisée avant et après l'ouverture d'une mine

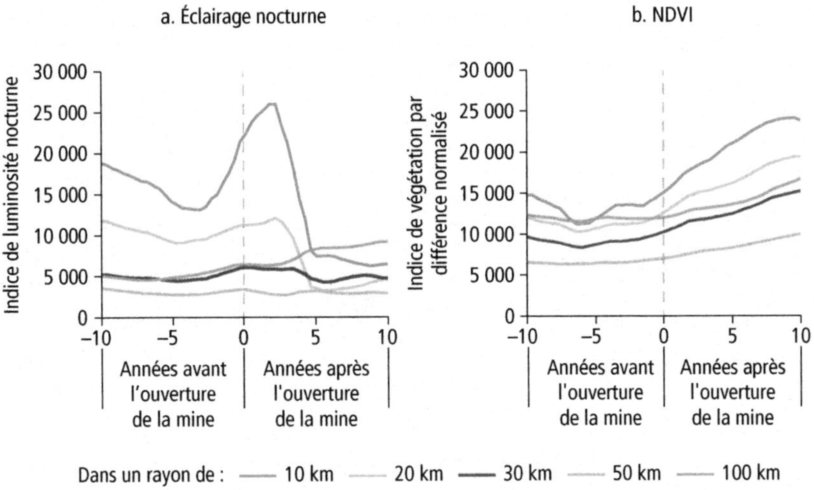

a. Éclairage nocturne

b. NDVI

Dans un rayon de : — 10 km — 20 km — 30 km — 50 km — 100 km

Source : Estimation des auteurs sur la base des données des enquêtes.
Note : Mesures non paramétriques (lissage polynomial local) de l'éclairage nocturne et du NDVI près de mines. Sur l'abscisse, les « Années après l'ouverture de la mine » sur l'abscisse comptent le nombre d'années depuis l'ouverture de la mine, les années avant l'ouverture étant situées à gauche de l'origine, et les années depuis l'ouverture étant situées à droite de l'origine sur le plan. L'éclairage nocturne et le NDVI sont mesurés en tant que moyennes sur des zones géographiques limitées, comprises entre un rayon de 10 km autour du centre de la mine, de 20 km, de 30 km, de 50 km et de 100 km.

béton, un poste de radio ou une voiture. Les résultats montrent que les ménages au Mali ont une probabilité supérieure de 30 points d'avoir un logement dont le plancher ne soit pas de sable ou de terre battue (béton, carrelage, bois, etc.), ainsi qu'une probabilité supérieure de 5 points d'avoir une voiture (mais inférieure de 11 points d'avoir une bicyclette) (figure 1.11). Les ménages au Ghana ont une probabilité supérieure de 14 points de posséder un poste de radio. Dans certains cas, il existe des différences entre les migrants et les personnes n'ayant jamais déménagé au sein des mêmes communautés. Par exemple, au Mali, les effets positifs sur les actifs des ménages semblent être portés par les ménages de migrants. En Tanzanie, la décomposition par statut migratoire montre que la possession d'un poste de radio a en fait augmenté au sein des ménages non-migrants. Au Ghana par contre, la possession d'un poste de radio augmente à la fois pour les femmes migrantes et non-migrantes.

L'accès aux services d'infrastructure
L'ouverture d'une mine à proximité d'une communauté affecte la probabilité que les ménages aient un meilleur accès à certains types de services

Figure 1.11 Possession d'équipements à partir de l'ouverture des mines au Ghana, au Mali et en Tanzanie

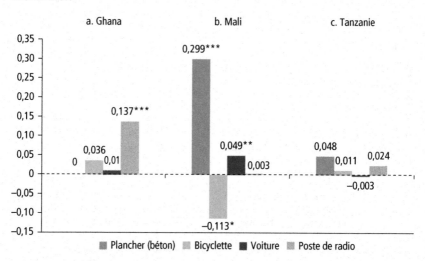

Source : Estimations des auteurs sur la base des données des enquêtes.
Note : Les coefficients indiqués sont les coefficients de la variable d'interaction de proximité à une mine active lors de l'année de l'enquête. Parmi les coefficients qui ne sont pas indiqués, l'on dénombre notamment les coefficients de la variable indicatrice de traitement, des variables indicatrices annuelles et des variables de contrôle. Les écarts-types sont indiqués entre parenthèses. Les termes d'erreur sont agrégés au niveau du groupe échantillon. L'ensemble des variables de résultat sont des variables indicatrices qui prennent soit la valeur 1 soit la valeur 0. *Plancher (béton)* révèle si le logement a un plancher qui n'est pas constitué de sable ou de terre battue (béton, carrelage, bois, etc.). *Bicyclette*, *Voiture* et *Poste de radio* reflètent la possession ou l'absence de non-possession par le ménage de ces biens d'équipement.
***p < 0,01, **p < 0,05, *p < 0,1.

d'infrastructure ? Dans l'ensemble, les résultats en matière d'accessibilité sont modestes. L'étude relève que les ménages situés à proximité d'une mine ont généralement plus tendance à avoir accès à des sanitaires privés. Les ménages dans les communautés minières en Tanzanie ont par exemple une probabilité inférieure de 24 points de partager des toilettes avec d'autres ménages (figure 1.12). Il existe des différences entre migrants et non-migrants (n'ayant jamais déménagé de leur vie) d'une même communauté. Ainsi, les migrants au Ghana semblent être moins bien lotis que les personnes n'ayant jamais déménagé et ont un accès moindre à l'électricité. Au Mali, c'est l'inverse et les migrants bénéficient d'un meilleur accès. L'analyse au niveau des districts montre de très petits effets non significatifs sur l'accès à l'électricité dans les districts miniers dans les trois pays étudiés et sur l'accès aux sanitaires au Mali et en Tanzanie. Au Ghana, il existe un effet positif large, mais non significatif, sur l'accès à l'eau dans les districts miniers.

Figure 1.12 L'accès des ménages à des services d'infrastructure s'améliore avec l'ouverture d'une mine

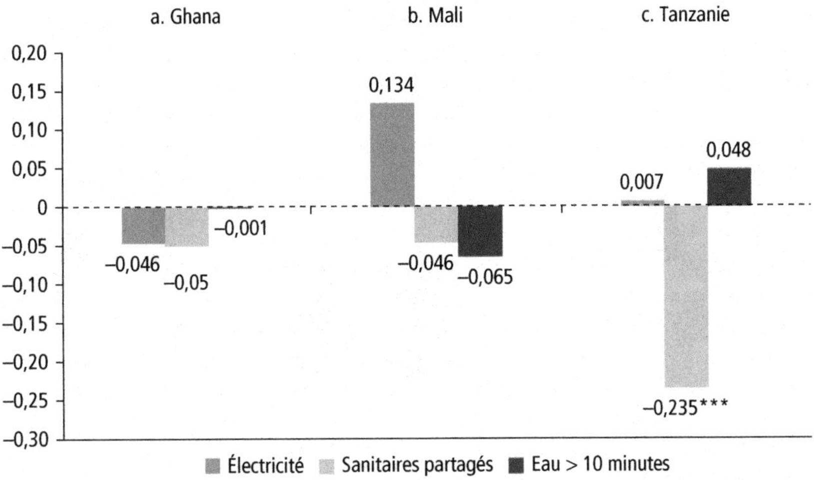

Source : Estimation des auteurs sur la base des données des enquêtes.
Note : Les coefficients indiqués sont les coefficients de la variable d'interaction de proximité à une mine active lors de l'année du relevé. Parmi les coefficients qui ne sont pas indiqués, l'on dénombre notamment les coefficients de la variable indicatrice de traitement, des variables indicatrices annuelles et des variables de contrôle. Les écarts-types sont indiqués entre parenthèses. Les termes d'erreur sont agrégés au niveau du groupe échantillon. L'ensemble des variables de résultats sont des variables indicatrices pouvant prendre la valeur 1 ou 0. *Sanitaires partagés* concerne le fait de savoir si le ménage partage des sanitaires avec d'autres ménages ou s'il possède au contraire des sanitaires privés. *Eau > 10 minutes* indique s'il faut plus de dix minutes depuis le domicile pour aller chercher de l'eau potable.
***$p < 0,01$, **$p < 0,05$, *$p < 0,1$.

Impact sur l'état de santé des enfants

L'exploitation minière aurifère à grande échelle peut avoir une incidence sur la santé des enfants de différentes manières. Ainsi, cela pourrait impacter positivement l'état de santé des enfants des ménages vivant près des mines du fait de l'amélioration des revenus des ménages mais aussi l'impacter négativement en lien avec la dégradation de l'environnement. En conséquence, la façon dont une mine affecte la santé des enfants reste *a priori* ambiguë sur le plan théorique.

Au Mali, l'étude met en évidence des effets positifs de l'ouverture d'une mine sur l'accès aux soins de santé et aux résultats en matière de santé (figure 1.13). Les femmes enceintes reçoivent beaucoup plus de consultations prénatales et la mortalité infantile diminue de 5,3 points (bien que cela ne soit pas estimé de manière statistiquement significative) et les retards de croissance diminuent de 27 points, ce qui revient à une baisse de 45 % de la prévalence par rapport au

Figure 1.13 État de santé des enfants à partir de l'ouverture d'une mine au Ghana, au Mali et en Tanzanie

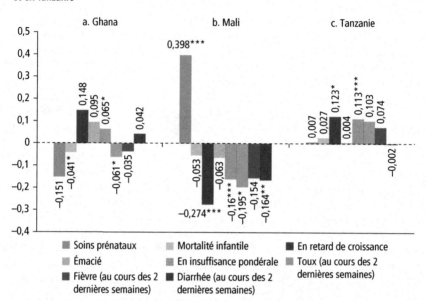

Source : Estimation des auteurs sur la base des données des enquêtes.
Note : Les coefficients indiqués sont les coefficients de la variable d'interaction de proximité à une mine active lors de l'année du relevé. Parmi les coefficients qui ne sont pas indiqués, l'on dénombre notamment les coefficients de la variable indicatrice de traitement, des variables indicatrices annuelles et des variables de contrôle. Les écarts-types sont indiqués entre parenthèses. Les termes d'erreur sont agrégés au niveau du groupe échantillon. Voir le tableau 4A.1 dans l'annexe au chapitre 4 pour les définitions des variables.
* $p < 0,1$, ** $p < 0,05$, *** $p < 0,01$.

taux moyen de retard de croissance avant ouverture. L'effet estimé est négatif mais statistiquement non significatif en matière d'émaciation, et négatif mais statistiquement significatif pour ce qui est de l'insuffisance pondérale, qui est un indicateur composite de la malnutrition aiguë et chronique.

De plus, les résultats montrent que les prévalences de toux, de fièvre et de diarrhée diminuent au Mali, bien que les résultats pour la fièvre ne soient pas statistiquement significatifs. La chute significative de l'incidence de diarrhée chez les enfants dans les communautés minières de ce pays constitue un développement positif étant donné que la diarrhée reste une grave menace pour les enfants dans les pays en développement, bien qu'il s'agisse d'une maladie qui est facile à guérir et à prévenir. L'accès à une eau potable et à des installations sanitaires constitue des moyens importants pour combattre les maladies diarrhéiques et il s'agit peut-être là d'une manière dont les mines affectent l'incidence de diarrhée au Mali.

Contrairement au cas du Mali, les effets sur la santé de l'enfant sont ambigus pour ce qui est du Ghana et de la Tanzanie. La probabilité qu'un enfant ait un retard de croissance augmente de 12,3 points dans les communautés minières de Tanzanie tandis que celle qu'un enfant soit en insuffisance pondérale augmente à la fois dans le cas du Ghana et de la Tanzanie. Certains effets positifs de l'ouverture d'une mine sont néanmoins patents. Par exemple au Ghana, il y a eu une forte diminution de la mortalité infantile et une diminution de la prévalence de toux. L'effet de la proximité à une mine sur l'incidence de diarrhée est positif mais statistiquement non significatif dans le cas du Ghana. Dans ce dernier pays, la ventilation des données en fonction du statut migratoire permet de mettre en évidence que les migrants font face à des taux de diarrhée plus élevés tandis que les non-migrants (personnes n'ayant jamais déménagé) ont des taux plus faibles.

Il n'est pas clair pourquoi ces résultats concernant la santé des enfants à l'échelle locale diffèrent entre les pays étudiés. Il est possible que les retards de croissance, qui constituent un indicateur de déficiences nutritionnelles chroniques, déclinent pour les enfants vivant plus près des mines parce que leurs familles ont des revenus plus élevés de leurs familles et achètent une meilleure alimentation pour leurs enfants. L'émaciation est quant à elle un indicateur de déficiences nutritionnelles sur le court terme et s'explique en grande partie par la variable de l'accès aux services de santé.

Les mouvements migratoires peuvent également expliquer certaines des différences de résultats en matière de santé d'un pays à l'autre. Le Mali, où les évolutions sont les plus positives, est ainsi également le pays où les niveaux de migration aux alentours du moment de l'ouverture des mines sont les plus faibles, et les migrants s'installant dans des zones minières au Mali semblent moins vulnérables qu'au Ghana ou en Tanzanie. La Tanzanie, pays pour lequel il y a peu de preuves d'une transformation structurelle et peu de gains en matière de santé des enfants, semble avoir eu la plus forte augmentation de flux migratoires après l'ouverture des mines.

Quelques effets positifs sur l'accès aux soins de santé pour les enfants peuvent être discernés dans les districts miniers du Ghana. L'analyse au niveau des districts pour cinq indicateurs de soins de santé et d'accès à la santé des enfants montre que dans les districts miniers, les mères bénéficient de 0,759 visite prénatale de plus par enfant et qu'elles sont plus susceptibles de 12,5 points d'être assistés d'une sage-femme qualifiée (figure 1.14). De plus, la mortalité infantile est inférieure de 8,5 points dans les communautés situées près d'une mine active. Les résultats au niveau des districts au Mali et en Tanzanie font état d'améliorations du statut nutritionnel des enfants dans les districts miniers et limitrophes par rapport aux districts témoins (définis en utilisant une méthode de contrôle synthétique), bien que pas de manière aussi marquée qu'au Ghana.

Figure 1.14 L'accès des enfants aux services de santé dans les districts miniers du Ghana

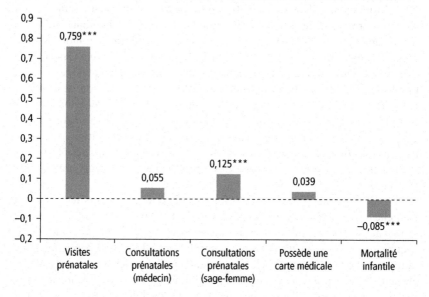

Source : Estimation des auteurs sur la base des données des enquêtes.
Note : Les coefficients indiqués sont les coefficients de la variable d'interaction de proximité à une mine active lors de l'année du relevé. Les écarts-types robustes sont agrégés au niveau des districts.

Évaluation du rôle du secteur public

Dans de nombreux pays d'Afrique, il est clair que la majorité des retombées positives des industries extractives auront lieu au niveau fiscal et national parce que l'État, en tant que propriétaire des ressources au nom de sa population et collecteur des recettes publiques, agit comme conduit des bénéfices au reste de l'économie, y compris à l'échelle locale. Les données empiriques montrent que l'ampleur des transferts de recettes liées aux ressources des administrations vers les collectivités locales reste jusqu'à présent modeste. Il y a donc un potentiel considérable d'amélioration du bien-être des populations à l'échelle locale par des transferts plus importants qui pourraient venir appuyer les investissements indispensables d'infrastructure et de développement du capital humain.

Les recettes publiques ont considérablement augmenté dans chacun des trois pays étudiés entre 2001 et 2013, même si leur niveau aurait diminué en 2014 du fait de la baisse du cours mondial de l'or (figure 1.15). Entre 2005 et 2013, l'exploitation minière aurifère a rapporté en moyenne environ 362 millions de dollars américains (USD) par an à l'État malien, contre 300 millions d'USD par an au Ghana et 137 millions d'USD par an à la Tanzanie. Cette manne financière pourrait être

Figure 1.15 Recettes fiscales issues du secteur minier, 2001–2013

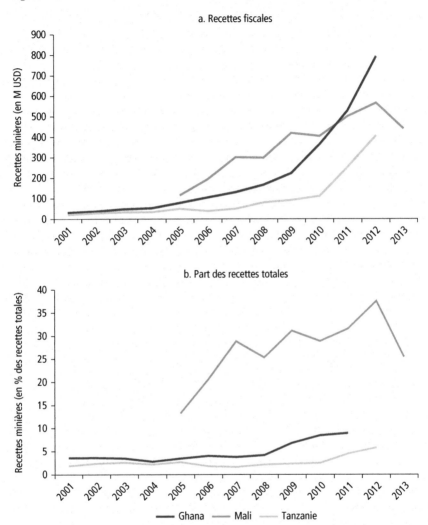

Source : Estimation des auteurs sur la base de données administratives.
Note : Les dates de démarrage des différents pays correspondent aux données disponibles.

mise à profit pour construire des cliniques médicales et des écoles, améliorer la qualité des services locaux et potentiellement améliorer le niveau de bien-être des populations pauvres à l'échelle du pays. En créant des retombées positives, comme dans le cas de l'infrastructure de transport, un boom des ressources peut aussi avoir pour effet d'augmenter les revenus et de tirer la croissance locale.

Les arrangements fiscaux entre l'administration centrale et les différents échelons territoriaux détermineront donc quelle proportion des bénéfices tirés de l'extraction minière revient aux zones minières. Les arrangements fiscaux diffèrent selon les pays : ainsi la décentralisation fiscale est la plus poussée au Mali et les autorités locales y ont donc reçu la plus forte proportion de recettes parmi les trois pays étudiés. Le Ghana présentait une situation intermédiaire à ce sujet, mais ses actions en faveur de la décentralisation sont relativement récentes et il est donc peut-être prématuré de chercher à les évaluer. En Tanzanie, un système complètement centralisé est en place et la totalité des revenus y sont collectés et contrôlés par l'administration centrale. Les transferts issus du budget central y représentent 90 % du budget des collectivités territoriales et sont alloués en fonction de critères et de priorités ne tenant pas compte de la localisation de mines sur le territoire ou de la source des recettes fiscales.

L'effet positif des recettes exceptionnelles tient à plusieurs conditions : des responsables politiques locaux qui sont réceptifs aux besoins de l'ensemble de la population, des institutions locales qui fonctionnent bien, une certaine compétition saine sur le plan politique, et des administrations territoriales qui sont techniquement en mesure de fournir des biens et services publics. Comme nous l'avons vu dans la section de ce chapitre ayant trait au cadre analytique permettant d'évaluer la manière dont les communautés locales tirent parti des retombées positives de l'exploitation minière, l'absence de ces facteurs médiateurs pourrait porter atteinte à l'effet positif des recettes liées à l'extraction des ressources naturelles. Bien que la qualité de la gouvernance, tant nationale que locale, et son influence sur l'utilisation des recettes liées aux ressources naturelles constituent des facteurs déterminants des impacts sur le bien-être de l'exploitation des ressources, nous n'aborderons pas ces questions dans cet ouvrage.

Dans bien des pays, les sociétés minières ont conclu des arrangements visant à fournir des financements directs à différentes administrations dans le but d'appuyer le développement des infrastructures et la mise en œuvre d'autres projets pouvant avoir un impact bénéfique sur les populations vivant près des sites d'exploitation. Ce type d'investissement direct dans le développement local a traditionnellement été englobé sous le terme de responsabilité sociale d'entreprise (RSE) et les projets habituellement soutenus dans ce cadre concernent notamment la construction d'écoles secondaires, de cliniques et d'infrastructures hydrauliques. Newmont Ghana Gold Ltd. a ainsi appuyé le secteur de la santé de la région d'Ahafo au Ghana en construisant des logements pour les infirmières résidentes et trois centres de santé communautaires locaux et en équipant soixante agents de santé communautaires bénévoles avec des bicyclettes et du matériel médical.

Comme pour la quasi-totalité des interventions publiques ou d'aide extérieure, tout particulièrement là où la capacité de mise en œuvre est limitée, ces types de projets ont systématiquement eu un impact mitigé et leur mise en œuvre a été très longue. Dans les trois pays étudiés, il existe néanmoins une tendance croissante allant dans le sens de projets plus durables offrant des moyens de subsistance alternatifs au travail minier dans les localités situées aux alentours des mines, comme par exemple dans la briqueterie ou la pêche. Cela reflète un plus grand intérêt autour de l'idée d'aider les communautés à se diversifier et prospérer une fois les mines fermées, ainsi qu'une reconnaissance généralisée du fait que les résultats de développement liés à l'exploitation minière ont été décevants.

Il existe des cas où les sociétés minières multinationales ont notablement amélioré les infrastructures, mais ceux-ci restent peu nombreux. Si l'impact des initiatives de responsabilité sociale des entreprises sur le bien-être des populations n'est pas étudié de manière séparée dans cette étude, il est très probable que ces bienfaits se reflètent dans l'impact global des mines sur l'emploi, les résultats en matière de santé et d'autres indicateurs du bien-être des populations.

Comme il a été souligné plus haut, toutes les formes d'exploitation minière sont susceptibles d'entraîner des pollutions et de causer des dommages environnementaux, ce qui, faute d'une gestion correcte, entraîne des effets délétères sur la santé. Mais même quand la gestion des mines se fait de manière prudente, celles-ci posent des risques importants pour les communautés locales. Les mines artisanales et à petite échelle utilisent ainsi couramment du mercure. Ce n'est toutefois pas le cas des exploitations minières à grande échelle, lesquelles utilisent du cyanure, un produit qui est certes très toxique mais dont l'usage est généralement mieux contrôlé. Une autre externalité négative liée à la pollution qui peut être importante concerne la perte de productivité agricole du fait la dégradation des sols et de l'eau. En raison de ces externalités négatives de l'activité minière, il est important de correctement en mesurer les coûts sociaux et d'avoir un cadre réglementaire qui réponde bien aux défis écologiques de l'exploitation minière et qui dédommage les communautés qui sont affectées par ces externalités.

Priorités politiques pour la prise en compte des impacts locaux

L'analyse empirique a avancé peu de preuves d'une quelconque « malédiction des ressources » à l'échelle locale. Au contraire, les communautés locales bénéficient sur le court terme de retombées positives, quoique limitées, en matière de bien-être des populations, la plupart desquelles ont lieu à travers la voie d'impact du marché.

La question est notamment de savoir comment ces effets de marché peuvent être renforcés. Il existe toujours la tentation d'accroître les liaisons en amont au moyen de réglementations sur le contenu local. Les exigences de contenu local impliquent de remplacer certains intrants importés par des intrants plus onéreux d'origine locale. Comme dans toute forme de protectionnisme, cela a pour effet d'entraîner des ressources vers des activités qui ne bénéficient pas d'un avantage comparatif. Les entrepreneurs locaux qui produisent ces intrants peuvent ceci dit devenir plus productifs au fur et à mesure qu'ils acquièrent de nouvelles technologies ou de nouvelles compétences ou qu'ils apprennent par la pratique. D'autres effets d'entraînement de ces liaisons, telles que l'amélioration des compétences et de l'expérience managériale pourrait aussi conduire à une augmentation de la productivité dans d'autres secteurs. Pour ces raisons, l'adoption d'exigences de contenu local s'est généralisée en Afrique et celles-ci sont presque omniprésentes dans le secteur des hydrocarbures en particulier.

Il existe toutefois des problèmes liés aux exigences de contenu local. De nombreuses exigences de contenu local sont par exemple trop vagues pour être praticables. Au final, les pouvoirs publics seraient probablement mieux avisés de développer les conditions permettant un approvisionnement local amélioré plutôt que de rendre celui-ci obligatoire. En résumé, les administrations pourraient s'attacher à améliorer les conditions du marché en veillant par exemple à mettre en place de meilleures infrastructures électriques et de transport, un meilleur accès aux financements, ainsi que des réformes réglementaires visant à stimuler la concurrence et les liaisons entre l'ouverture des mines à grande échelle et les économies des communautés minières et limitrophes.

Dans l'ensemble, il est clair que la majorité des retombées positives des industries extractives dans un contexte africain auront lieu au niveau fiscal et national parce que l'État, en tant que propriétaire des ressources au nom de sa population et collecteur des recettes publiques, agit comme conduit des bénéfices au reste de l'économie, y compris au niveau local. Les données empiriques montrent que l'ampleur des transferts de recettes liées aux ressources des administrations vers les collectivités locales reste jusqu'à présent modeste. Il existe un potentiel considérable pour améliorer le bien-être au niveau local au moyen de transferts plus importants qui sont à même d'appuyer des investissements indispensables dans l'infrastructure et le développement du capital humain. En améliorant la productivité de la main-d'œuvre, le secteur public aidera à renforcer l'impact des forces de marché déclenchées par les activités extractives. De plus, cela contribuera à diversifier l'économie locale, ce qui aura son importance pour soutenir la croissance une fois le boom de l'exploitation minière à grande échelle passé.

Aussi bien à l'échelle nationale que locale, la qualité de la gouvernance et son influence sur la façon dont les recettes liées aux ressources naturelles sont utilisées constitueront un facteur déterminant des impacts sur le bien-être des ressources naturelles. Il est important que le renforcement des capacités des autorités locales (tant les administrateurs que les décisionnaires) à exécuter des programmes de dépenses publiques constitue une priorité politique. De plus amples recherches sont néanmoins nécessaires pour comprendre les principales contraintes techniques et politiques auxquelles font face les collectivités locales, leur effet sur la capacité des collectivités à tirer parti de la manne fiscale liée aux ressources naturelles et les meilleures politiques à appliquer pour en atténuer les effets négatifs.

Tout changement dans l'économie entraîne aussi bien des avantages que des inconvénients, des gagnants que des perdants. Le secteur de l'exploitation aurifère ne déroge pas à la règle. S'il n'y a que peu d'indications d'un déclin économique au niveau local dans les trois pays étudiés, l'activité minière entraîne des externalités négatives telle que la pollution qui peuvent impacter négativement les communautés proches des sites miniers. Dans certains cas, les impacts s'éclaircissent sur une période de temps plus longue et après la fin du boom minier. Si les avantages pour le pays l'emportent très probablement sur les inconvénients au niveau local, les externalités négatives doivent être parfaitement comprises, réduites au minimum et gérées de manière adéquate.

Pour matérialiser un avenir meilleur pour l'Afrique, il faudra cependant mieux comprendre comment tirer parti de ces atouts naturels. Relever le défi de l'extraction des ressources naturelles dans toutes ses dimensions – de gouvernance, économiques et sociales – et comprendre les forces qui sont à l'origine de ce défi peut ouvrir des voies potentielles vers de meilleurs résultats et de meilleures perspectives pour les communautés locales.

Notes

1. Il est probable que les communautés de migrants pèsent peu politiquement et économiquement parlant et ont un moindre accès aux services et infrastructures de santé.
2. Les données sur l'emploi dans le secteur minier proviennent du *Ghana Living Standards Survey*.
3. Chuhan-Pole *et al.* (2015) constatent dans les données du *Ghana Living Standards Survey* que les femmes ont une probabilité supérieure de 7,4 à 10,4 points de travailler dans la vente ou les services si elles vivent près d'une mine, et de 2,5 à 2,6 points de plus de travailler dans le secteur minier.
4. Toutefois, les estimations ponctuelles non significatives indiquent que le taux d'emploi des hommes dans les services et le travail manuel pourrait être en train d'augmenter.

Références

Aragón F. M. et Rud J. P. (2013), « Natural Resources and Local Communities: Evidence from a Peruvian Gold Mine », *American Economic Journal: Economic Policy*, vol. 5, n° 2, p. 1–25.

—— (2015), « Polluting Industries and Agricultural Productivity: Evidence from Mining in Ghana », *The Economic Journal*, vol. 126, n° 597, p. 1980–2011 – doi.10.1111 /ecoj.12244.

Aragón F. M., Chuhan-Pole P. et Land B. C. (2015), « The Local Economic Impacts of Resource Abundance: What Have We Learned? », Policy Research Working Paper, n° 7263, Banque mondiale, Washington.

Barma N. H., Kaiser K., Le T. M. et Viñuela L. (2012), *Rent to Riches?: The Political Economy of by Natural Resource-Led Development*, Banque mondiale, Washington.

Beegle K., Christiaensen L., Dabalen A. et Gaddi I. (2016), *Poverty in a Rising Africa*, Banque mondiale, Washington.

Card D. et Krueger A. B. (1994), « Minimum wages and Employment: A Case Study of the Fast-Food Industry in New Jersey and Pennsylvania », *The American Economic Review*, vol. 84, n° 4, p. 772-793.

Christiaensen L., Chuhan-Pole P. et Sanoh A. (2013), « Africa's Growth, Poverty and Inequality Nexus - Fostering Shared Prosperity », inédit – https://editorialexpress.com/cgi-bin/conference/download.cgi?db_name=CSAE2014&paper_id=381.

Chuhan-Pole P., Dabalen A., Kotsadam A., Sanoh A. et Tolonen A. (2015), « The Local Socioeconomic Effects of Gold Mining: Evidence from Ghana », Policy Research Working Paper, n° 7250, Banque mondiale, Washington.

Gosh Banerjee S., Romo Z., McMahon G. *et al.* (2015), *The Power of the Mine: A Transformative Opportunity for Sub-Saharan Africa*, Banque mondiale, Washington.

Devarajan S. et Fengler W. (2013), « Africa's Economic Boom: Why the Pessimists and Optimists Are Both Right. », *Foreign Affairs*, édition de mai/juin.

Goltz J. (von der) et Barnwal P. (2014), « Mines: The Local Welfare Effects of Mineral Mining in Developing Countries », Department of Economics Discussion Paper Series, Columbia University, New York.

PNUD (Programme des Nations Unies pour le Développement) (2014), *Human Development Report 2014*, PNUD, New York.

Sanjay *et al.* (2015), « Socio-Economic and Health Implications of Mercury Use in Artisanal and Small-Scale Gold Mining », manuscrit inédit.

Sanoh A. et Coulibaly M. (2015), « The Socioeconomic Impact of Large-scale Gold Mining in Mali », inédit, Banque mondiale, Washington.

Tolonen A. (2015), « Local Industrial Shocks, Female Empowerment and Infant Health: Evidence from Africa's Gold Mining Industry », inédit.

Union Européenne (2008), Mining Sector Support Programme: Environmental Impact Assessment, vol. 1, Union Européenne.

Chapitre 2

Les impacts locaux de l'abondance en ressources : qu'avons-nous appris ?

Il existe une littérature académique abondante s'intéressant aux impacts socioéconomique de l'abondance en ressources, tout particulièrement à l'échelle nationale. L'objet de cette littérature a été de savoir si l'abondance en ressources naturelles nuit au développement économique, c'est-à-dire de vérifier l'existence de ce que l'on qualifie de « malédiction des ressources naturelles ». Aragón, Chuhan-Pole et Land (2015) ont examiné de manière systématique l'ensemble des éléments de preuve et les arguments théoriques sous-tendant la prétendue malédiction des ressources, ainsi que d'autres impacts au niveau des pays[1]. Ce chapitre expose le cadre analytique simple que nous avons développé afin de chercher à comprendre comment les booms de ressources peuvent impacter les communautés locales. Nous identifions quatre manières possibles dont un boom de ressources peut exercer une incidence économique à l'échelle locale : par la spécialisation dans le secteur des ressources naturelles et la réaffectation des intrants jusqu'alors dédiés au secteur des biens échangeables ; par la voie d'impact de marché, caractérisée par l'augmentation de la demande de main-d'œuvre, de biens et de services locaux ; par la voie d'impact de la fiscalité, caractérisée par l'augmentation de dépenses publiques pour la fourniture de services publics à l'échelle locale, financée par l'imposition de la richesse en ressources naturelles ; et par les externalités négatives liées à la production, et à premier titre la pollution de l'environnement.

Cette analyse met en avant l'importance des mécanismes de marché par rapport aux mécanismes fiscaux et montre que la manière dont les rentes de ressources parviennent à une communauté locale revêt une certaine importance. Étant donné que l'abondance en ressources créée des rentes qui sont souvent très importantes et qui peuvent être facilement appropriées quand les institutions sont faibles, ce chapitre insiste également sur l'importance que revêtent les institutions locales pour assurer un impact bénéfique des mécanismes fiscaux.

Les éléments empiriques disponibles sur l'impact de l'abondance en ressources sur la croissance, l'emploi et les conditions de vie au niveau local sont examinés afin de mieux comprendre l'importance de ces différents mécanismes. De même que les conclusions d'études récentes faites à l'échelle des pays, les données semblent indiquer qu'une malédiction des ressources au niveau local n'est pas inévitable et que dans certains cas l'activité extractive a pu faire décoller la croissance locale. Elles confirment également l'importance du conduit à travers lequel les rentes de ressources sont distribuées. Quand les rentes de ressources sont distribuées en passant par le circuit public, les recettes exceptionnelles ne semblent ainsi pas améliorer le niveau de bien-être des populations. Au contraire, quand les rentes de ressources parviennent à une communauté locale *via* le circuit du marché, il peut y avoir quelques effets positifs. Des recherches plus approfondies sont nécessaires pour déterminer si les liaisons avec les filières d'approvisionnement pourraient améliorer plus efficacement les conditions de vie locales que le partage de la manne fiscale liée aux ressources naturelles entre l'administration centrale et les collectivités locales lorsque les institutions sont faibles. En dépit du manque de preuves empiriques, tout particulièrement concernant les pays en développement, une littérature émergente est en train d'ouvrir de nouvelles façons de penser la relation entre ressources naturelles et développement économique.

Théorie économique et recherches empiriques sur l'impact de l'abondance de ressources à l'échelle nationale

La littérature sur l'impact économique des ressources naturelles des pays en développement a été largement dominée par la malédiction des ressources, phénomène qui fait que les économies riches en ressources tendent à avoir une performance économique moindre que celle de pays pauvres en ressources[2]. Il existe en effet de nombreux exemples de mauvais résultats de pays disposant de ressources naturelles abondantes. Les revenus pétroliers du Nigeria ont ainsi quasiment décuplé entre 1965 et 2000 alors que pendant cette même période, les revenus réels ont stagné et le niveau de pauvreté et d'inégalité a augmenté (Van der Ploeg, 2011). De même, le Venezuela, l'un des principaux bénéficiaires du cours élevés du pétrole au cours des années 1970, a subi un recul du PIB par habitant de 28 % entre 1970 et 1990 (Lane et Tornell, 1996). En Zambie, le plus gros exportateur de cuivre d'Afrique, l'incidence de pauvreté est restée quasiment stationnaire à un niveau de 60 % entre 2000 et 2010, et ce malgré une production économique qui a doublé sur la même période. Il existe des exceptions à cette règle de la malédiction des ressources, en particulier le Botswana, le Chili et la Norvège – autant de pays qui ont su transformer leur richesse en ressources naturelles en prospérité économique. De plus, des pays riches en ressources tels que les États-Unis, le Canada et la Suède, qui sont actuellement des pays à revenu élevé, ont su depuis déjà longtemps diversifier leur économie et réduire leur dépendance aux ressources naturelles.

Fondements analytiques de l'impact de l'abondance en ressources

Les explications théoriques de la malédiction des ressources peuvent être classées en trois grandes catégories. La première, l'argument du mal hollandais, a trait à l'idée qu'un boom dans le secteur extractif peut causer un effet d'éviction sur d'autres secteurs qui seraient plus à même d'entraîner une croissance économique sur le long terme, et notamment l'industrie manufacturière. La seconde catégorie d'explications concerne l'idée que la dépendance sur les secteurs primaires pourrait rendre une économie vulnérable aux changements des cours des matières premières, lesquels ont tendance à être plus volatils. La troisième catégorie d'explications se rapporte à l'idée que des recettes exceptionnelles liées aux ressources naturelles peuvent exacerber les comportements de recherche de rente, la corruption et le niveau de conflit. Ces phénomènes peuvent conduire à l'adoption de mauvaises politiques économiques, à la détérioration des institutions, ainsi qu'à des niveaux de revenu et de croissance plus faibles.

Le syndrome hollandais. L'une des explications les plus anciennes du lien entre l'abondance en ressources et ralentissement de la croissance économique est celle du syndrome hollandais ou mal hollandais (Corden, 1984 ; Corden et Neary, 1982). Les modèles du syndrome hollandais présupposent en général qu'une économie produit des biens échangeables (industrie manufacturière) et des biens non échangeables (services). Dans ces modèles, un boom des exportations de ressources naturelles génère des recettes exceptionnelles qui augmentent la demande globale et en conséquence le prix des biens non échangeables par rapport aux biens échangeables[3]. Sur le court terme, ce mouvement des prix relatifs[4], qui revient à une appréciation du taux de change réel, cause une augmentation de la production du secteur des biens non échangeables, tandis que le secteur des biens échangeables se contracte et que les facteurs de production tels que la main-d'œuvre et le capital sont réaffectés du secteur des biens échangeables à celui des biens non échangeables. L'effet sur le ratio des salaires sur le loyer dépend de l'intensité en main-d'œuvre du secteur des biens non échangeables. En particulier, lorsque ce secteur a une plus forte intensité en main-d'œuvre, le ratio des salaires sur le loyer augmente[5].

La réponse du marché à des recettes exceptionnelles n'est pas en soi négative. Pour qu'un boom des ressources freine la croissance économique, il faut que le secteur des biens échangeables évincé par le secteur extractif soit plus à même de porter la croissance économique. C'est le cas dès lorsque le secteur des biens échangeables présente des rendements d'échelle croissants, c'est-à-dire lorsque l'apprentissage par la pratique et les externalités positives qui sont notamment liées au capital humain ont des effets plus importants sur ce secteur que sur le secteur extractif (Krugman, 1987 ; Matsuyama, 1992 ; Sachs et Warner, 1995 ;

Torvik, 2001). Les modèles de développement dits en « grande poussée » (*big push*) (Murphy *et al.*, 1989) partent de ce principe et expliquent en conséquence que tout détournement de ressources du secteur des biens échangeables est dommageable à la croissance économique.

L'exposition à des changements dans les prix des matières premières. Un second argument étayant l'idée d'un effet négatif de l'abondance des ressources sur la croissance repose sur les tendances observées de la plus forte volatilité et, jusqu'au début des années 2000, du déclin continu des cours des matières premières. Les exportateurs de ressources naturelles seraient en conséquence plus exposés à une volatilité plus élevée des termes de l'échange. L'incertitude dérivant de cette volatilité peut entraîner alors une réduction de l'investissement en capital physique ou humain[6]. Si l'on part de l'hypothèse que le progrès technique est entraîné par l'apprentissage par la pratique ou des externalités du capital humain, alors la baisse des investissements associée à la volatilité des prix peut entraver la croissance économique. Dans les pays exportateurs de ressources, les recettes fiscales sont souvent fortement dépendantes des recettes tirées des ressources naturelles. L'Angola, la République du Congo et la Guinée Équatoriale sont par exemple tributaires du pétrole pour environ 75 % des recettes publiques. La volatilité des prix ainsi que les cycles d'expansion-récession peuvent rendre plus difficile la mise en place de politiques fiscales prudentes.

Recherche de rente, corruption et conflit. Une attention accrue est prêtée aux mécanismes d'économie politique pour expliquer les mauvais résultats de développement des pays riches en ressources. Cela s'explique par le fait que l'abondance en ressources créée des rentes qui peuvent facilement être appropriées quand les institutions sont faibles. En l'absence d'institutions fortes, les rentes de ressources peuvent favoriser des comportements de recherche de rente, accroître la corruption, miner la qualité des institutions et, dans des cas extrêmes, même conduire à des conflits violents.

Aragón, Chuhan-Pole et Land (2015) identifient dans la littérature au moins cinq mécanismes ayant trait à l'économie politique et à travers lesquels les ressources peuvent entraver la croissance économique et le bien-être des populations. Premièrement, l'abondance en ressources peut accroître les comportements de recherche de rente – par exemple, avec l'appropriation de rentes de ressources au moyen de taxes sur la production ou d'autres types d'imposition –, réduire le retour sur investissement net pour les exploitants et donc aboutir à une croissance réduite (Lane et Tornell, 1996 ; Tornell et Lane, 1999). Deuxièmement, la manne fiscale liée à l'exploitation de ressources peut avoir pour effet de détourner les talents entrepreneuriaux d'activités productives vers des activités de recherche de rente, plus profitables mais inefficaces du point de vue social (Mehlum, Moene et Torvik, 2006 ; Torvik, 2001). Troisièmement, la multiplication des opportunités d'appropriation de rentes peut avoir pour conséquence d'accroître le niveau de corruption politique (Brollo *et al.* 2013) et de compromettre le processus de développement des institutions démocratiques (Ross, 2001). Avec les recettes supplémentaires à leur disposition, les dirigeants politiques peuvent s'approprier des rentes tout en dépensant plus afin d'apaiser les électeurs. Les opportunités accrues d'appropriation de rentes peuvent alors attirer d'autres individus corrompus sur la scène politique, aboutissant à une détérioration de la qualité des dirigeants politiques. La forte dépendance des recettes budgétaires sur les ressources naturelles plutôt que l'imposition des citoyens réduit l'incitation qu'a le gouvernement à construire (ou renforcer) les institutions visant à assurer la responsabilité de l'État. Quatrièmement, les booms de ressources peuvent avoir pour conséquence d'augmenter les retours sur les comportements de prédation et favoriser la rapacité concernant ces ressources, ce qui peut mener à de la violence et des conflits (Collier et Hoeffler, 2005 ; Grossman, 1999 ; Hirshleifer, 1991). Un contexte conflictuel peut avoir des conséquences adverses sur le stock de capital et sur les flux d'investissements, risquant de réduire à néant les acquis du développement et d'affaiblir les capacités de l'État. Mais les booms de ressources n'augmentent pas nécessairement le niveau de violence. Dal Bó et Dal Bó (2011) soutiennent que si les booms de ressources augmentent le coût d'opportunité du fait de participer à des actes de violence par exemple et qu'ils pourraient donc en réalité aboutir à une diminution du niveau de violence en augmentant le retour sur investissement des activités productives. Cinquièmement, les différences ethniques permettent la formation de coalitions stables qui peuvent favoriser l'apparition de conflits liés aux ressources (Caselli et Coleman, 2013).

Éléments de preuve de la malédiction des ressources naturelles au niveau des pays

Plusieurs études ont examiné de manière systématique les données empiriques sur la malédiction des ressources. Si les premières analyses sur des données transversales de différents pays ont mis en évidence une association négative entre l'abondance en ressources (telle que mesurée par l'importance relative des exportations primaires) et la croissance du PIB (Gylfason, Herbertsson et Zoega, 1999 ; Leite et Weidmann, 1999 ; Sachs et Warner, 1995, 2001 ; Sala-i-Martin, 1997), des études empiriques récentes (Lederman et Maloney, 2007, 2008) affirment que les preuves concernant le phénomène de la malédiction des ressources naturelles sont loin d'être concluantes.

Des travaux empiriques récents remettent en question la robustesse des résultats quand des définitions et des mesures alternatives de l'abondance en ressources sont utilisées. Ces travaux empiriques récents proposent une critique fondamentale : la mesure de l'abondance en ressources (généralement l'importance relative des exportations de matières premières) serait endogène. Il pourrait ainsi y avoir des facteurs de confusion à l'œuvre, et notamment la qualité des institutions, affectant à la fois la croissance et l'ampleur des exportations de matières premières. Dans ce cas, la malédiction des ressources ne ferait que refléter le fait que les pays dotés d'institutions médiocres ont une croissance plus faible et sont moins industrialisés, et sont donc plus dépendants des secteurs primaires. Sala-i-Martin et Subramanian (2003), ainsi que Bulte, Damania et Deacon (2005), ont par exemple pu déterminer que la relation entre abondance en ressources et croissance disparaît si l'on prend également en compte des indicateurs ayant trait aux institutions dans les régressions. Brunnschweiler (2008) et Brunnschweiler et Bulte (2008) vont un cran plus loin en soutenant que les mesures usuelles de l'abondance en ressources constituent en fait une mesure de la dépendance aux ressources. Ils traitent cette variable comme une variable endogène et la relation négative entre dépendance aux ressources et croissants disparaît alors.

Une possibilité émerge de la littérature empirique : les effets de l'abondance de ressources sur la croissance seraient hétérogènes et tiendraient à la qualité des institutions, étant négatifs là où les institutions sont de piètre qualité mais positifs quand les institutions sont bonnes (Robinson, Torvik et Verdier, 2006). Ne pas prendre en compte cette hétérogénéité pourrait conduire à conclure de manière erronée que l'abondance en ressources n'a pas un effet significatif sur la croissance.

Explications d'économie politique de la malédiction des ressources

Les données empiriques transversales attirent l'attention sur l'importance des institutions mais sont nettement moins concluantes en ce qui concerne le rôle du mal hollandais et de la volatilité des termes de l'échange dans le phénomène dit de la malédiction des ressources. Cela donne à penser que la course aux rentes et la détérioration de la gouvernance suffisent dans une large mesure à expliquer la malédiction des ressources.

Trois ensembles de résultats soulignent l'importance des institutions pour comprendre la malédiction des ressources naturelles. Le premier d'entre eux semble indiquer que la malédiction des ressources est associée aux ressources dites ponctuelles, c'est-à-dire de ressources (telles que le pétrole, les minéraux et les cultures de plantation) dont la production est concentrée dans un faible nombre de zones géographiques ou économiques. Cette concentration rend en effet plus aisé le contrôle et la capture des rentes par des groupements d'intérêts Isham *et al.* (2005) et Bulte, Damania et Deacon (2015) constatent ainsi que les ressources ponctuelles vont de pair avec des institutions politiques plus dysfonctionnelles et à une croissance économique réduite. Boschini, Petterson et Roine (2007) poussent plus loin l'analyse en faisant interagir le type de ressources avec la qualité des institutions et mettent en évidence le fait que la combinaison d'une abondance de ressources ponctuelles et d'institutions de piètre qualité nuit à la croissance.

Un deuxième ensemble de résultats suggère que l'abondance de ressources va de pair avec une augmentation de la corruption, une détérioration des fondamentaux démocratiques et l'exacerbation des conflits armés, tout particulièrement dans les pays dotés d'institutions démocratiques faibles. Ces résultats sont compatibles avec l'explication de la malédiction des ressources par les comportements de recherche de rente. Ades et Di Tella (1999) mettent ainsi en évidence en utilisant des données transversales sur plusieurs pays que la richesse en ressources naturelles est corrélée avec des mesures subjectives de la corruption politique plus négatives. Bhattacharyya et Hodler (2010) déterminent sur la base de données longitudinales à l'échelle nationale que l'abondance en ressources naturelles est associée avec la corruption perçue uniquement dans les pays ayant un historique de régimes non démocratiques. Ils interprètent cela comme une preuve que les rentes de ressources mènent à une situation de corruption lorsque la qualité des institutions démocratiques est médiocre. Tsui (2011) utilise des données longitudinales à l'échelle nationale concernant les découvertes de pétrole pour montrer que ces dernières diminuent effectivement la qualité des institutions démocratiques, mais seulement dans les régimes qui sont déjà non démocratiques. Le pétrole ne semble pas affecter les institutions dans les pays ayant des démocraties établies. Un large corpus de données comparatives montre qu'il existe une relation positive entre abondance de ressources et guerre civile (Collier, Hoeffler et Söderbom, 2004 ; Fearon, 2005 ; Fearon et Laitin, 2003 ; Humphreys, 2005 ; Lujala, 2010 ; Ross, 2004). Cette relation semble être due aux ressources ponctuelles, telles que le pétrole, les diamants et les drogues. Ces résultats pourraient cependant ne pas s'avérer robustes une fois pris en compte les effets fixes pays, qui représentent les différentes variables omises non observées et constantes dans le temps. En utilisant des données longitudinales à l'échelle nationale et en incluant les effets fixes pays, Cotet et Tsui (2003) ne parviennent pas ainsi à trouver un effet significatif des découvertes de pétrole (importantes et mineures) sur les niveaux de conflit. Mais il pourrait y exister des relations non linéaires entre abondance en ressources et conflits étant donné qu'en utilisant une approche similaire, Lei et Michaels (2011) ont mis en évidence une relation positive entre découvertes importantes de pétrole et conflit.

Un troisième ensemble de résultats suggère que la relation négative entre abondance de ressources et croissance semble n'être présente que dans les pays ayant déjà des institutions médiocres. Dans un article influent, Mehlum, Moene et Torvik (2006) ont montré que la malédiction des ressources est essentiellement le fait de pays dotés d'institutions de piètre qualité. Au contraire, dans les pays ayant des institutions de qualité, l'abondance en ressources n'affecte pas la croissance. Collier et Hoeffler (2009) arrivent à des résultats similaires, et définissent les institutions de piètre qualité comme étant celles caractérisées par l'absence d'un système solide d'équilibre des pouvoirs. C'est également le cas de

Boschini, Pettersson et Roine (2007), lesquels mettent en évidence que la malé-diction des ressources n'est présente que dans les pays ayant des institutions médiocres et des ressources facilement appropriables, telles que des minéraux précieux et des diamants.

Perspectives issues de la littérature à l'échelle nationale

Trois conclusions émergent de la littérature examinant l'impact de l'abondance des ressources naturelles à l'échelle nationale. Premièrement, les ressources naturelles ne semblent pas en soi être mauvaises pour la croissance économique mais deviennent néanmoins un problème en l'absence d'institutions de qualité. Deuxièmement, le problème est plus marqué pour certains types de ressources qui sont facilement appropriables, telles que le pétrole, les minéraux et les diamants. Troisièmement, la désindustrialisation et la volatilité des cours peuvent aussi avoir une importance, mais pas autant qu'initialement escompté. Nous aborderons ces trois points tour à tour dans le détail.

Ces perspectives ont des implications sur les politiques nationales sur l'épargne et l'investissement des rentes de ressources et les mesures macroé-conomiques mises en œuvre pour faire face à la volatilité des cours des matières premières. Les données empiriques à l'échelle nationale semblent toutefois indiquer que le défi principal ne consiste pas à identifier les poli-tiques appropriées mais plutôt à encourager le développement d'une société qui soit en mesure de les adopter et disposée à le faire. La recommandation principale est donc que les pays riches en ressources améliorent leurs institu-tions afin de faire meilleur usage d'un boom des ressources et éviter ses effets les plus délétères. Cela concorde avec les différentes initiatives visant à amé-liorer la gouvernance dans les économies riches en ressources et à comprendre comment construire des institutions durables et performantes. Cette recom-mandation est également en accord avec la vaste littérature de l'économie du développement qui souligne l'importance pour le développement écono-mique des institutions, et tout particulièrement de celles qui renforcent les droits de propriété (Acemoglu, Johnson et Robinson, 2005 ; Acemoglu, Robinson et Woren, 2012 ; Nunn, 2009).

L'utilisation de données à l'échelle nationale a significativement accru nos connaissances au sujet de l'impact de l'abondance de ressources. Cette littérature présente cependant plusieurs limites. Il reste des préoccupations pertinentes concernant la lecture causale des résultats et la présence de variables omises, de causalité inverse et d'erreurs de mesure constituent des défis empiriques impor-tants pour ce type d'études. Les chercheurs ont travaillé à y répondre en prenant en compte un ensemble plus riche de covariables, en exploitant des données longitudinales et en utilisant des variables instrumentales. Ces solutions restent néanmoins nettement inférieures aux approches expérimentales et quasi-expérimentales actuellement utilisées en économie appliquée.

Il est en outre improbable que les impacts (positifs ou négatifs) de l'abondance en ressources soient uniformément répartis sur l'ensemble d'un pays donné. De nombreuses retombées négatives, telles que la pollution et les déplacements de population, ont ainsi une portée géographique localisée tandis que la distribution des rentes de ressources cible habituellement des populations spécifiques. De même, l'impact de la demande des industries extractives en intrants peut être ressenti de manière plus pregnante sur certains marchés locaux. Il n'est pas possible d'étudier ces phénomènes locaux en ne faisant qu'examiner des variations entre différents pays.

Finalement, la principale implication politique – comme quoi les pays doivent améliorer leurs institutions pour tirer parti de booms de ressources – n'offre qu'un éclairage limité en termes de politiques concrètes. Une question subsiste : que peuvent faire les différentes parties prenantes (telles que les sociétés extractives, les collectivités locales et les bailleurs de fonds), mis à part stimuler un processus de réforme institutionnelle, pour atténuer les effets négatifs de l'abondance de ressources et améliorer ses bienfaits potentiels ? Le fait d'explorer les impacts locaux de l'abondance en ressources pourrait éclairer quelque peu cette question.

Évaluation des impacts locaux de l'abondance en ressources

L'attention se porte de plus en plus sur le fait d'analyser l'impact des recettes exceptionnelles liées aux ressources sur les communautés locales d'où proviennent ces ressources. Les études portant leur attention sur des unités infranationales, telles que les provinces, les départements et les communes, diffèrent des études réalisées à l'échelle nationale, lesquelles prennent comme unités d'observation les pays. Elles ont permis d'améliorer la stratégie empirique d'évaluation des booms de ressources en exploitant la variation *au sein d'un même pays*. De nouveaux défis empiriques doivent toutefois être pris en compte, en particulier les changements déroutants concernant les prix et les populations qui pourraient impacter l'interprétation des résultats.

Cadre analytique de l'évaluation des impacts locaux

La littérature économique fait état d'au moins quatre façons différentes d'analyser l'impact économique local des booms de ressources naturelles. Une première consiste à analyser l'abondance en ressources comme un changement au niveau des dotations locales qui conduit à une spécialisation sur le secteur primaire et à des changements correspondants dans les prix relatifs au détriment d'autres secteurs de biens échangeables tels que l'agriculture et l'industrie manufacturière, c'est-à-dire à un mal hollandais localisé. Une autre approche consiste à considérer les ressources naturelles comme une source de recettes fiscales pour les collectivités locales, les booms de ressources se traduisant par des recettes fiscales exceptionnelles ou manne fiscale (*revenue windfall*). La voie d'impact de la fiscalité est au cœur des études à l'échelle nationale. Une approche plus novatrice consiste à considérer les booms de ressources comme des augmentations de la demande pour des biens et des intrants locaux, c'est-à-dire comme un choc de demande positif. Enfin, les impacts de l'abondance en ressources sur le contexte social et environnemental local, et notamment la question de la pollution, ont dernièrement commencé à faire l'objet d'une certaine attention empirique.

Dotation en ressources et spécialisation

Si l'on traite l'échelle locale comme une petite économie ouverte, on peut alors étudier les changements de dotations dans le cadre du modèle standard Heckscher-Ohlin du commerce international. La spécialisation dans le secteur primaire implique qu'il y a une augmentation des prix des intrants, et notamment des salaires, ce qui déclenche une réaffectation des intrants, laquelle augmente à son tour le coût et le prix des biens non échangeables par rapport aux biens échangeables. Si les secteurs des biens échangeables connaissent des gains de productivité supérieurs, alors la spécialisation dans les ressources naturelles limitera la croissance économique et les revenus locaux sur le long terme, en supposant une population fixe. Ce modèle est schématisé dans l'annexe (figure A.2.1). Les prédictions des modèles qui incorporent ce mécanisme de spécialisation peuvent être testées empiriquement et l'on observera en particulier une évolution des prix relatifs, avec le renchérissement du prix des biens non échangeables par rapport aux biens échangeables ; une réduction de la taille des secteurs produisant des biens échangeables à l'échelle nationale, par exemple telle que mesurée par leur part dans l'emploi total, leur part dans la masse salariale totale ou dans les revenus locaux ; et un impact négatif sur la croissance économique et les revenus locaux.

Recettes fiscales locales exceptionnelles

Les ressources naturelles peuvent être considérées comme une source de recettes fiscales pour les communautés locales, c'est-à-dire de recettes fiscales exceptionnelles (ou manne fiscale). Ces recettes exceptionnelles atténuent les fortes contraintes budgétaires locales des administrations locales et favorisent une augmentation du niveau de dépense publique. Ces recettes exceptionnelles peuvent avoir aussi bien des effets positifs que négatifs sur le bien-être économique. La figure 2.1 présente un cadre analytique des voies de transmission et d'impact sur les résultats locaux. Dans la mesure où ces recettes exceptionnelles sont utilisées pour améliorer la quantité ou la qualité des biens et services publics locaux, tels que les routes, hôpitaux, écoles et logements, elles ont le potentiel d'améliorer les résultats en matière de bien-être, et notamment les résultats en matière de santé ou d'éducation.

De plus, dans la mesure où les biens publics constituent des facteurs de production ou qu'ils génèrent des retombées positives, comme c'est le cas de l'infrastructure de transport, un boom des ressources peut aussi avoir pour effet d'augmenter les revenus et la croissance locale. L'existence d'un effet positif des recettes exceptionnelles repose sur plusieurs conditions : des responsables politiques locaux qui sont réceptifs aux besoins de l'ensemble de la population, des institutions locales qui fonctionnent bien, une certaine compétition saine sur le plan politique (Besley et Burgess, 2002)[7], et des administrations territoriales qui sont techniquement en mesure de fournir des biens et services publics. Si les dirigeants politiques locaux sont peu réceptifs aux besoins de la population générale ou qu'ils manquent de capacités techniques, cela peut compromettre l'effet positif des recettes exceptionnelles sur la fourniture de biens publics et sur les conditions de vie locales.

Au niveau local, une vaste littérature tend à montrer que le clientélisme et l'achat de votes constituent d'importantes distorsions. Par clientélisme, on entend les transferts réalisés par une élite politique à un groupe restreint d'électeurs pauvres ou défavorisés dans le but de sécuriser leur base électorale et de se maintenir au pouvoir. Il est établi qu'une telle redistribution ciblée peut entraîner une détérioration de la fourniture de biens publics[8]. Khemani (2013) fait ainsi état d'une relation négative entre achat de votes et fourniture de soins de santé primaires aux Philippines. Une étude de cas de collectivités territoriales des zones rurales de l'État de Maharashtra montre que le clientélisme peut conduire à une mauvaise gouvernance, même quand les élections sont libres et démocratiques et qu'il existe un niveau élevé de compétition politique (Anderson, François et Kotwal, 2015)[9].

Figure 2.1 Les effets d'une manne fiscale

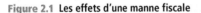
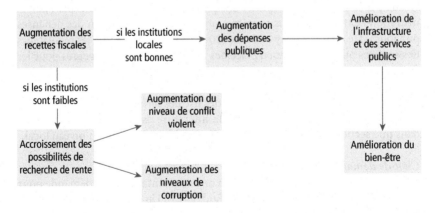

Les effets de rapacité et de coût d'opportunité abordés dans les études à l'échelle nationale sur les conflits peuvent également expliquer l'échec de la conversion des recettes exceptionnelles liées aux ressources en gains de bien-être au niveau local. Les booms associés aux ressources « ponctuelles » telles que le pétrole et l'or (à distinguer des ressources « diffuses ») sont plus susceptibles de générer un effet de rapacité puisqu'ils augmentent les rentes appropriables, mais ont un impact relativement restreint sur les salaires locaux[10]. La littérature indique également que l'absence de politiques adéquates de réaffectation et de compensation, dans un contexte de concurrence forte pour des ressources rares, aura des conséquences négatives en matière de redistribution et pourra déboucher sur des conflits.

La voie d'impact des recettes fiscales exceptionnelles fait ressortir l'importance des institutions locales, et tout particulièrement des institutions politiques et des arrangements de décentralisation fiscale, et celles-ci font l'objet d'une attention accrue dans les études à l'échelle locale.

L'économie politique théorique insiste sur l'importance des institutions politiques telles que les règles électorales et les formes de gouvernement (Lizzerie et Persico, 2001 ; Persson, 2002). Les données infranationales concordent avec ces prédictions. Besley et Case (2003) mettent ainsi en évidence au niveau des différents États des États-Unis que les différences entre des institutions politiques telles que les procédures d'inscription électorale, les élections primaires ou encore les exigences de majorité qualifiée viennent impacter le niveau de compétition politique ainsi que la représentativité des autorités élues, ce qui se traduit ensuite par des différences en termes de dépenses publiques et de fiscalité. Pande (2003) constate qu'en Inde, le système de « places réservées », ou *reservations*, en vigueur dans les corps législatifs de certains États et qui prévoit que des sièges soient réservés pour la représentation politique des basses castes a une incidence sur l'importance des transferts publics à certains groupes désavantagés. Zhang *et al.* (2004) montrent qu'en Chine, la sélection de dirigeants locaux par la voie électorale plutôt que par le biais de nominations par l'administration centrale était plus propice à une meilleure répartition des dépenses publiques. De même, Besley et Coate (2003) ont déterminé que les régulateurs des services publics mettent en place des politiques plus avantageuses pour les consommateurs quand ils sont élus que quand ils sont nommés.

Concernant les arrangements de décentralisation fiscale, c'est-à-dire des règles qui définissent comment les recettes fiscales seront collectées, distribuées et utilisées à l'échelle infranationale, la littérature est abordée plus en détail dans une section ultérieure portant sur le rôle des institutions au niveau local.

Choc de demande local

Un boom de ressources peut conduire à une augmentation de la demande pour les biens et intrants locaux (Aragón et Rud, 2013). Un choc de demande positif est plausible dans des contextes dans lesquels les industries extractives utilisent des intrants fournis localement, tels que la main-d'œuvre ou des produits intermédiaires. Il est à noter qu'un effet similaire pourrait avoir lieu si les rentes des industries extractives étaient transférées directement à la population locale, ce qui reviendrait à une forme de dividende directe. On peut citer à cet égard les Ententes sur les répercussions et les avantages (EIA) du Canada ainsi que le Fonds permanent de dividendes de l'Alaska. L'étendue des liaisons économiques des activités extractives détermine l'ampleur du choc de demande local. Il faut cependant noter qu'on ne peut partir du principe qu'il existe de fortes liaisons en amont dans tous les contextes.

Les modèles d'équilibre spatial, qui sont de plus en plus utilisés pour analyser les marchés du travail et du logement, fournissent un cadre utile pour examiner l'impact sur l'équilibre général de tels chocs de demande localisés. Le modèle d'équilibre de Rosen-Roback est couramment utilisé. Celui-ci s'applique sur un pays qui comprend plusieurs villes ou économies locales et où l'on considère que chaque économie locale produit un seul bien négociable à l'international en utilisant de la main-d'œuvre, de la terre et une aménité locale. La main-d'œuvre est homogène et disponible en quantité illimitée, tandis que la terre est disponible en quantité fixe et est immobile. Un boom de ressources bénéficierait surtout aux propriétaires des facteurs immobiles et les salaires réels sont égalisés sur le plan géographique. La figure 2.2 dépeint le cadre permettant de comprendre comment ce choc de demande positif impacte les résultats locaux.

Lorsqu'une courbe d'offre ayant une pente ascendante à la fois pour la main-d'œuvre et la terre ou les logements (Greenstone *et al.*, 2010 ; Moretti, 2011) est incorporée dans ce cadre analytique, les effets d'un choc de demande local deviennent plus nuancés. Un choc positif de la demande locale en main-d'œuvre commence par faire monter les salaires nominaux, ce qui attire des travailleurs venant d'autres localités, tirant les salaires vers le bas et augmentant le coût des logements. Le résultat final dépend cependant aussi bien de l'élasticité de l'offre de main-d'œuvre que de celle de logements. Un choc de demande peut donc ainsi mener à une augmentation des salaires réels et du niveau de bien-être des travailleurs. Sous certaines conditions, par exemple si les travailleurs de différents secteurs sont substituables, il pourrait également y avoir des effets d'entraînement plus larges.

Les modèles d'équilibre spatial tendent à montrer que les chocs de demande locale attirent des travailleurs et conduisent à une augmentation de la population locale. S'ensuit alors parfois également des effets de saturation et une pression additionnelle sur les services locaux tels que l'éducation et la santé. Néanmoins, la croissance de la population peut également générer des effets positifs sous la forme d'économies d'agglomération, c'est-à-dire de gains de productivité associés au regroupement d'activités économiques. Un corpus croissant de preuves, principalement issues des États-Unis, fait ressortir que l'ampleur des économies

Figure 2.2 Les effets d'un choc de demande local

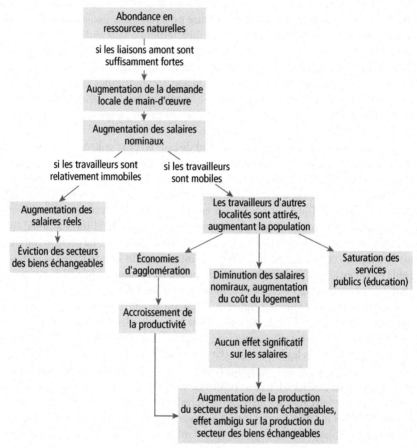

d'agglomération dans l'industrie manufacturière et la haute technologie est loin d'être triviale[11]. Il existe toutefois à ce jour peu d'éléments concernant l'ampleur des économies d'agglomération générées par les industries extractives. Les effets d'agglomération sont examinés dans un article récent de Fafchamp, Koelle et Shilpi (2015) sur la contribution de l'exploitation de l'or à la proto-urbanisation au Ghana, en s'appuyant sur le modèle christallérien.

Les modèles d'équilibre spatial suggèrent également l'existence d'effets hétérogènes sur les secteurs des biens échangeables et des biens non échangeables. En particulier, Moretti (2011) prédit que le choc de demande bénéficiera principalement au secteur des biens non échangeables, et en particulier aux services. L'effet sur les secteurs des biens échangeables est ambigu et peut s'avérer négatif en lien avec une augmentation des salaires et des loyers fonciers. Néanmoins, les économies d'agglomération croissantes associées à une population plus importante peuvent entraîner un impact bénéfique. On ne sait donc pas très bien si les booms de ressources ont pour conséquence de favoriser ou bien d'évincer l'industrie manufacturière, contrairement à ce qu'affirme l'argument classique du mal hollandais, lequel prédit un effet de désindustrialisation.

L'utilisation d'un cadre analytique de type équilibre spatial pour étudier l'effet de chocs de demande localisés conduit à plusieurs prédictions concernant l'impact d'un boom des ressources dès lors qu'il y existe de fortes liaisons en amont :

- les booms de ressources ont un effet positif sur les salaires nominaux et les résultats du marché du travail, dont le taux de participation, le nombre d'heures travaillées et le taux d'emploi ;

- les booms de ressources peuvent avoir pour conséquence d'accroître les salaires réels et le revenu réel des populations locales et baisser l'incidence de pauvreté ;

- il pourrait y avoir des retombées positives à l'œuvre dans plusieurs secteurs qui ne sont pas directement liés à l'activité extractive ainsi que dans les localités environnantes ;

- les booms de ressources pourraient être associés à un phénomène de migration de travailleurs et une augmentation des prix des biens non échangeables, tels que le logement.

Ces prédictions entraînent des implications importantes en ce qui concerne l'analyse empirique. La première est que la migration induite par le boom de ressources peut avoir pour conséquence de changer la distribution spatiale de la productivité de la population. Cela pourrait avoir lieu par exemple si les travailleurs à productivité élevée se montrent plus capables de tirer parti du boom ou font face à des coûts migratoires plus faibles, ou si les travailleurs à productivité faible sont déplacés hors des zones riches en ressources. On peut alors craindre qu'une augmentation des revenus locaux réels ne fasse que refléter l'évolution de la composition de la population et non pas l'existence d'améliorations réelles en termes de bien-être économique. L'importance de cet effet de composition est propre à chaque cas[12].

Si ce cadre d'analyse prédit un impact positif possible des booms de ressources sur le revenu réel, les effets sur d'autres dimensions du bien-être des populations, telles que la santé et l'éducation, sont moins évidents. D'un côté, les résultats en matière de santé et d'éducation pourraient s'améliorer grâce à un effet revenu. Par ailleurs, si le boom des ressources est orienté vers les travailleurs hautement qualifiés, cela pourrait avoir pour effet d'augmenter les rendements de l'éducation. D'un autre côté, l'augmentation des salaires pourrait avoir pour conséquence d'augmenter le coût d'opportunité de l'éducation et de dissuader les individus de faire des études (Atkin, 2012). Un effet similaire peut avoir lieu si l'industrie extractive a une forte demande de travailleurs non qualifiés, réduisant alors la « prime à la compétence ». En termes de santé, un autre point à prendre en considération est que la pollution de l'environnement peut venir diminuer ou contrebalancer les bénéfices qu'il y a à avoir un revenu plus élevé.

Toutefois, la littérature sur les études de cas de pays démontre pleinement que les industries extractives situées dans des zones moins développées et reculées sont associées à des niveaux restreints d'embauches, d'approvisionnement, de ventes de produits et de distribution de profits au niveau local, tout particulièrement lorsqu'il s'agit de mines à grande échelle et à capital étranger. Sur le plan politique, l'initiative Africa Mining Vision de 2009 comporte comme pilier central l'aspiration à sortir d'exploitation minière du continent de son enclave et à aboutir à une forme de développement socioéconomique plus intégrée au niveau local.

Externalités négatives

L'extraction minière et le traitement des minerais peuvent générer plusieurs types d'externalités négatives qui affectent le bien-être des populations locales. Ces activités peuvent par exemple générer des quantités significatives de polluants atmosphériques allant des poussières émises lors des tirs de mine et des opérations de terrassement et d'excavation aux émanations des fonderies et des raffineries et les gaz d'échappement des moteurs à essence du gros matériel minier. Si les émissions toxiques sont relativement importantes, elles peuvent se déposer au sol sous la forme de pluies acides, lesquelles contribuent à la dégradation des sols et qui peuvent avoir des effets négatifs cumulatifs (Menz et Seip, 2004). Les activités minières peuvent également libérer des polluants sectoriels spécifiques, tels que le cyanure, l'acide sulfurique, le mercure et d'autres métaux lourds ou encore les drainages acides (Dudka et Adriano, 1997 ; Salomons, 1995). Ces polluants peuvent avoir des effets négatifs cumulatifs sur la qualité des sols et des sources d'eau. De même, les opérations minières artisanales et à petite échelle peuvent polluent l'eau et l'atmosphère. L'exemple le plus notoire concerne la pollution au mercure lors de l'utilisation de ce métal pour amalgamer l'or.

La pollution de l'environnement peut avoir une incidence négative sur la santé (Currie *et al.*, 2013 ; Graff-Zivin et Neidell, 2013) et, plus généralement, l'offre de main-d'œuvre et la productivité du travail (Graff-Zivin et Neidell, 2012 ; Hanna et Oliva, 2011). Des éléments de preuve montrent que la pollution peut avoir une incidence négative sur les résultats cognitifs et le niveau d'éducation (Almond, Edlund et Palme, 2009 ; Lavy, Ebenstein et Roth, 2012) et qu'elle entraîne une augmentation de l'absentéisme scolaire (Currie *et al.*, 2009 ; Gilliland *et al.*, 2001 ; Park *et al.*, 2002 ; Ransom et Pope, 1992).

Il existe aussi une possibilité majeure d'externalité négative ayant trait à la perte de productivité agricole (Aragón et Rud, 2015). La littérature récente examine les mécanismes à travers lesquels ce phénomène peut avoir lieu, à commencer par les effets directs de la pollution sur la santé et la croissance des cultures (Heck *et al.*, 1982 ; Miller, 1988 ; Marshall, Ashmore et Hinchcliffe, 1997), ce qui se traduit par des rendements plus faibles. La dégradation des intrants agricoles fondamentaux que sont les sols et l'eau peut également jouer (Menz et Seip, 2004 ; EPA, 2012). Ainsi, les polluants atmosphériques se déposant au sol *via* des phénomènes de pluie acide peuvent causer une dégradation des sols : l'augmentation de leur acidité conduit en effet à une lixiviation des nutriments, une réduction de la capacité des plantes à absorber les nutriments qui restent et à la libération de métaux lourds. La pollution atmosphérique peut quant à elle réduire la productivité générale des travailleurs (Chang *et al.,* 2014 ; Graff-Zivin et Neidell, 2012). La perte de productivité agricole aura une incidence négative sur la production agricole, laquelle viendra à son tour impacter les revenus des agriculteurs et des populations rurales. Cette externalité revêt un caractère particulièrement important dans des zones rurales peuplées et là où l'agriculture reste un important moyen de subsistance.

La figure 2.3 présente une visualisation schématique des externalités négatives liées à la pollution de l'environnement dans un contexte minier. On peut en tirer plusieurs conséquences en matière d'analyse empirique. Premièrement, se pose la question d'examiner l'effet des booms de ressources sur des mesures non liées aux revenus, tels que des indicateurs de santé humaine comme le taux de mortalité et l'incidence de maladies. Cela pointe également vers d'autres résultats possibles tels que productivité des travailleurs, l'offre de main-d'œuvre et la production agricole. Enfin, cela met l'accent sur la perte de productivité agricole, à travers laquelle les booms de ressources peuvent avoir une incidence négative sur les revenus locaux, tout particulièrement dans les zones rurales.

Données empiriques sur l'impact local de l'exploitation minière

La littérature empirique exploitant les variations intranationales est plus récente et moins développée que celle portant sur l'échelle nationale. Il existe cependant un nombre croissant d'études, examinées par Aragón *et al.* (2015), qui étendent la portée de cette littérature. Dans l'ensemble, celles-ci s'intéressent à l'impact de l'abondance en ressources sur la croissance, l'emploi et les conditions de vie au niveau local, les niveaux de corruption et de conflit, ainsi que sur la question de la pollution.

L'impact sur la croissance

Plusieurs études ont reproduit les régressions de croissance utilisées dans la littérature comparative entre pays en utilisant données infranationales transversales aux États-Unis (Douglas et Walker, 2013 ; James et Aadland, 2011 ;

Figure 2.3 Externalités négatives liées à la pollution de l'environnement

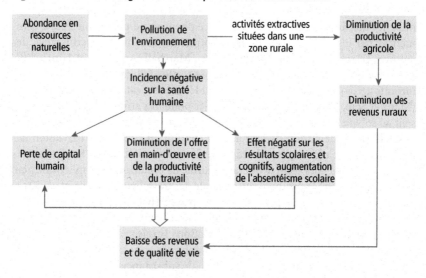

Papyrakis et Gerlagh, 2007). De manière similaire, Zuo et Schieffer (2014) ont examiné l'impact de la croissance en utilisant des données issues de provinces chinoises. Dans l'ensemble, ces études mettent en évidence une malédiction locale des ressources (tableau 2.1). Il est néanmoins difficile d'interpréter ces résultats de manière causale parce que ces études souffrent des mêmes limites de biais de variables omises, de causalité inverse et d'erreur de mesures que les études empiriques de la malédiction des ressources à l'échelle nationale.

Impact sur l'emploi et les conditions de vie locales
En rupture avec les régressions de croissance comparatives entre pays, plusieurs études ont traité les booms et récessions dans des pays développés riches en ressources (États-Unis, Canada et Australie) comme des chocs de demande sur la demande locale en main-d'œuvre et ont analysé les retombées économiques résultantes (voir tableau 2.2)[13]. Ces études montrent que les booms dans l'exploitation minière de charbon, le pétrole et le gaz génèrent des effets d'entraînement en matière d'emploi sur le court terme, c'est-à-dire une augmentation des emplois et des salaires nominaux dans d'autres secteurs. Mais ces études sont moins claires en ce qui concerne l'effet d'éviction de l'industrie manufacturière locale, certaines études décrivant une réduction dans la taille relative de ce secteur tandis que d'autres trouvent des éléments tendant à démontrer une augmentation de l'activité manufacturière. Cela suggère que les booms génèrent de possibles effets d'agglomération (augmentation de la taille des marchés locaux) qui profitent à l'activité manufacturière locale. Une autre limite de ces études est

Tableau 2.1 Données empiriques sur l'impact de l'abondance en ressources sur la croissance locale

Étude	Variable explicative	Variable de résultat	Signe	Pays, niveau des données	Stratégie d'identification
Douglas et Walker (2013)	Part des recettes liées au charbon dans les recettes totales		–	États-Unis, comtés	MCO transversale
James et Aadland (2011)	Part des bénéfices dans le secteur extractif	Taux de croissance du revenu	–	États-Unis, comtés	MCO transversale
Papyrakis et Gerlagh (2007)	Part du secteur primaire dans le PIB local		–	États-Unis, États fédérés	MCO transversale
Zuo et Schieffer (2014)	Production annuelle d'énergie par habitant, totale, ou part de la production d'énergie dans le PIB		–	Chine, provinces	Panel à effet fixes

Source : Aragón, Chuhan-Pole et Land, 2015.
Note : + = relation positive ; - = relation négative ; 0 = statistiquement non significatif ; MCO = méthode des moindres carrés ordinaires.

liée au fait qu'elles n'examinent pas les effets sur le revenu réel et d'autres mesures du bien-être.

Le fait de savoir si ces effets locaux de booms de ressources s'appliquent également aux pays moins développés fait maintenant l'objet d'une littérature limitée mais grandissante. Il ressort du cadre analytique sur les chocs de demande locaux que les effets économiques au niveau local dépendent de plusieurs facteurs contextuels tels que le niveau de liaisons économiques des activités extractives (lesquelles déterminent l'ampleur du choc de demande local), la substituabilité de la main-d'œuvre au sein des différents secteurs et la mobilité de la main-d'œuvre.

Caselli et Michaels (2013) utilisent des données à l'échelle des municipalités pour examiner l'effet économique au niveau local des recettes fiscales exceptionnelles liées à l'exploitation de pétrole au Brésil. Il en ressort que la production de pétrole va de pair avec une augmentation des redevances pétrolières versées aux collectivités locales ainsi que des dépenses publiques. L'impact sur la fourniture de services publics locaux est néanmoins minime et aucune amélioration significative sur la quantité ou la qualité des logements, sur la fourniture de prestations en matière d'éducation et de santé ou d'assistance sociale n'a été mise en évidence[14]. La production pétrolière avait également un effet négligeable sur le revenu des ménages et la taille de la population. Ces résultats indiquent que la production de pétrolière n'a pas été particulièrement bénéfique pour la population locale parce qu'au Brésil l'étendue des liaisons économiques entre les sociétés pétrolières et les économies locales s'est avérée limitée. Des éléments circonstanciels semblent plutôt indiquer que les recettes pétrolières ont été utilisées pour financer le clientélisme, extraire des rentes et ont été détournées par les dirigeants politiques. En utilisant des données de l'ensemble des municipalités (et pas seulement celles recevant des redevances pétrolières), Brollo *et al.* (2013) démontrent que les recettes fiscales exceptionnelles sont effectivement associées à une augmentation de la corruption politique.

Deux études ont examiné l'impact de l'exploitation minière sur les économies locales au Pérou. Aragón et Rud (2013) examinent l'importance des liaisons économiques dans le cas de Yanacocha, une vaste mine d'or située dans les hauts plateaux du Pérou. En utilisant des microdonnées à l'échelle des ménages et une approche par la méthode des doubles différences, ils ont constaté que les liaisons en amont ont un impact économique positif sur les revenus réels et la réduction de la pauvreté et que les retombées positives d'un choc de demande local s'étendent également à la population locale qui n'est pas directement associée à l'exploitation minière, comme par exemple les agriculteurs et les personnes travaillant dans les services. Allant dans le même sens que les conclusions de Caselli et Michaels (2013), Aragón et Rud ont pu déterminer que l'augmentation des recettes et des dépenses publiques à l'échelle locale qui est due à un boom des ressources ne se traduit pas par un revenu des ménages plus élevé. En utilisant un ensemble fourni de données au niveau des districts, Loayza, Teran et Rigolini (2013) établissent une corrélation positive entre les indicateurs de conditions de vie (notamment de pauvreté, de consommation et d'alphabétisation) et la production minière, mais aucune entre les indicateurs de conditions de vie et les transferts publics liés aux recettes fiscales minières[15]. Des résultats issus du Brésil et du Pérou font quelque peu douter de l'utilité des systèmes de partage des revenus en tant qu'instrument de politique pour faire profiter les communautés locales des booms de ressources.

Quoiqu'en nombre limité, les études les plus récentes sur les pays en développement suggèrent que la présence de liaisons économiques en amont pourrait constituer un facteur déterminant des résultats économiques locaux[16]. Elles laissent également penser qu'il faudrait plus d'études pour comprendre comment les systèmes de partage des revenus sont susceptibles de constituer des instruments d'intervention efficaces pour assurer que les communautés locales tirent parti des booms de ressources.

Dans le cadre de l'une des rares études portant sur l'Afrique, Kotsadam et Tolonen (2015) examinent l'effet de l'exploitation minière sur l'emploi local. Ils utilisent un riche ensemble de données au niveau individuel sur plusieurs pays d'Afrique subsaharienne et mettent en œuvre une approche par les doubles différences exploitant l'ouverture et la fermeture des mines. Cette étude met en évidence que les ouvertures de mines semblent créer de nouvelles opportunités d'emploi hors du champ agricole et entraîner des évolutions structurelles significatives. De manière intéressante, ces effets ne sont pas les mêmes pour les femmes que pour les hommes : les femmes se redéploient vers les services tandis que les hommes se dirigent vers des emplois manuels qualifiés. De plus, le taux de participation des femmes diminue avec l'ouverture de mines tandis que le taux de participation des hommes augmente. Ces changements structurels semblent persister après les fermetures des mines, au moins en ce qui concerne les femmes. Après la fermeture d'une mine, les hommes retournent à des emplois agricoles mais pas les femmes : à la place, elles quittent la population active. Les auteurs interprètent ces résultats comme étant la preuve qu'à l'échelle locale en Afrique, l'exploitation minière fonctionne comme une économie de type *boom-bust* (avec un cycle d'envolée suivi d'un effondrement), mais avec des effets (négatifs) permanents sur la participation des femmes à la population active.

Impact sur la corruption et les conflits
Il existe une littérature modeste mais grandissante sur les données intrapays qui tendent à démontrer une association entre booms de ressources et la corruption et le conflit (tableau 2.3). Comme déjà mentionné précédemment, le cas du Brésil (Brollo *et al.*, 2013 ; Caselli et Michaels, 2013) donne à penser que les recettes fiscales exceptionnelles liées aux redevances pétrolières ont augmenté la corruption et les comportements de recherche de rente au niveau local. Les recettes fiscales exceptionnelles sont aussi associées à des changements dans les résultats en matière de politique. Brollo *et al.* (2013) avancent ainsi qu'une augmentation des revenus permet aux mauvais gouvernants d'accroître les dépenses publiques tout en détournant les rentes, ce qui se traduit par un taux de réélection plus élevé pour les élus en place. Monteiro et Ferraz (2010) font également état d'une consolidation des avantages électoraux pour les élus en place, mais uniquement sur le court terme.

L'anticipation d'une manne fiscale est susceptible de changer les comportements politiques avant même que les ressources ne soient effectivement exploitées. Il est possible que cela ait lieu parce que les rentes anticipées (provenant de l'extraction future des ressources) augmentent la valeur des positions politiques et que les politiciens commencent à briguer des fonctions électives de manière immédiate afin de s'assurer de capturer les rentes futures. Vicente (2010) a examin cette question dans le contexte de l'annonce des découvertes de réserves pétrolières à São Tomé et Principe en utilisant des microdonnées au niveau individuel comportant des informations rétrospectives sur la corruption perçue. Il a pu ainsi déterminer que les annonces de découvertes pétrolières ont été associées à une augmentation de la perception de l'achat de votes et de la corruption sur tout un éventail de services publics, et notamment les douanes, les marchés publics, les emplois de fonctionnaires, les services de santé et la police.

L'étude empirique de l'abondance de ressources sur les conflits locaux s'est concentrée sur l'exploration de deux mécanismes possibles : l'effet du coût d'opportunité et l'effet de rapacité. Comme vu précédemment, ces mécanismes ont différentes implications en ce qui concerne l'effet des booms de ressources sur

Tableau 2.2 Données empiriques sur l'impact de l'abondance en ressources sur les niveaux de vie locaux

Étude	Variable explicative	Variable de résultat	Signe	Pays, niveau des données	Stratégie d'identification
Allcott et Keniston (2014)	Présence ou absence de production de pétrole ou de gaz dans le comté avant 1969	Taux de croissance des revenus, salaires	+	États-Unis, comtés	Doubles différences
		Emploi et production du secteur manufacturier	+		
		Productivité des facteurs	0		
Aragón et Rud (2014)	Production minière d'or	Revenu des ménages	+	Pérou, ménages	Doubles différences
	Transfert minier	Recettes et dépenses des municipalités	+		
		Revenu des ménages	0		
Black et al. (2005)	Présence ou non du comté au coeur du boom du charbon	Emploi et salaires	+	États-Unis, comtés	Variables instrumentales
Caselli et Michaels (2013)	Production pétrolière	Recettes des administrations locales	+	Brésil, municipalités	Variables instrumentales
		Dépenses des administrations locales	+		
		Service public local	0		
		Revenu des ménages	0		
Fleming et Measham (2014)	Indicateur de présence d'une activité d'extraction de gaz de charbon	Progression des revenus, emploi	+	Australie, individus	MCO transversale
Jacobsen et Baker (2016)	Présence ou non du comté au coeur du boom pétrolier ou gazier	Revenu nominal, salaires, emploi et population	+	États-Unis, comtés	Panel à effet fixes
		Emploi dans le secteur manufacturier	0		
Kotsadam et Tolonen (2014)	Ouvertures de mines	Emploi dans le secteur des services	+	Afrique subsaharienne, individus	Doubles différences
		Emploi dans le secteur agricole	–		
		Femmes : emploi tertiaire	+		
		Hommes : emploi manuel qualifié	+		
	Fermetures de mines	Femmes : emploi agricole	0		
		Hommes : emploi agricole	+		
Loayza et al. (2013)	Production minière	Consommation des ménages, taux d'alphabétisation	+	Pérou, districts	Score de correspondance et de propension

(suite page suivante)

Tableau 2.2 (suite)

Étude	Variable explicative	Variable de résultat	Signe	Pays, niveau des données	Stratégie d'identification
		Taux de pauvreté	−		
		Inégalités de consommation	+		
Marchand (2012)	Indicateur de la réception ou non de 10 % ou plus des recettes totales en provenance du secteur extractif	Emploi et revenus	+	Canada, subdivision de recensement	Doubles différences
Michaels (2011)	Indicateur de présence ou non du comté au-dessus d'un gisement pétrolier ou au sein d'un gisement (ou de plusieurs gisements) contenant au moins 100 millions de barrils avant le début de l'extraction	Part de l'emploi minier	+	États-Unis, comtés	Panel à effet fixes
		Part de l'emploi agricole	−		
		Part de l'emploi manufacturier	0		
		Stock de travailleurs instruits	+		
		Revenu nominal	+		

Source : Aragón, Chuhan-Pole et Land, 2015.
Note : + = relation positive ; - = relation négative ; 0 = statistiquement non significatif ; MCO = méthode des moindres carrés ordinaires.

le conflit, en fonction du type de ressource exploitée. Les ressources qui augmentent les salaires locaux, tels que les produits agricoles, diminuent le niveau de conflit en impactant le coût d'opportunité du conflit. En revanche, les ressources qui créent des rentes appropriables, telles que le pétrole, les diamants et les minéraux, pourraient favoriser le conflit du fait d'un effet rapacité. Dube et Vargas (2013) apportent des preuves convaincantes de l'importance à la fois des effets d'opportunité et de rapacité. En utilisant des données à l'échelle des municipalités en Colombie, ils trouvent que les augmentations dans les cours du pétrole, du charbon et de l'or sont associées à une intensification du niveau de conflit, tandis que le contraire est vrai pour les augmentations des cours mondiaux de produits agricoles tels que le café, la banane, le sucre, l'huile de palme et le tabac.

Impact sur la pollution

Il existe une vaste littérature soulignant le potentiel de pollution de l'extraction minière et des autres industries extractives. L'effet négatif de la pollution sur la

Tableau 2.3 Données empiriques sur l'impact de l'abondance en ressources sur la corruption et les conflits

Étude	Variable explicative	Variable de résultat	Signe	Pays, niveau des données	Stratégie d'identification
Angrist et Kugler (2008)	Cours de la coca	Conflits violents	+	Colombie, individus	Doubles différences
Brollo *et al.* (2013)	Recettes liées aux redevances pétrolières	Corruption politique	+	Brésil, municipalités	Régression avec discontinuité
		Qualité des candidats politiques	–		
Dube et Vargas (2013)	Cours du pétrole, du charbon et de l'or	Conflits	+	Colombie, municipalités	Doubles différences
	Cours agricoles internationaux		–		
Monteiro et Ferraz (2010)	Recettes liées aux redevances pétrolières	Avantage conféré au élus en place	+	Brésil, municipalités	Variables instrumentales
		Emploi public	+		
		Offre éducative et sanitaire	0		
Vicente (2010)	Annonces de découvertes de réserves pétrolières	Perception de l'achat de votes et de la corruption des services publics	+	Afrique, individus	Double différences

Source : Aragón, Chuhan-Pole et Land, 2015.
Note : + = relation positive ; - = relation négative ; 0 = statistiquement non significatif.

santé humaine et, par ce biais, sur l'offre de main-d'œuvre et la productivité des travailleurs a également été documenté par plusieurs études (voir à ce sujet la section sur les externalités négatives). Malgré ces résultats, il n'existe que peu de travaux empiriques examinant les impacts socioéconomiques de la pollution engendrée par l'exploitation minière.

Certains travaux récents examinant la pollution minière font état d'impacts localisés sur la santé et l'éducation. Rau *et al.* (2013) examinent ainsi l'impact sur le niveau d'instruction des enfants vivant à proximité d'un dépôt de déchets minéraux avec des niveaux dangereux de plomb et d'autres métaux lourds dans le nord du Chili[17]. Il a été constaté que ces enfants avaient des concentrations plus élevées de plomb dans le sang et de moins bons résultats scolaires. L'étude estime que cela se traduit par des pertes significatives de revenus à l'âge adulte[18]. Goltz et Barnwal (2013) examinent l'effet de l'exploitation minière sur les résultats en matière de santé humaine en utilisant un riche ensemble de microdonnées de 44 pays et en appliquant la méthode des doubles différences. Ils trouvent des signes d'une association entre exploitation minière et augmentation des retards de croissance chez les enfants et du taux d'anémie chez les jeunes femmes. Les effets sont localisés à proximité immédiate des mines (c'est-à-dire dans un rayon de 5 km de celles-ci). De façon intéressante, ces effets ont lieu malgré une augmentation de la richesse des ménages, ce qui met en exergue le compromis entre retombées économiques et coûts sanitaires auxquelles les communautés minières font face. Ces résultats ne sont toutefois pas concluants. Dans une étude connexe, Tolonen (2016) a déterminé que dans les pays africains, l'ouverture de mines d'or réduire de manière statistiquement significative la mortalité infantile. Cet élément suggère que dans certains cas les retombées économiques positives de l'exploitation minière peuvent compenser les effets pernicieux pour la santé de la pollution minière.

Aragón et Rud (2015) font un exposé instructif de l'importance de l'impact des externalités de pollution des activités minières sur l'agriculture dans le cadre d'une étude portant sur une mine d'or à grande échelle au Ghana. Les auteurs trouvent des preuves robustes du fait que la production cumulée d'or (un indicateur du stock de pollution) est associé à une réduction significative de la productivité agricole, avec des effets concentrés à proximité des sites miniers, c'est-à-dire dans un rayon de 20 km, et déclinant avec la distance[19]. Cette perte de productivité est associée à une augmentation de la pauvreté rurale. Aragón et Rud excluent toute explication alternative, notamment concernant les évolutions de la composition de la population locale en présence d'un phénomène de migration sélective ou en lien avec l'idée de la rivalité avec les mines pour les intrants locaux (entraînant une augmentation de leur prix) (tableau 2.4).

Éclairages sur les impacts au niveau local

Bien que la littérature sur les impacts locaux de l'abondance en ressources naturelles soit encore émergente, elle fournit déjà des renseignements précieux. En phase avec les études à échelle nationale, elle suggère qu'une malédiction des ressources locales n'est pas inévitable. En effet, il existe quelques exemples où l'abondance en ressources n'entraîne pas d'effets nuisibles. Une idée quelque

Tableau 2.4 Données empiriques sur l'impact de la pollution liée aux activités minières

Étude	Variable explicative	Variable de résultat	Signe	Pays, niveau des données	Stratégie d'identification
Aragón et Rud (2015)	Production cumulée d'or	Rendements agricoles	–	Ghana, ménages	Doubles différences
		Pauvreté	+		
		Maladies respiratoires chez les enfants	+		
Rau et al. (2013)	Distance au site de dépôt des résidus miniers	Résultats scolaires, revenus à l'âge adulte	–	Chili, individus	Deux variables instrumentales échantillon
Goltz et Barnwal (2014)	Indicateur de présence ou non de l'agglomération de population dans les 5 kilomètres de la mine la plus proche	Retards de croissance et anémie chez les enfants et les jeunes femmes	+	44 pays en développement, individus	Doubles différences

Source : Aragón, Chuhan-Pole et Land, 2015.
Note : + = relation positive ; – = relation négative ; 0 = statistiquement non significatif.

peu provocante émerge : que la voie que les rentes de ressources empruntent pour atteindre l'économie locale pourrait revêtir une certaine importance. Lorsque les rentes de ressources sont distribuées par la voie publique (par exemple, sous la forme de recettes exceptionnelles pour les administrations locales), les booms de ressources ne semblent pas améliorer les conditions de vie et peuvent même favoriser des effets secondaires négatifs tels que des conflits, des comportements de recherche de rente et la corruption. En revanche, lorsque ces rentes empruntent la voie du marché, comme par exemple par le biais de l'augmentation de la demande en main-d'œuvre locale, les booms de ressources peuvent apporter des retombées économiques à la population locale, au moins dans le court terme. Les études à l'échelle nationale suggèrent que cet échec de l'instrument fiscal reflète des facteurs institutionnels préexistants limitant la réceptivité des responsables politiques locaux aux besoins de la population générale et stimulant les comportements de recherche de rente.

Aucune preuve concluante ne se dégage concernant l'idée que les booms de ressources conduiraient à la désindustrialisation, malgré l'augmentation du prix des intrants locaux. Au contraire, dans certains cas les booms de ressources sont même associés à une augmentation de l'activité manufacturière. Ce résultat est aux antipodes de ce que l'on pourrait attendre d'arguments standards sur le syndrome hollandais et suggère que d'autres effets, tels que des économies d'agglomération, pourraient également être à l'œuvre.

Les études sur l'impact de l'abondance en ressources naturelles soulignent l'importance du fait d'examiner un large éventail de résultats en plus des revenus et de la croissance. Les preuves établissant la relation entre booms de ressources et chocs de demande locaux suggèrent que l'abondance de ressources naturelles pourrait également impacter d'autres dimensions du bien-être des populations, telles que les inégalités, l'éducation et la santé.

Modèles entrée-sortie

Les analyses basées sur des modèles entrée-sortie et la comptabilité sociale sont utiles dans le cadre de la planification économique et des évaluations *ex ante* d'impact. Les modèles entrée-sortie consistent en la modélisation mathématique d'une économie suivie du calcul des variations des résultats économiques entraînées par l'évolution de certaines variables, comme par exemple le niveau de dépenses ou de production. En fonction de la disponibilité des données, ces modèles peuvent être construits de manière à décrire les économies régionales et locales, et donc servir à informer sur les impacts à l'échelle infranationale. Leurs prédictions sont révélatrices des effets économiques potentiels de projets miniers. Certains pays, comme le Canada et les États-Unis, font un usage courant des modèles entrée-sortie pour apprécier l'impact économique *ex ante* de projets de l'industrie extractive. Cependant, ces modèles présentent une limite importante : ils n'indiquent pas la nature exacte des effets, pour des raisons bien connues (la critique de Lucas).

Le rôle des institutions au niveau local

Comme déjà relevé, les arrangements de décentralisation fiscale forment un second ensemble d'institutions locales visant à utiliser de manière efficace les recettes fiscales. Il s'agit de règles qui définissent comment les recettes fiscales seront collectées, distribuées et utilisées au niveau infranational. Aragón, Chuhan-Pole et Land (2015) déterminent que la littérature tend à démontrer une faible portée de la décentralisation des impôts miniers. Les principales sources de recettes minières, telles que les impôts sur les sociétés et les redevances, semblent être mieux gérées par des échelons supérieurs de gouvernement (national ou régional) car ceux-ci sont plus efficaces, plus équitables et présentent des coûts administratifs réduits. Il existe cependant certains instruments fiscaux qui pourraient être adaptés aux collectivités locales, et notamment les impôts fonciers, les surtaxes et les droits d'utilisation des terres. De manière importante, s'ensuit un besoin crucial d'un système de transferts aux collectivités territoriales pour se mettre en adéquation avec les besoins accrus au niveau local et pour dédommager les populations locales impactées par les mines.

En pratique, les transferts aux collectivités territoriales constituent un outil important de redistribution des recettes minières aux populations locales. Les transferts peuvent être forfaitaires et inconditionnels, forfaitaires et condition-nels, ou encore sélectifs et proportionnels (programme à coûts partagés). D'un point de vue analytique, les transferts forfaitaires créent un effet revenu tandis que les transferts proportionnels changent les prix relatifs des biens publics, créant donc également un effet de substitution.

Il est également possible de différencier les transferts en fonction de leur source de financement. Certains transferts sont payés avec des fonds issus du budget national tandis que d'autres sont liés à une source spécifique de recettes ou de taxes. Ce dernier type de transfert, aussi appelé système de partage des recettes, est couramment utilisé pour distribuer les recettes minières. Les systèmes de partage des recettes définissent généralement un taux de partage et une procédure d'attribution et sont donc moins sujets aux incertitudes des négociations de budget. Ces systèmes accordent en substance aux bénéficiaires locaux l'appropriation d'une partie des flux fiscaux futurs.

Les systèmes de partage des recettes ont pour avantages principaux leur sim-plicité et leur transparence. Ils incitent par ailleurs les dirigeants politiques locaux à accorder leur soutien aux activités minières. Ces systèmes comportent toutefois quatre désavantages principaux. Premièrement, lorsqu'ils ne sont basés que sur certaines taxes, ils peuvent avoir pour effet de biaiser la politique fiscale nationale et en particulier de dissuader l'administration fiscale centrale à collecter ces impôts. Deuxièmement, lorsqu'ils interviennent pour partager les recettes issues de ressources ponctuelles (comme dans le cas de systèmes de partage miniers), ils peuvent briser le lien entre besoin de recettes et ressources fiscales au niveau local – en d'autres termes, les localités ciblées peuvent se retrouver à recevoir un trop-plein de ressources, conduisant à une diminution de la responsabilité des dirigeants politiques locaux et de leur incitation à dépenser les fonds publics de manière efficace. Un phénomène similaire peut avoir lieu si le taux de partage est appliqué uniformément et que les recettes sont en conséquence décorrélées des besoins réels de dépenses publiques. Troisièmement, si les systèmes de partage de recettes ne reposent que sur quelques impôts (par exemple l'impôt sur la société s'appliquant aux sociétés minières), leur financement est alors exposé aux chocs sectoriels, comme ceux qui peuvent par exemple avoir lieu lors de revirements dans les cours des matières premières, ce qui aura pour effect d'augmenter la volatilité des recettes fiscales locales. Et quatrièmement, si la collecte de taxes est faite au niveau local puis partagée avec l'administration centrale, alors les systèmes de partage de recettes peuvent créer des effets pervers où les autorités locales tendent à réduire leurs efforts budgétaires ou à sous-déclarer les recettes fiscales.

Il manque d'études quantitatives examinant la manière dont les différents arrangements de décentralisation fiscale qui sont utilisés pour distribuer les recettes minières peuvent façonner l'effet de cette manne fiscale. La littérature actuelle porte surtout sur l'examen de la manière dont différents degrés de décentralisation impactent la croissance des revenus ou la corruption au niveau régional ou national[20]. Ces études utilisent des mesures de la décentralisation des dépenses ou des revenus, tels que la part des collectivités territoriales dans les recettes fiscales ou les dépenses publiques. Bien qu'elle ne soit pas ciblée sur le fait de comprendre comment la décentralisation des revenus miniers impacte les communautés locales, cette littérature peut s'avérer utile pour comprendre l'impact global de la décentralisation fiscale.

Des travaux connexes s'intéressent au lien entre décentralisation, corruption et des phénomènes de « capture » de l'administration locale. Des données issues d'économies comptant parmi les moins développées montrent que la décentralisation peut ouvrir la voie à la « capture » des administrations locales et à la collusion entre fonctionnaires locaux et élites locales. Galasso et Ravallion (2005) trouvent ainsi que la performance de ciblage du programme Food for Education au Bangladesh est plus mauvaise dans les collectivités où les inégalités dans la répartition des terres sont plus élevées et ils interprètent cela comme la preuve d'une « capture » par les élites. En Équateur, Araujo *et al.* (2008) notent que la capture locale d'un fonds de développement local semble plus probable dans les villages avec des niveaux d'inégalité plus élevés. Jia et Nie (2015) montrent comment la décentralisation a facilité la collusion entre les mines de charbon et les régulateurs du secteur en Chine, ce qui s'est traduit par de faibles normes de sécurité et un taux accru de mortalité des travailleurs.

Conclusions

L'examen des études émergentes sur l'impact local des booms de ressources naturelles et du partage des rentes de ressources commence à ouvrir de nouvelles perspectives sur l'importance des voies de transmission de ces chocs. Un certain nombre d'études empiriques montrent que l'abondance en ressources peut avoir des effets négatifs en augmentant le niveau de corruption, en détériorant les processus politiques locaux et même en augmentant le niveau de conflit. Les résultats sont similaires à ceux des études comparatives entre pays, mais restent loin d'être probants.

Ces travaux soulignent l'importance qu'il y a à étudier d'autres phénomènes locaux tels que les effets sur l'équilibre général de chocs de demande locaux, de flux migratoires et de la pollution de l'environnement. Ces facteurs peuvent aussi impacter le bien-être des populations et rendre l'impact des ressources naturelles plus nuancé. Finalement, il existe de nombreuses études abordant les différents outils qui sont utilisés pour distribuer les rentes de ressources et les principes qui guident la décentralisation fiscale. Il existe cependant toujours quelques limites et questions restant à résoudre, lesquelles gagneraient à être étudiées de manière plus approfondie.

L'une des limites principales de cette littérature est qu'elle reste émergente et qu'en conséquence il y a un manque de preuves empiriques robustes sur l'effet de l'abondance en ressources sur l'emploi, les revenus locaux, la distribution des revenus et la pauvreté, tout particulièrement dans les pays en développement. Les données disponibles sont lacunaires et portent sur un nombre très limité de pays : les États-Unis et le Canada parmi les pays développés et le Brésil et le Pérou parmi les pays en développement. Il serait nécessaire d'avoir des travaux portant sur d'autres contextes d'abondance en ressources, tout particulièrement d'Afrique subsaharienne, pour pouvoir améliorer la validité externe de ces résultats et mieux renseigner les décideurs politiques et les praticiens.

Dans le même ordre d'idées, il existe un nombre limité d'études quantitatives s'intéressant à l'effet des industries extractives sur les résultats non liés aux revenus tels que la santé, l'éducation et les externalités de pollution. Les quelques études qui existent tendent à indiquer que les impacts sur la santé et la productivité agricoles peuvent s'avérer importants et coûteux. Là encore, il faudrait avoir plus d'études pour aboutir sur une vision d'ensemble de la portée et de l'ampleur de ces retombées négatives et pour mieux comprendre les mesures d'atténuation nécessaires pour réduire ces effets négatifs potentiels.

Étant donné que la littérature empirique sur les impacts locaux des booms de ressources reste émergente, leurs résultats doivent être interprétés avec précaution. Par exemple, les travaux de recherche existants soulignent l'importance du marché par rapport aux mécanismes fiscaux dans la création d'impacts locaux positifs. Cela indique que dans un contexte où les institutions de gouvernance sont déjà faibles, développer des liaisons locales de filières d'approvisionnement pourrait s'avérer plus efficace pour améliorer les conditions de vie locales que de partager la manne fiscale liée à l'exploitation des ressources avec les collectivités locales. Plus d'analyses empiriques sont toutefois nécessaires pour confirmer ces résultats initiaux et pour évaluer l'efficacité de différentes politiques visant à développer ces liaisons locales.

À la lumière de cet examen, il semblerait qu'il faille plus d'études quantitatives pour pouvoir examiner l'effet de l'abondance en ressources sur les résultats en matière de politique. Les données existantes, qui proviennent principalement d'Amérique latine (Brésil et Pérou) indiquent déjà que les recettes exceptionnelles associées à l'abondance en ressources pourraient avoir pour effet d'entraver la sélection politique et d'augmenter le niveau de corruption. Il manque toutefois d'éléments de preuve concernant les autres régions du monde, aux contextes institutionnels différents, et en particulier l'Afrique subsaharienne. Différents arrangements institutionnels pourraient atténuer, ou exacerber, ces effets négatifs. Étant donné la fourniture de services publics et de programmes publics est de plus en plus souvent confiée aux collectivités locales et aux dirigeants politiques locaux, les questions de gouvernance locale et les institutions de responsabilité sont d'une importante cruciale. Il y a également un manque de données concernant l'effet de l'abondance en ressources sur les formes moins violentes de conflit, telles que les émeutes et les troubles civils.

De plus, il y a peu de données empiriques concernant l'impact en matière d'économie politique des différents arrangements de décentralisation fiscale. Les données existantes examinent l'effet du niveau général de décentralisation mais ne renseignent pas sur l'importance des arrangements institutionnels spécifiques, tels que le type de transferts, de systèmes de partage des recettes ou de compétences déconcentrées. Il est pourtant possible que ces caractéristiques affectent l'impact des recettes liées aux ressources sur les revenus locaux, le niveau de corruption ou la réceptivité des autorités politiques locales aux besoins de la population générale. De même, il existe peu de données sur la nature des facteurs institutionnels contribuant à la réussite (ou à l'échec) de la décentralisation fiscale. Il est essentiel de comprendre ces questions pour mieux renseigner les approches de décentralisation fiscale.

Enfin, une question connexe concerne le rôle des capacités techniques des élus et des fonctionnaires locaux. Même si les collectivités locales ont la volonté politique d'utiliser les recettes exceptionnelles pour promouvoir le développement local, il se peut qu'ils manquent des capacités techniques adéquates pour formuler et mettre en œuvre les projets et les programmes publics nécessaires. Certaines études s'intéressant au cas du Pérou suggèrent qu'il pourrait y avoir un manque important de capacités, ce qui aurait une incidence sur la capacité de dépense publique des collectivités locales (Aragón, 2013 ; Aragón et Casas, 2009). De plus amples recherches sont néanmoins nécessaires pour comprendre les principales contraintes techniques auxquelles font face les collectivités locales, leur effet sur la capacité des collectivités à tirer parti de la manne fiscale liée aux ressources naturelles et les meilleures politiques à appliquer pour en atténuer les effets négatifs.

Annexe 2A: Modèle schématique des changements des dotations en ressources

La figure 2A.1 présente un modèle schématique d'un changement dans les dotations en ressources dans le cadre d'un modèle Hecksher-Ohlin standard du commerce international, ainsi que la spécialisation dans le secteur des ressources et l'éviction des secteurs des biens échangeables tels que l'industrie manufacturière qui en découle.

Figure 2A.1 Changements dans les dotations en ressources

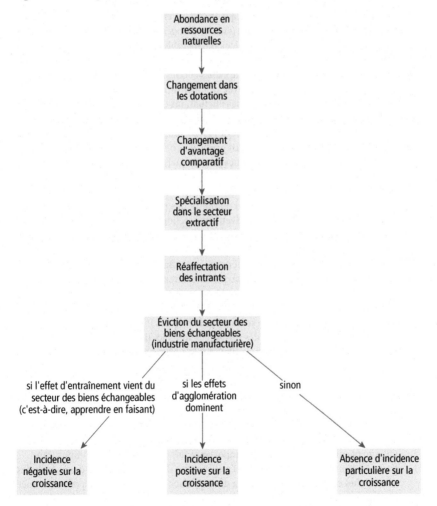

Notes

1. Le contenu de ce chapitre est un résumé d'Aragón, Chuhan-Pole et Land (2015).
2. Il existe sur le sujet une vaste littérature vaste qui a été examinée en profondeur. Voir par exemple Deacon (2011) ; Frankel (2011) ; Rosser (2006) ; Stevens (2003) ; et Van der Ploeg (2011).
3. Voir Van der Ploeg (2011, section 3.1) pour un exposé formel.
4. Celui-ci a lieu parce que le prix des biens non échangeables est déterminé à l'échelle nationale tandis que le prix des biens échangeables l'est sur les marchés internationaux.
5. Notez que dans ce contexte, le court terme se réfère au fait que le capital est considéré comme constant tandis qu'il est considéré comme variable sur le long terme. Un modèle plus réaliste présupposerait que le secteur extractif emploie aussi de la main-d'œuvre et du capital. Dans ce cas, en plus des changements de court terme dans les prix relatifs et l'éviction du secteur des biens échangeables (l'effet dépense), il y aurait également une réaffectation des ressources vers le secteur extractif, avec des effets négatifs à la fois sur le secteur des biens échangeables et celui des biens non échangeables.
6. Aghion *et al.* (2009) avancent qu'avec des institutions financièrement imparfaites, les entreprises qui sont exposées à des fluctuations des taux de change ont davantage tendance à rencontrer des difficultés de liquidité et se retrouver en incapacité d'investir. Gylfason, Herbertsson et Zoega (1999) proposent un modèle dans lequel la volatilité des prix décourage les entreprises de s'orienter vers des secteurs de biens échangeables à fort niveau de qualification, lesquels demandent des investissements importants en capital humain, et celles-ci en restent donc plutôt à produire des matières premières.
7. En l'absence d'un système solide d'équilibre des pouvoirs, les recettes exceptionnelles peuvent échouer à significativement améliorer la provision de biens publics (Caselli et Michaels, 2013) et conduire plutôt à une aggravation de la corruption et de la sélection politique (Brollo *et al.*, 2013).
8. Pour un examen complet de la littérature, voir Bardhan et Mookherjee (2012) et Vicente et Wantchekon (2009), ainsi que les références qui s'y trouvent.
9. Dans des contextes où les institutions démocratiques sont plus faibles, la question de l'emprise politique peut également s'avérer pertinente. Nous abordons cette littérature dans plus de détail dans la section sur le rôle des institutions au niveau local.
10. Toutefois, les booms associés à des ressources agricoles dispersées telles que le café, la banane et le tabac peuvent avoir un effet plus important sur les salaires locaux et donc accroître le coût d'opportunité pour les parties à des conflits (Dube et Vargas, 2013).
11. Cf. Moretti (2011, section 4.1) pour un examen des éléments probants à ce sujet.
12. Parmi les stratégies empiriques qui existent pour répondre à cette préoccupation, l'on compte l'utilisation de données longitudinales, le fait de cibler des sous-populations résidant dans la localité tant avant qu'après le boom des ressources et l'examen de caractéristiques de population observables (telles que des mesures du capital humain) qui pourraient être indicatives de l'importance des changements de composition.
13. Black, McKinnish et Sanders. (2005) utilisent des données au niveau des comtés des zones riches en charbon de la région des Appalaches aux États-Unis pour examiner l'impact économique à court terme du boom du charbon des années 1970 et la

récession qui a suivi aux débuts des années 1980. Marchand (2012) utilise des données de l'Ouest canadien pour examiner les effets sur les marchés du travail locaux
des phases d'essor et de récession du marché de l'énergie dans les années 1970.
Fleming et Measham (2014) étudient les retombées sur l'emploi associées au boom
récent du gaz de houille en Australie. Michaels (2011) examine l'impact économique
à long terme des découvertes de réserves de pétrole dans le sud des États-Unis, utilisant des données à l'échelle nationale sur la période allant de 1940 à 1990 et exploitant la variation géologique de l'abondance en pétrole. Allcott et Keniston (2014)
appliquent l'étude de Michaels (2011) aux comtés ruraux de l'ensemble des États-
Unis. Plus récemment, Jacobsen and Parker (2014) appliquent l'étude de Black,
McKinnish et Sander (2005) à l'Ouest américain, s'intéressant aux villes-champi-
gnons formées pendant la période d'augmentation des prix de l'énergie dans les
années 1970. Ces chercheurs ont également utilisé des données à l'échelle des comtés pour les années 1969 à 1998, ce qui leur a permis d'explorer l'effet d'une récession
sur une période plus longue.

14. En utilisant le même cas mais une méthodologie différente, Monteiro et Ferraz (2010)
mettent également en évidence que les recettes pétrolières exceptionnelles sont associées à une augmentation des dépenses publiques constatées et de la taille du secteur
public mais pas à une amélioration des services publics à la population locale.

15. Certaines données identifiées par les auteurs tendent par ailleurs à indiquer que les
mines sont associées à une augmentation des inégalités. Ceux-ci soulignent que cette
augmentation des inégalités, entre autres facteurs, pourrait expliquer l'opposition
de certaines communautés locales au lancement de projets miniers. Une relation
similaire entre booms de ressources, revenus et inégalités a été relevée dans le cas de
l'Australie (Reeson, Measham et Hosking, 2012). Autre point intéressant, cette étude
suggère que la relation entre l'exploitation minière et les inégalités pourrait avoir la
forme d'un U inversé.

16. Ces liaisons économiques peuvent également générer des effets négatifs imprévus.
Santos (2014) a par exemple déterminé que le boom de l'or en Colombie a accru le
travail des enfants et réduit les niveaux d'instruction.

17. Il s'agit d'un cas de négligence environnementale dans le nord du Chili dans lequel des
centaines de maisons ont été construites à proximité d'un dépôt de déchets minéraux.

18. Les pertes pour un individu moyennement affecté ont été estimées à 60 000 USD.

19. À l'aide d'imagerie satellitaire, ils documentent également une augmentation de la
concentration de polluants atmosphériques à proximité des mines.

20. Voir Mookherjee (2015) pour un examen plus exhaustif de la littérature sur la
relation empirique entre décentralisation, corruption et performance de l'administration. Voir également Fisman et Gatti (2000a, 2000b) à ce sujet.

Références

Acemoglu D., Robinson J. A. et Woren D. (2012), *Why Nations Fail: The Origins of Power,
Prosperity, and Poverty*, Vol. 4, SciELO, Santiago du Chili.

Acemoglu D., Johnson S. et Robinson J.A. (2005), « Institutions as a Fundamental Cause
of Long-run Growth », *Handbook of Economic Growth*, vol. 1 (partie A), p. 385–472.

Ades A. et Di Tella R. (1999), « Rents, Competition, and Corruption », *American Economic Review*, vol. 89, n° 4, p. 982–993.

Aghion P., Bacchetta P., Rancière R. et Rogoff K. (2009), « Exchange Rate Volatility and Productivity Growth: The Role of Financial Development », *Journal of Monetary Economics*, vol. 56, n° 4, p. 494-513.

Allcott H. et Keniston D. (2014), « Dutch Disease or Agglomeration? The Local Economic Effects of Natural Resource Booms in Modern America », Working Paper, n° 20508, National Bureau of Economic Research, Cambridge.

Almond D., EdlundL. et Palme M. (2009), « Chernobyl's Subclinical Legacy: Prenatal Exposure to Radioactive Fallout and School Outcomes in Sweden », *Quarterly Journal of Economics*, vol. 124, n° 4, p. 1729-1772.

Anderson S., François P. et Kotwal A. (2014), « Clientelism in Indian Villages », *American Economic Review*, vol. 105, n° 6, p. 1780–1816.

Angrist J. D. et Kugler A. D., (2008), « Rural Windfall or a New Resource Curse? Coca, Income, and Civil Conflict in Colombia », *The Review of Economics and Statistics*, vol. 90, n° 2, p. 191-215.

Aragón F. M. (2013), « Local spending, transfers and costly tax collection », *National Tax Journal*, vol. 66, n° 2, p. 343-370.

Aragón F. et Casas C. (2009), « Technical Capacities and Local Spending in Peruvian Municipalities », *Perspectivas*, vol. 7, n° 1, p. 89-113

Aragón F. M. et Rud J. P. (2013), « Natural Resources and Local Communities: Evidence from a Peruvian Gold Mine », *American Economic Journal: Economic Policy*, vol. 5, n° 2, p. 1-25.

Aragón, F. M. et Rud. J. P. (2015), « Polluting Industries and Agricultural Productivity: Evidence from Mining in Ghana », *Economic Journal*, vol. 26, n° 590.

Aragón F. M., Chuhan-Pole P. et Land B. C. (2015), « The Local Economic Impacts of Resource Abundance: What Have We Learned? », Policy Research Working Paper, n° 7263, Banque mondiale, Washington.

Araujo M. C., Ferreira F. H. G., Lanjouw P. et Özler B. (2008), « Local inequality and project choice: Theory and evidence from Ecuador », *Journal of Public Economics*, vol. 92, n° 5, p. 1022-1046.

Atkin D. (2012), « Endogenous Skill Acquisition and Export Manufacturing in Mexico », Technical Report, National Bureau of Economic Research, Cambridge.

Bardhan P. et Mookherjee D. (2012), « Political Clientelism and Capture: Theory and Evidence from West Bengal, India », WIDER Working Paper, n° 2012/97, UNU-WIDER, Helsinki.

Besley T. et Case A. (2003), « Political Institutions and Policy Choices: Evidence from the United States », *Journal of Economic Literature*, vol. 41, n° 1, p. 7-73.

Besley T. et Burgess R. (2002), « The Political Economy of Government Responsiveness: Theory and Evidence from India », *The Quarterly Journal of Economics*, vol. 117, n° 4, p. 1415-1451.

Besley T. et Coate S. (2003), « Centralized versus Decentralized Provision of Local Public Goods: A Political Economy Approach », *Journal of Public Economics*, vol. 87, n° 12, p. 2611-2637.

Bhattacharyya S. et Hodler R. (2010), « Natural Resources, Democracy and Corruption », *European Economic Review*, vol. 54, n° 4, p. 608–621.

Black D., McKinnish T. et Sanders S. (2005), « The Economic Impact of the Coal Boom and Bust », *The Economic Journal*, vol. 115, n° 503, p. 449–476.

Boschini A. D., Pettersson J. et Roine J. (2007), « Resource Curse or Not: A Question of Appropriability », *The Scandinavian Journal of Economics*, vol. 109, n° 3, p. 593-617.

Brollo F., Nannicini T., Perotti R. et Tabellini G. (2013), « The Political Resource Curse », *The American Economic Review*, vol. 103, n° 5, p. 1759–1796.

Brunnschweiler C. N. (2008), « Cursing the Blessings? Natural Resource Abundance, Institutions, and Economic Growth », *World Development*, vol. 36, n° 3, p. 399–419.

Brunnschweiler C. N. et Bulte E. H. (2008), « The Resource Curse Revisited and Revised: A Tale of Paradoxes and Red Herrings », *Journal of Environmental Economics and Management*, vol. 55, n° 3, p. 248–264.

Bulte E. H., Damania R. et Deacon R. T. (2005), « Resource Intensity, Institutions, and Development », *World Development*, vol. 33, n° 7, p. 1029–1044.

Caselli F. et Michaels G. (2013), « Do Oil Windfalls Improve Living Standards? Evidence from Brazil », *American Economic Journal: Applied Economics*, vol. 5, n° 1, p. 208–238.

Caselli F. et Coleman W. J. (2013), « On the theory of ethnic conflict », *Journal of the European Economic Association*, vol. 11 (s1), p. 161–192.

Chang T., Graff-Zivin J., Gross T. et Neidell M. (2014), « Particulate Pollution and the Productivity of Pear Packers », Technical Report, National Bureau of Economic Research, Cambridge.

Collier P. et Hoeffler A. (2005), « Resource Rents, Governance, and Conflict », *Journal of Conflict Resolution*, vol. 49 (août), p. 625–633.

———. (2009), « Testing the Neocon Agenda: Democracy in Resource-rich Societies », *European Economic Review*, vol. 53, n° 3, p. 293–308.

Collier P., Hoeffler A. et Söderbom M. (2004), « On the Duration of Civil War », *Journal of Peace Research*, vol. 41, n° 3, p. 253-273.

Corden W. M. (1984) « Booming Sector and Dutch Disease Economics: Survey and Consolidation », *Oxford Economic Papers*, New Series, vol. 36, n° 3 (novembre), p. 359–380.

Corden W. M. et Neary J. P. (1982), « Booming Sector and De-industrialisation in a Small Open Economy », *The Economic Journal*, vol. 92, n° 368, p. 825–848.

Cotet A. M. et Tsui K. K. (2013), « Oil and Conflict: What Does the Cross-Country Evidence Really Show? », *American Economic Journal: Macroeconomics*, vol. 5, n° 1, p. 49-80.

Currie J., Eric A. Hanushek E. Kahn M., Neidell M. et Rivkin S. G. (2009), « Does Pollution Increase School Absences? », *The Review of Economics and Statistics*, vol. 91, n° 4, p. 682–694.

Currie J., Graff-Zivin J., Mullins J. et Neidell M. J. (2013), « What Do We Know About Short and Long Term Effects of Early Life Exposure to Pollution? », Technical Report, National Bureau of Economic Research, Cambridge.

Dal Bó E. et Dal Bó. P. (2011), « Workers, Warriors, and Criminals: Social Conflict in General Equilibrium », *Journal of the European Economic Association*, vol. 9, n° 4, p. 646–677.

Davoodi H. et Zou H. (1998), « Fiscal Decentralization and Economic Growth: A Cross-country Study », *Journal of Urban Economics*, vol. 43, n° 2, p. 244–257.

Deacon R. T. (2011), « The Political Economy of the Natural Resource Curse: A Survey of Theory and Evidence », *Foundations and Trends in Microeconomics*, vol. 7, n° 2, p. 111–208.

Douglas S. et Walker A. (2013), « Coal Mining and the Resource Curse in the Eastern United States », Social Science Research Network - http://papers.ssrn.com/sol3/papers.cfm?abstract_id=2385560.

Dube O. et Vargas J. F. (2013), « Commodity Price Shocks and Civil Conflict: Evidence from Colombia », *The Review of Economic Studies*, vol. 80, n° 4, p. 1384–1421.

Dudka S. et Adriano D. C. (1997), « Environmental Impacts of Metal Ore Mining and Processing: A Review », *Journal of Environmental Quality*, vol. 26, n° 3, p. 590–602.

EPA (2012), « Acid Rain », Environmental Protection Agency (États-Unis) – http://www.epa.gov/acidrain/effects/forests.html.

Ebel R. D. et Yilmaz S. (2002), *On the measurement and impact of fiscal decentralization*. World Bank Publications, vol. n° 2809, Washington Banque mondiale.

Fearon J. D. (2005) « Primary Commodity Exports and Civil War », *Journal of Conflict Resolution*, vol. 49, n° 4, p. 483–507.

Fearon J. D. et Laitin D. D. (2003), « Ethnicity, Insurgency, and Civil War », *American Political Science Review*, vol. 97, n° 1, p. 75–90.

Fafchamps M., Koelle M. et Shilpi F. (2015), « Gold Mining and Proto-Urbanization: Recent Evidence from Ghana », Policy Research Working Paper, Banque mondiale, Washington.

Fisman R. et Gatti R. (2002a). « Decentralization and Corruption: Evidence across Countries », *Journal of Public Economics*, vol. 83, n° 3, p. 325–345.

———. (2002b) « Decentralization and Corruption: Evidence from US federal transfer programs », *Public Choice*, vol. 113, n° 1–2, p. 25–35.

Fleming D. A. et Measham T. G. (2014), « Local economic impacts of an unconventional energy boom: the coal seam gas industry in Australia », *Australian Journal of Agricultural and Resource Economics* – doi: 10.1111/1467-8489.12043.

Frankel J. A. (2011) « A Solution to Fiscal Procyclicality: The Structural Budget Institutions Pioneered by Chile », Technical Report, National Bureau of Economic Research, Cambridge.

Galasso E. et Ravallion M. (2005), « Decentralized targeting of an antipoverty program », *Journal of Public Economics*, vol. 89, n° 4, p. 705–727.

Gilliland F. D., Berhane K., Rappaport E. B., Thomas D. C., Avol E., Gauderman W. J., London S. J. *et al.* (2001), « The Effects of Ambient Air Pollution on School Absenteeism Due to Respiratory Illnesses », *Epidemiology*, vol. 12, n° 1, p. 43–54.

Goltz J. (von der) et Barnwal P. (2014), « Mines: The Local Welfare Effects of Mineral Mining in Developing Countries », Department of Economics Discussion Paper Series, Columbia University, New York.

Graff-Zivin J. et Neidell M. (2012), « The Impact of Pollution on Worker Productivity », *American Economic Review*, vol. 102, n° 7, p. 3652-3673.

———. (2013), « Environment, Health, and Human Capital », *Journal of Economic Literature*, vol. 51, n° 3, p. 689-730.

Greenstone M., Hornbeck R. et Moretti E. (2010), « Identifying Agglomeration Spillovers: Evidence from Winners and Losers of Large Plant Openings », *Journal of Political Economy*, vol. 118, n° 3, p. 536-598.

Grossman H. I. 1999. « Kleptocracy and Revolutions », *Oxford Economic Papers*, vol. 51, n° 2, p. 267-283.

Gylfason T., Herbertsson T. T. et Zoega G. (1999), « A Mixed Blessing », *Macroeconomic Dynamics*, vol. 3, n° 2, p. 204-225.

Hanna R. et Oliva P. (2011), « The Effect of Pollution on Labor Supply: Evidence from a Natural Experiment in Mexico City », Technical Report, National Bureau of Economic Research, Cambridge.

Heck W. W., Taylor O. C., Adams R., Bingham G., Miller J., Preston E. et Weinstein L. (1982), « Assessment of Crop Loss from Ozone », *Journal of the Air Pollution Control Association*, vol. 32, n° 4, p. 353-361.

Hirshleifer J. (1991), « The Paradox of Power », *Economics & Politics*, vol. 3, n° 3, p. 177-200.

Humphreys M. (2005), « Natural Resources, Conflict, and Conflict Resolution Uncovering the Mechanisms », *Journal of Conflict Resolution*, vol. 49, n° 4, p. 508-537.

Isham J., Woolcock M., Pritchett L. et Busby G. (2005), « The Varieties of Resource Experience: Natural Resource Export Structures and the Political Economy of Economic Growth », *The World Bank Economic Review*, vol. 19, n° 2, p. 141-174.

Jacobsen G. D. et Parker D. P. (2014), « The Economic Aftermath of Resource Booms: Evidence from Boomtowns in the American West », *Economic Journal*, vol. 126, n° 593, p. 1092-1128.

James A. et Aadland D. (2011), « The Curse of Natural Resources: An Empirical Investigation of U.S. Counties », *Resource and Energy Economics*, vol. 33, n° 2, p. 440-453.

Jia R. et Nie H. (2017), « Decentralization, Collusion and Coalmine Deaths », *The Review of Economics and Statistics*, vol. 99, n° 1, p. 105-118.

Khemani S. (2013), « Buying Votes vs. Supplying Public Services: Political Incentives to Under-Invest in Pro-Poor Policies », Policy Research Working Paper, n° 6339, Banque mondiale, Washington.

Kotsadam A. et Tolonen A. (2015), « African Mining, Gender and Local Employment », *Policy Research Working Paper 7251*, World Bank, Washington.

Krugman P. (1987), « The Narrow Moving Band, the Dutch Disease, and the Competitive Consequences of Mrs. Thatcher: Notes on Trade in the Presence of Dynamic Scale Economies », *Journal of Development Economics*, vol. 27, n° 1, p. 41-55.

Lane P. R. et Tornell A. (1996), « Power, Growth, and the Voracity Effect », *Journal of Economic Growth*, vol. 1, n° 2, p. 213-241.

Lavy V., Ebenstein A. et Roth S. (2012), « The Impact of Air Pollution on Cognitive Performance and Human Capital Formation », inédit.

Lederman D. et Maloney W. F. (2007), *Natural Resources, Neither Curse nor Destiny*, Banque mondiale, Washington.

———. (2008), « In Search of the Missing Resource Curse », *Economía*, vol. 9, n° 1, p. 1-56.

Lei Y.-H. et Michaels G. (2011), « Do Giant Oilfield Discoveries Fuel Internal Armed Conflicts? », Technical Report, n° 6934, CEPR Discussion Paper Series, Center for Economic and Policy Research, Washington.

Leite C. A. et Weidmann J. (1999), « Does Mother Nature Corrupt? Natural Resources, Corruption, and Economic Growth », Working Paper, n° 99/85, Fonds monétaire international, Washington.

Lizzeri A. et Persico N. (2001), « The Provision of Public Goods under Alternative Electoral Incentives », *American Economic Review*, vol. 91, n° 1, p. 225-239.

Loayza N., Mier y Teran A. et Rigolini J. (2013), *Poverty, Inequality, and the Local Natural Resource Curse*, Banque mondiale, Washington.

Lujala P. (2010), « The Spoils of Nature: Armed Civil Conflict and Rebel Access to Natural Resources », *Journal of Peace Research*, vol. 47, n° 1, p. 15-28.

Marchand J. (2012), « Local Labor Market Impacts of Energy Boom-bust-boom in Western Canada », *Journal of Urban Economics*, vol. 71, n° 1, p. 165-174.

Marshall F., Ashmore M. et Hinchcliffe F. (1997), *A Hidden Threat to Food Production: Air Pollution and Agriculture in the Developing World*, International Institute for Environment and Development, Londres.

Matsuyama K. (1992), « Agricultural Productivity, Comparative Advantage, and Economic Growth », *Journal of Economic Theory*, vol. 58, n° 2, p. 317-334.

Mehlum H., Moene K. et Torvik R. (2006), « Institutions and the Resource Curse », *Economic Journal*, vol. 116, n° 508, p. 1-20.

Menz F. C. et Seip H. M. (2004), « Acid Rain in Europe and the United States: An Update », *Environmental Science & Policy*, vol. 7, n° 4, p. 253-265.

Michaels G. (2011), « The Long Term Consequences of Resource-Based Specialisation », *Economic Journal*, vol. 121, n° 551, p. 31-57.

Miller J. E. (1988) « Effects on Photosynthesis, Carbon Allocation, and Plant Growth Associated with Air Pollutant Stress » in *Assessment of Crop Loss from Air Pollutants*, p. 287-314, Springer, New York.

Monteiro J. et Ferraz C. (2010), « Does Oil Make Leaders Unaccountable? Evidence from Brazil's Offshore Oil Boom », Pontifícia Universidade Católica do Rio de Janeiro, inédit.

Mookherjee D. (2015), « Political Decentralization », *Annual Review of Economics*, vol. 7, n° 231-249.

Moretti E. (2011), « Local Labor Markets », *Handbook of Labor Economics*, vol. 4, p. 1237-1313.

Murphy K. M., Shleifer A. et Vishny R.W. (1989), « Industrialization and the Big Push », *Journal of Political Economy*, vol. 97, n° 5, p. 1003-1026.

Nunn N. (2009), « The Importance of History for Economic Development », *Annual Review of Economics*, vol. 1, p. 65-92.

Pande R. (2003), « Can Mandated Political Representation Increase Policy Influence for Disadvantaged Minorities? Theory and Evidence from India », *The American Economic Review*, vol. 93, n° 4, p. 1132–1151.

Papyrakis E. et Gerlagh R. (2007), « Resource Abundance and Economic Growth in the United States », *European Economic Review*, vol. 51, n° 4, p. 1011–1039.

Park H., Lee B., Ha E.-H., Lee J.-T., Kim H. et Hong Y.-C. (2002), « Association of Air Pollution with School Absenteeism Due to Illness », *Archives of Pediatrics & Adolescent Medicine*, vol. 156, n° 12, p. 1235–1239.

Persson T. (2002), « Do Political Institutions Shape Economic Policy? », *Econometrica*, vol. 70, n° 3, p. 883–905.

Ransom M. R. et Pope C. A. (1992), « Elementary school absences and PM-10 pollution in Utah Valley », *Environmental Research*, vol. 58, n° 1, p. 204–219.

Rau T., Reyes L. et Urzúa S. S. (2013), « The Long-term Effects of Early Lead Exposure: Evidence from a Case of Environmental Negligence », Technical Report, National Bureau of Economic Research, Cambridge.

Reeson A. F., Measham T. G. et Hosking K. (2012), « Mining Activity, Income Inequality and Gender in Regional Australia », *Australian Journal of Agricultural and Resource Economics*, vol. 56, n° 2, p. 302–313.

Robinson J. A., Torvik R. et Verdier T. (2006), « Political Foundations of the Resource Curse », *Journal of Development Economics*, vol. 79, n° 2, p. 447–468.

Ross M. L. (2001), « Does Oil Hinder Democracy? », *World Politics*, vol. 53, n° 3, p. 325-361.

———. (2004), « What Do We Know about Natural Resources and Civil War? », *Journal of Peace Research*, vol. 41, n° 3, p. 337–356.

Rosser A. (2006), *The Political Economy of the Resource Curse: A Literature Survey*, vol. 268, Institute of Development Studies, Brighton.

Sachs J. D. et Warner A. M. (1995), « Natural Resource Abundance and Economic Growth », Technical Report, National Bureau of Economic Research, Cambridge.

———. (2001), « The Curse of Natural Resources », *European Economic Review*, vol. 45, n° 4, p. 827–838.

Sala-i-Martin X. (1997), « I Just Ran Two Million Regressions », *The American Economic Review*, vol. 87, n° 2, p. 178–183.

Sala-i-Martin X. et Subramanian A. (2003), « Addressing the Natural Resource Curse: An Illustration from Nigeria », Techinal Report, National Bureau of Economic Research, Cambridge.

Salomons W. (1995), « Environmental Impact of Metals Derived from Mining Activities: Processes, Predictions, Prevention », *Journal of Geochemical Exploration*, vol. 52, n° 1, p. 5–23.

Santos R. J. (2014), « Not All That Glitters Is Gold: Gold Boom, Child Labor and Schooling in Colombia », Documentos CEDE, n° 31, Universidad de los Andes, Colombie.

Stevens, P. (2003), « Resource Impact: Curse or Blessing? A Literature Survey », *Journal of Energy Literature*, vol. 9, n° 1, p. 1–42.

Tolonen A. (2016), « Local Industrial Shocks and Infant Mortality : Evidence from Africa's Gold Mining Industry », inédit.

Tornell A. et Lane P. R. (1999), « The Voracity Effect », *American Economic Review*, vol. 89, n° 1, p. 22-46.

Torvik R. (2001), « Learning by Doing and the Dutch Disease », *European Economic Review*, vol. 45, n° 2, p. 285-306.

Tsui K. K. (2011) « More Oil, Less Democracy: Evidence from Worldwide Crude Oil Discoveries », *The Economic Journal*, vol. 121, n° 551, p. 89-115.

Van der Ploeg F. (2011), « Natural Resources: Curse or Blessing? », *Journal of Economic Literature*, vol. 49, n° 2, p. 366-420.

Van der Ploeg F. et Poelhekke S. (2009), « Volatility and the Natural Resource Curse », *Oxford Economic Papers*, vol. 61, n° 4, p. 727-760.

Vicente P. C. (2010), « Does Oil Corrupt? Evidence from a Natural Experiment in West Africa », *Journal of Development Economics*, vol. 92, n° 1, p. 28-38.

Vicente P. C. et Wantchekon L. (2009), « Clientelism and Vote Buying: Lessons from Field Experiments in African Elections », *Oxford Review of Economic Policy*, vol. 25, n° 2, p. 292-305.

Zhang T. et Zou H.-F. (1998), « Fiscal Decentralization, Public Spending, and Economic Growth in China », *Journal of Public Economics*, vol. 67, n° 2, p. 221-240.

Zhang X., Fan S., Zhang L. et Huang J. (2004), « Local Governance and Public Goods Provision in Rural China », *Journal of Public Economics*, vol. 88, n° 12, p. 2857-2871.

Zuo N. et Schieffer J. (2014), « Are Resources a Curse? An Investigation of Chinese Provinces », document présenté lors de la réunion annuelle de la Southern Agricultural Economics Association du 1 au 4 février 2014 à Dallas.

Chapitre 3

Perspectives issues des trois études de cas de pays

Introduction

Le choix de l'exploitation minière aurifère s'impose dans l'étude de l'impact socioéconomique des ressources naturelles en Afrique. Comme relevé dans le chapitre 1, le Ghana, le Mali et la Tanzanie ne sont pas de nouveaux pays producteurs d'or mais l'apparition de l'exploitation minière aurifère industrielle et à grande échelle est un phénomène récent et qui connaît une progression rapide. Il est donc possible de discerner les changements entraînés par l'exploitation minière à grande échelle grâce à des études de type « avant / après » ainsi qu'en étudiant les résultats et les évolutions des zones minières par rapport aux zones non minières. Toutefois, chaque pays constitue un cas à part, ce qui fait que les études de pays constituent une partie intégrante d'une analyse globale en considérant le contexte pays spécifique[1]. Cette section résume des éléments de ces études de cas, en notant les similitudes et les différences entre elles.

Le point de départ dans chacune des études vient de la tension entre les gains nationaux ou macroéconomiques liés aux minéraux et les gains à l'échelle locale. Cette tension provient du fait que, dans chacun des trois pays, les matières minérales du sous-sol appartiennent à l'État et que l'administration centrale exerce ses droits de propriété sur ces ressources alors que les communautés hôtes locales n'ont quant à elles pas de droits particuliers sur ces minéraux. Pour le pays pris dans son ensemble, des retombées positives sont générées par les exportations et les recettes fiscales[2] mais pour les zones minières elles-mêmes, ces retombées positives peuvent paraître lointaines et leur impact mineur ou imperceptible.

Il existe néanmoins trois voies d'impact de l'activité minière à l'échelle locale : (a) le marché : l'emploi, les revenus et d'autres retombées positives telles que des améliorations dans les infrastructures, la formation des travailleurs et la gestion ; (b) les recettes publiques : puisque l'administration centrale est le principal bénéficiaire des recettes liées aux minéraux, le mécanisme par lequel celles-ci sont distribuées aux collectivités territoriales, et en particulier celles des zones minières, est un déterminant fondamental de l'impact au niveau local ; et (c) les externalités négatives : les recettes sont tirées au niveau national mais les coûts environnementaux ou encore ceux liés à la saturation des services publics et aux déplacements de population ont quant à eux lieu à l'échelle locale. Comme relevé dans les chapitres 1 et 2, si le rapport coûts-avantages peut présenter un bilan favorable à l'échelle nationale, ce n'est pas forcément le cas dans les zones minières. Les études de cas traquent donc l'impact à travers ces trois voies d'impact afin d'approfondir les connaissances sur les institutions, les pratiques et les résultats spécifiques aux différents pays. Ce chapitre examinera ces résultats après une brève description du rôle que prend l'exploitation minière à grande échelle dans chacun des pays.

Le contexte pays : l'exploitation aurifère dans les trois pays étudiés

L'exploitation minière à grande échelle et les industries extractives en général sont des secteurs à relativement forte intensité capitalistique. Du point de vue macroéconomique, étant donné qu'une partie conséquente du capital appartient à des sociétés multinationales étrangères, les retours sur les facteurs de production intérieurs, et en particulier la main-d'œuvre, sont relativement faibles. Comme l'exploitation minière n'est pas un grand générateur d'emplois, les bienfaits nationaux tirés de l'exploitation minière proviennent principalement des recettes fiscales et des exportations nettes.

La contribution de l'exploitation minière au PIB de chacun de ces pays est modeste. Au Mali, qui est le plus pauvre des trois pays, environ 7 % du PIB est imputable aux mines et aux carrières, tandis qu'au Ghana, ce chiffre est de 5 % (Bermudez-Lugo, 2012) et en Tanzanie de 4 %[3]. Toutefois, dans chacun des trois pays, la valeur des exportations d'or est substantielle (figure 3.1) et l'or est un composant important des exportations, représentant en moyenne 69 % des exportations du Mali entre 2000 et 2013, 38 % au Ghana et 31 % en Tanzanie (figure 3.2). Le Mali est particulièrement sensible au cours de l'or, celui-ci représentant une proportion si importante des exportations du pays. Ainsi, Sanoh et Coulibaly (2015) notent la perception que le cours de l'or constitue le déterminant principal des cycles économiques au Mali. Bien que cette dépendance ne soit pas aussi marquée dans les cas du Ghana et de la Tanzanie, elle n'en est pas moins significative. De façon peu surprenante, le cours de l'or est un facteur déterminant des termes de l'échange, lesquels représentent toujours un facteur crucial dans les fluctuations macroéconomiques des pays en développement.

La contribution de l'exploitation minière aurifère aux recettes publiques varie selon les pays : au Mali, les recettes de l'or représentent 25 % des recettes de l'administration centrale, contre 4,9 % au Ghana et à peine 2,5 % en Tanzanie. La contribution de l'exploitation minière aurifère aux recettes fiscales est abordée plus en détail dans la suite du présent chapitre.

Figure 3.1 Exportations d'or au Ghana, au Mali et en Tanzanie, 2000–2013

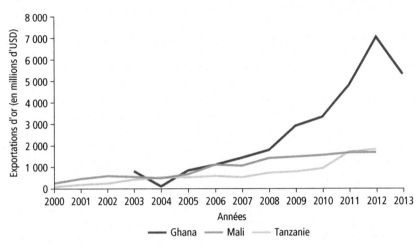

Source : Base de données WITS *(World Integrated Trade Solution).*

Figure 3.2 Exportations d'or comme part des exportations totales au Ghana, au Mali et en Tanzanie, 2000–2013

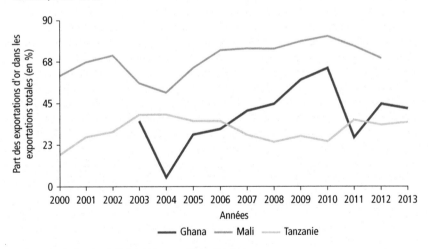

Source : Base de données WITS *(World Integrated Trade Solution).*

Les tendances récentes montrent que l'exploitation minière à grande échelle a contribué à l'essor des exportations et des recettes publiques minières. L'exploitation aurifère n'est pourtant pas une nouveauté dans ces pays et a été principalement le fait d'une exploitation minière artisanale et à petite échelle (EMAPE). L'encadré 3.1 résume les articles de référence qui explorent cette activité dans plus de détail.

L'exploitation minière artisanale et à petite échelle

Parfois connue sous le terme d'exploitation minière « traditionnelle » ou informelle, l'exploitation minière artisanale et à petite échelle (EMAPE) a une ampleur qui fluctue allègrement avec le cours de l'or et les autres opportunités et perspectives d'emploi qui s'offrent à la population active. L'EMAPE est pratiquée aussi bien par des individus qui combinent souvent une activité minière et des activités telles que l'agriculture ou l'élevage ou même des services et la production d'artisanat que par des sociétés coopératives par exemple. Certaines opérations d'EMAPE se font sous licence officielle, mais d'autres fonctionnent de façon informelle. Pour ces raisons, il est également très difficile d'estimer le nombre de personnes qui prennent part à cette activité.

Dans le cas du Ghana, on estime que 200 000 personnes travaillaient dans l'EMAPE en 1998 et le chiffre pourrait aujourd'hui atteindre le million. Ce chiffre est également difficile à estimer de façon précise dans le cas de la Tanzanie, même si Smith et Kinyondo (2015) font état d'une estimation de 550 000 personnes. Les auteurs estiment par ailleurs que la production totale de l'EMAPE est équivalente à celle d'une mine à grande échelle. Leur enquête sur quelques sites d'EMAPE en Tanzanie a révélé qu'il s'agissait de la seule source de revenu de la moitié des mineurs et qu'environ le quart d'entre eux étaient actifs dans le secteur depuis entre cinq et dix ans, ce qui suggère que l'activité des mineurs artisanaux est plus stable qu'on a tendance à le penser.

Dans le cas du Mali, le nombre exact de sites miniers artisanaux est inconnu mais il a été estimé par le gouvernement à environ 350 en 2009. De plus, le nombre de communes qui déclarent que l'exploitation minière artisanale de l'or est une activité économique importante s'est accru, passant de 9 communes en 2006 à 17 en 2008, puis 25 en 2013. Les estimations des chiffres de l'emploi dans le secteur de l'EMAPE varient considérablement selon les sources, allant de 6 000 personnes à 200 000 et même jusqu'à 1 million de personnes (Sanoh et Coulibaly, 2015). Toutefois, le dernier recensement de population fait état d'un nombre de personnes impliquées dans l'exploitation artisanale de l'or d'environ 25 000.

Si au Mali, les autorités locales reçoivent des paiements de droits et de taxes liés à l'octroi de permis ou de titres autorisant l'exploitation minière artisanale, du fait de son caractère informel, le secteur de l'EMAPE est particulièrement difficile à imposer ou à réguler. Au Ghana, on estime que 300 000 personnes, les *galamseys*, prennent part à des activités d'exploitation minière sans licence (et donc illégalement). Bien que la plupart des données sur le secteur relèvent de l'anecdote, celui-ci est perçu comme étant dominé par le désordre, et basculant même sporadiquement dans le chaos, et présentant des conditions de travail dangereuses. Les accidents corporels ou mortels sont fréquents et souvent ne sont pas signalés. Les mineurs sont également exposés à des empoisonnements au mercure et au cyanure ainsi qu'à des aléas environnementaux dont la pollution des eaux.

En dépit de l'importance de l'EMAPE, cette étude ne fournit pas d'estimations de l'impact de ce secteur parce que les données des enquêtes sur les ménages que nous

(suite page suivante)

Encadré 3.1 (suite)

avons utilisées pour la partie empirique de l'étude ne permettent pas d'identifier les ménages qui tirent leurs moyens d'existence de l'exploitation minière artisanale. Étant donné qu'on ne peut pas toujours identifier les individus qui travaillent dans l'EMAPE dans les données, il n'est pas possible d'apprécier leur contribution à ces impacts ou les manières dont l'ouverture d'une mine à grande échelle impacte les acteurs de ce secteur. Cela présente des défis quant à l'identification exacte de l'impact de l'exploitation minière à grande échelle. Toutefois, nous encourageons les travaux à venir à entreprendre la collecte de données adéquates au moyen d'enquêtes sur l'exploitation minière artisanale et à petite échelle afin de servir de base à une étude systématique de ses impacts.

Une première voie d'impact : l'emploi, les liaisons en amont et les retombées positives

L'exploitation minière à grande échelle n'emploie pas beaucoup de travailleurs. Elle a historiquement toujours eu une forte intensité capitalistique et cette caractéristique s'est accrue au fil du temps avec les progrès technologiques. À l'échelle du pays pris dans son ensemble, cela a pour effet d'amplifier l'ampleur des recettes exceptionnelles générées par les exportations et de la manne fiscale pour l'administration centrale. Elle a aussi pour conséquence de diminuer le montant de la valeur ajoutée qui est utilisée pour rémunérer les facteurs intérieurs, et en particulier la main-d'œuvre. Les industries extractives ont pour cette raison été qualifiées d'« enclaves » qui sont coupées de l'économie intérieure, à l'exception près du paiement de quelques redevances et impôts. Les effets favorables sur l'ensemble de l'économie dépendent donc de la manière dont le pouvoir central utilise la manne fiscale liée à l'exploitation minière, c'est-à-dire, comme chacun sait, rarement judicieusement dans les pays en développement.

C'est en partie pour répondre à la critique selon laquelle les mines font appel à peu de main-d'œuvre que les sociétés minières et les chambres des mines notent que même si le nombre d'emplois générés est globalement faible, le chiffre n'en reste pas moins significatif à l'échelle locale et conduit à une augmentation du niveau de dépense et du revenu moyen à proximité des mines. On peut par ailleurs faire valoir que les mines permettent le développement de filières locales grâce à l'utilisation d'intrants constitués d'autres biens et services par les mines, liaisons en amont qui stimuleraient l'emploi et les revenus. Les études pays examinent ces allégations en complément les données empiriques du chapitre 4 sur les effets sur l'emploi et le revenu de la proximité aux mines. Des analystes soutiennent que l'exploitation minière industrielle augmente la productivité là où elle opère du fait de l'amélioration de l'infrastructure pour ses propres besoins ainsi qu'à travers la formation des travailleurs et des gestionnaires. Les sociétés minières investissent aussi parfois directement dans l'amélioration des infrastructures et des initiatives en matière de santé et d'éducation dans le cadre de leurs politiques de responsabilité sociale d'entreprise.

Emploi

Les études de cas pays rapportent que les sociétés emploient principalement des ressortissants locaux plutôt que des expatriés, bien qu'il y ait une surreprésentation des ressortissants étrangers aux postes managériaux. Au Mali, Sanoh et Coulibaly (2015) font état d'un rapport de quatorze travailleurs nationaux pour un expatrié et notent que 78 % des emplois sont tenus par des personnes travaillant dans les mines situées dans les trois communes de Gouandiaka, Sadiola et Sitakily. Les données nationales sur l'emploi indiquent que le revenu minier moyen est plus élevé que le revenu moyen sur l'ensemble des autres activités professionnelles, et même considérablement plus que celles des secteurs agricoles et industriels : les salariés de sociétés minières au Mali reçoivent en effet une rémunération mensuelle moyenne de 1 200 USD.

En Tanzanie, les salariés des mines à grande échelle sont typiquement basés sur les sites miniers, mais aussi à l'international et dans des bureaux régionaux, notamment à Mwanza (la seconde plus grande ville de Tanzanie, sur la rive sud du lac Victoria) et à Dar-es-Salaam (la capitale commerciale et administrative du pays). Le nombre total d'emplois est, comme attendu, relativement faible, tout particulièrement lorsqu'il est rapporté à une population active comptant 22,1 millions de personnes (chiffres du recensement de 2012) et aux 70 000 Tanzaniens qui rentrent sur le marché du travail chaque année. Néanmoins, les salariés des grandes sociétés minières sont typiquement bien rémunérés par rapport au revenu moyen du pays. Le salaire moyen d'un emploi manufacturier est de 103 407 TZS contre 76 277 TZS dans le secteur minier, 49 693 TZS dans la construction, 31 301 TZS dans le commerce, et seulement 15 234 TZS dans l'agriculture, secteur qui constitue actuellement la principale source de revenu des Tanzaniens (ESRF, 2009) De plus, il est clair que la grande majorité des salariés sont des Tanzaniens et non pas des ressortissants étrangers (figure 3.3), contrairement à ce qui est souvent prétendu, bien que le ratio penche plus vers les ressortissants lorsque seuls les postes de direction sont pris en compte.

Au Ghana, le nombre total de personnes employées dans les mines était de 17 103 en 2014 (Gouvernement du Ghana, 2014), dont seulement 289 expatriés. En Tanzanie, l'emploi minier est passé d'environ 2 000 personnes en 2005 à environ 7 000 sur la période 2010–2013 (figure 3.4) tandis qu'au Mali, le nombre d'emplois directs était de 3 635 en moyenne entre 2008 et 2013.

Figure 3.3 Emploi minier en Tanzanie, 2005–2013

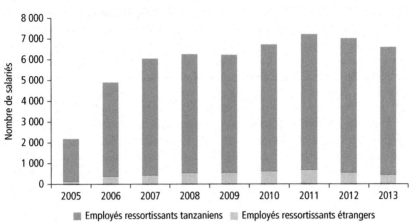

Sources : Ministère de l'Énergie et des Mines de Tanzanie ; Chambre des Minerais et de l'Énergie ; Tanzania Minerals Audit Agency.

Figure 3.4 Emploi minier au Mali et en Tanzanie, 2005–2013

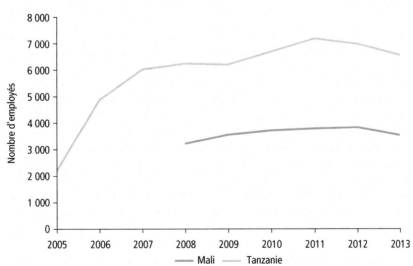

Source : Estimations des auteurs sur la base de données administratives.
Note : Les différences dans les dates de commencement sont dues à des questions de disponibilité des données. Aucune donnée n'est disponible dans le cas du Ghana.

Liaisons de filière

Du fait de limitations dans les données, il est difficile d'estimer les liaisons économiques locales qui existent au niveau des mines. Bien que la description de l'exploitation minière à grande échelle comme des « enclaves » soit inexacte, on peut néanmoins aussi affirmer que les liaisons en amont ne sont pas particulièrement importantes. Par exemple, en Afrique du Sud, où des données plus complètes sont disponibles, le multiplicateur estimé de l'exploitation aurifère est de 1,8 – en d'autres termes, pour chaque emploi minier, 1,8 emploi supplémentaire est créé ailleurs du fait de liaisons en amont et d'effets liés aux dépenses effectuées par les sociétés minières. Au Mali, Sanoh et Coulibaly (2015) font état d'un multiplicateur d'une valeur de 1,67. Ces effets multiplicateurs restent limités en partie du fait de l'intensité capitalistique du secteur mais aussi parce qu'il y a manque d'opportunités d'approvisionnement locales présentant un bon rapport coût-efficacité.

Le potentiel d'approvisionnement local pourrait grandir à mesure que les sociétés minières apprennent à mieux connaître les marchés et fournisseurs locaux si tant est que les entrepreneurs locaux apprennent à tirer parti de ces opportunités relativement récentes. Cela se produit déjà en Tanzanie, où des efforts ont été menés pour améliorer le potentiel d'approvisionnement local, notamment en services tels que la restauration d'entreprise, la réparation de véhicules, le soudage, le travail du métal, les travaux électriques, la plomberie et les services d'atelier mécanique. La proportion d'intrants d'origine locale reste toutefois faible, comme on peut le constater aussi bien au Ghana qu'au Mali. S'il existe toujours une tentation d'augmenter les liaisons en utilisant des exigences de contenu local, les pouvoirs publics seraient mieux avisés de se concentrer sur l'amélioration des conditions favorisant un approvisionnement amélioré plutôt que rendre celui-ci obligatoire. McMahon et Moreira (2014) en appellent à la prudence : « *l'échec de l'expérience de nombres plans de substitution des importations suggère que les liaisons ne peuvent pas être imposées au secteur minier sans que les conditions nécessaires à la bonne marche des affaires ne soient activées* ». Ils prônent à la place de s'attacher à améliorer les conditions de marché en veillant par exemple à mettre en place de meilleures infrastructures électriques et de transport, un capital humain adéquat, un accès aux financements, des économies d'échelle et des programmes d'information ou d'assistance technique.

Les études de cas des pays et les résultats empiriques confirment que les mines ne parviennent pas à faire monter les revenus dans le voisinage immédiat des mines. Les salaires plus élevés attirent aussi des travailleurs migrants. Cela peut avoir pour effet d'augmenter certains prix, dont les loyers et les prix alimentaires, ce qui fait que certains riverains ne bénéficiant pas des salaires miniers plus élevés subissent une perte de revenu réel. L'afflux de travailleurs peut également mettre à mal les services sociaux et évincer certains des résidents d'origine.

Externalités

L'investissement direct dans le développement local par les sociétés minières a traditionnellement été englobé sous le terme de responsabilité sociale d'entreprise (RSE) et les projets habituellement soutenus dans ce cadre concernent la construction d'écoles secondaires, de cliniques et d'infrastructures hydrauliques. *Newmont Ghana Gold Ltd.* a ainsi appuyé le secteur de la santé de la région d'Ahafo au Ghana en construisant des logements pour les infirmières résidentes et trois centres de santé communautaires locaux et en équipant soixante agents de santé communautaires bénévoles avec des bicyclettes et du matériel médical. Dans les trois pays étudiés, il existe néanmoins une tendance croissante allant dans le sens de projets plus durables offrant des moyens de subsistance alternatifs au travail minier dans les localités situées aux alentours des mines, comme par exemple dans la briqueterie ou la pêche. Cela reflète un plus grand intérêt autour de l'idée d'aider les communautés à se diversifier et prospérer une fois les mines fermées (Banque mondiale, 2002), ainsi qu'une reconnaissance généralisée du fait que les résultats de développement liés à la responsabilité sociale des entreprises du secteur minier ont été décevants (Campbell, 2012).

Les projets de responsabilité sociale des entreprises ont systématiquement eu un impact mitigé et été très longs à mettre en œuvre. Il s'agit là de problèmes et d'afflictions similaires à celles qui concernent la quasi-totalité des interventions d'aide extérieure ou étatique, tout particulièrement là où la capacité de mise en œuvre est limitée. Parmi les défis, il faut que l'investissement bénéficie de suffisamment de financement opérationnel pour fournir un niveau adéquat du service prévu. Par exemple, en Tanzanie, les sociétés minières ont souvent promis de construire des écoles ou des salles de classe tandis que les autorités s'engageaient à financer l'équipement et les coûts récurrents pour assurer l'éducation. La plupart des engagements complémentaires n'ont toutefois pas force de contrainte juridique et n'ont souvent pas été concrétisés en temps voulu ou même pas du tout.

Il existe des cas où les sociétés minières multinationales ont notablement amélioré les infrastructures, mais ces cas restent peu nombreux. L'exploitation aurifère diffère de l'exploitation minérale classique et les bienfaits en termes d'infrastructure à attendre en sont d'autant plus limités. Ainsi les routes n'ont que besoin d'être suffisamment bonnes pour apporter les intrants aux sites miniers puisque les exportations d'or se font typiquement par avion.

Quand les connexions au réseau électrique national ne peuvent se faire, les mines à grande échelle développent leurs propres approvisionnements en électricité. Au-delà des améliorations du réseau routier, les bienfaits en termes d'infrastructure sont souvent associés à des investissements de responsabilité sociale des entreprises dans les communautés et sont donc sans rapport direct avec les impératifs de production. Ayee et Dumisa (2014) relèvent qu'au Ghana, les enquêtes d'opinion font état d'attentes exagérément élevées entretenues par le public au sujet des opérations minièrse. Ces attentes concernent souvent des biens et des services publics que l'administration locale n'est que rarement en capacité de fournir, même en présence de recettes additionnelles. En conséquence, le public a tendance à faire pression sur les sociétés minières pour qu'elles interviennent à la place de l'État, par exemple en construisant des écoles, des structures de santé et de l'infrastructure de transport. Même si c'est parfois la meilleure solution disponible, Ayee et Dumisa (2014) relèvent qu'il existe aussi des risques évidents à céder la responsabilité de la fourniture de biens publics à des sociétés privées étrangères. En outre, les mines finissent inévitablement par être épuisées : c'est toujours un coup dur pour l'économie locale mais plus encore lorsque la société quittant le site fournissait également des services de base.

Au Mali, les sociétés minières contribuent aussi de manière substantielle à des fonds de développement locaux qui ne sont pas sous le contrôle des autorités locales[4]. Sur la période 1994–2010, la contribution des sociétés minières au développement local s'élevait à plus de 7 milliards de FCFA de redevances et près de 20 milliards de FCFA provenant de fonds spéciaux de développement. En général, le montant des redevances versées est plus faible que le montant des fonds spéciaux de développement, sauf en ce qui concerne les trois sites miniers de Yatéla, Loulou et Morila, lesquels représentent 57 % des redevances mais seulement 17 % du total des fonds spéciaux. La commune de Sadiola est de loin le plus gros contributeur, représentant 59 % des redevances minières et 71 % du montant des fonds spéciaux de développement, parce que cette mine est en opération depuis le plus longtemps (figure 3.5).

La distribution sectorielle du fonds de développement au sein des communes minières dépend largement de leurs besoins et de la complémentarité avec leurs propres dépenses budgétaires. À Sadiola, le secteur qui a le plus bénéficié de financements est l'agriculture, pour 23 % du total du fonds, tandis qu'à Fourou, 83 % du fonds a été dépensé sur l'éducation. À Sanso et à Gouandiaka, la priorité a été accordée aux dépenses d'infrastructure (pour respectivement 31 % et 50 % des fonds). La plus grande partie du fonds de développement à Sitakilly a été utilisée pour la réinstallation des riverains déplacés (tableau 3.1). Étant donné que ces fonds sont contrôlés par les sociétés minières, celles-ci auront une influence primordiale sur la façon dont les fonds sont dépensés. L'État considère que ces fonds versés aux communes minières constituent des transferts de fait parce qu'ils viennent en déduction de la rémunération des capitaux propres qui lui sont versés (ODHD, 2011)[5].

Une deuxième voie d'impact : les recettes publiques

Les principales sources de recettes publiques issues de l'exploitation minière aurifère sont les dividendes résultant de la participation de l'État au capital des

Figure 3.5 Part des redevances minières et des fonds de développement local de différentes communes du Mali, 1994–2010

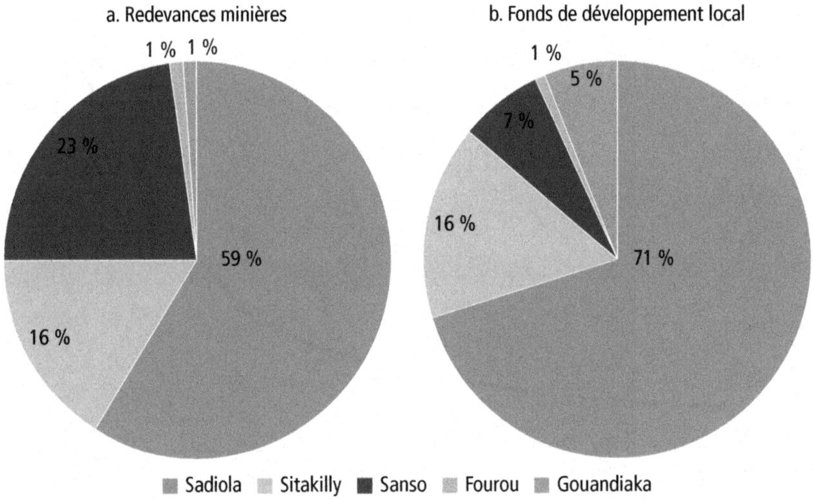

a. Redevances minières

b. Fonds de développement local

■ Sadiola   ■ Sitakilly   ■ Sanso   ■ Fourou   ■ Gouandiaka

Source : ODHD (Observatoire du développement humain durable du Mali), 2011.

Tableau 3.1 Dépenses sectorielles des fonds de développement minier au Mali, 1994–2010
En pourcentage

Secteur	Sadiola	Sitakilly	Sanso	Fourou	Gouandiaka
Santé	10,9	5,4	2,0	5,4	0,9
Éducation	13,9	4,6	26,9	82,7	33,4
Infrastructure	17,9	10,0	30,9	11,6	50,8
Agriculture	23,0	9,7	14,0	0,0	0,2
Autres	34,4	70,4	26,3	0,3	14,7

Source : ODHD (Observatoire du développement humain durable du Mali), 2011.

mines, les différents impôts fonciers, les impôts sur les bénéfices ainsi que les droits d'accise et les droits de douane, et, pour finir, les redevances. Les recettes publiques ont considérablement augmenté dans chacun des trois pays entre 2001 et 2013, et ce malgré un renversement de tendances intervenu en 2014 suite à la chute des cours mondiaux de l'or. Sur la période 2005–2013, l'exploitation minière aurifère a apporté à l'État malien une moyenne de 362 millions d'USD par an, contre 300 millions d'USD à l'État ghanéen et 137 millions d'USD à la Tanzanie (figure 3.6). Au Mali, ce sont principalement les droits de douane, puis, plus tard, les impôts qui ont conduit à l'augmentation de la contribution du secteur minier aux recettes publiques (figure 3.7).

Figure 3.6 Recettes publiques issues du secteur minier au Ghana, au Mali et en Tanzanie, 2001–2013

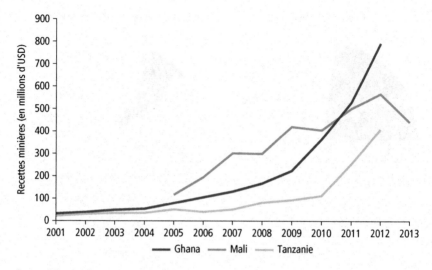

Source : Estimation des auteurs sur la base de données administratives.

Figure 3.7 Recettes publiques issues du secteur minier comme pourcentage des recettes totales au Ghana, au Mali et en Tanzanie

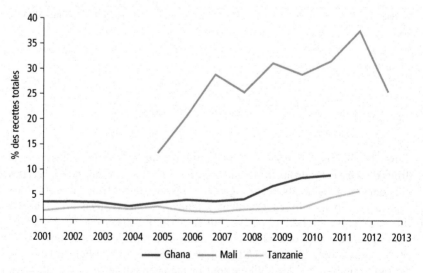

Source : Estimation des auteurs sur la base de données administratives.

En Tanzanie, les impôts et redevances à l'État étaient limitées au cours des années suivant l'ouverture des premières mines à grande échelle, atteignant apparemment seulement 30 millions d'USD par an en moyenne entre 1999 et 2006. Cela a conduit à affirmer que les mesures incitatives offertes aux sociétés minières pour attirer l'investissement ont été trop généreuses en termes d'exemptions et de concessions fiscales. Malgré une augmentation du cours de l'or, les exonérations fiscales temporaires qui ont été accordées ont eu pour résultat que les sociétés minières n'ont d'abord fait que des paiements partiels des impôts sur les sociétés et, bien que les modalités des accords aient été resserrées depuis, la plupart des accords d'exploitation minérale comportent des clauses de stabilité qui verrouillent les dispositions d'origine[6]. Les impôts et les redevances se sont accrus, atteignant 77 millions d'USD par an en moyenne entre 2007 et 2009, puis 260 millions d'USD par an en moyenne entre 2010 et 2013. Toutefois, la controverse subsiste quant à savoir si la Tanzanie a perçu un montant équitable d'impôts et de redevances étant donné le volume de minéraux effectivement extraits.

Au Mali, les revenus fiscaux issus du secteur minier ont pris une part de plus en plus importante dans le budget de l'État, passant de seulement 10 % en 2005 à 25 % en 2013, avec un pic à 33 % en 2012, année qui a été particulièrement difficile en matière de mobilisation des ressources du fait de la guerre en cours dans le nord du pays. La forte croissance de la contribution du secteur minier au budget national est principalement attribuable aux droits de douane, et accessoirement aux impôts prélevés au sein du pays.

Les trois pays sont concernés par la question de savoir si l'exploitation minière a été suffisamment imposée. Sanoh et Coulibaly (2015) rapportent qu'au Mali la pression fiscale sur le secteur minier (ratio des recettes fiscales des sociétés minières sur la valeur ajoutée de l'activité minière) est plus importante que la pression fiscale sur l'ensemble de l'économie (le ratio des recettes fiscales totales sur le PIB du pays), avec 57 % contre 14 % (figure 3.8). En 2012, les sept sociétés minières présentes dans le pays et leurs sous-traitants représentaient 45 % de l'ensemble du montant prélevé au titre de l'impôt sur les sociétés au Mali. Toutefois, cette pression fiscale moyenne sur le secteur minier est comparable à ce qui s'observe dans d'autres pays tels que le Canada (60 %), l'Afrique du Sud (45 %) et la Papouasie-Nouvelle-Guinée (55 %) (Bhushan et Juneja, 2012). Si dans les pays développés, la pression fiscale vient refléter les coûts environnementaux élevés de l'exploitation minière, ce n'est pas le cas au Mali.

Partage fiscal

Étant donné que dans les trois pays étudiés, c'est l'État central qui est le propriétaire des ressources naturelles et en contrôle donc les revenus, les bénéfices qui peuvent être tirés des ressources naturelles dépendront en grande mesure de la bonne utilisation des revenus qui en découlent. Les leçons du passé nous

Figure 3.8 Pression fiscale au Mali

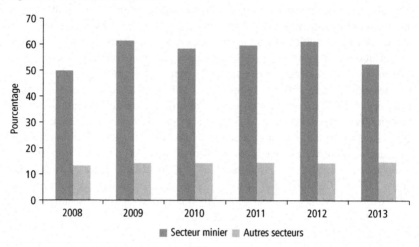

Source : CPS/SME (Cellule de planification et de statistique du secteur Mines et Énergie), 2013.

enjoignent à une certaine prudence. En particulier, les collectivités où les mines sont situées ne possèdent pas de droits de propriété sur les minéraux dans leur sous-sol et peuvent se sentir dépossédées des avantages liés à l'activité minière alors qu'elles en subissent l'essentiel des coûts. Les arrangements fiscaux entre l'administration centrale et les différents échelons territoriaux détermineront donc quelle proportion des bénéfices tirés de l'extraction minière revient aux zones minières. De plus, la compétence générale, l'honnêteté et la capacité générale de mise en œuvre de l'administration locale seront cruciales pour améliorer les niveaux de bien-être et de développement dans les zones minières.

La décentralisation fiscale est la plus poussée au Mali et les autorités locales y ont donc reçu la plus forte proportion de recettes parmi les trois pays étudiés. Le Ghana présentait une situation intermédiaire à ce sujet, mais ses actions en faveur de la décentralisation sont relativement récentes. En Tanzanie, c'est un système complètement centralisé qui est en place et la totalité des revenus y sont collectés et contrôlés par l'administration centrale. Les transferts issus du budget central y représentent 90 % du budget des collectivités territoriales et sont alloués en fonction de critères et de priorités ne tenant pas compte de la localisation de mines sur le territoire ou de la source des recettes fiscales.

Ghana
Le Ghana est un pays centralisé sur le plan administratif avec trois échelons territoriaux différents : les districts, les municipalités et les chefferies traditionnelles. Les ressources minérales du Ghana sont propriété nationale et leur gestion incombe à l'État. Si l'État est gardien des minéraux, des sociétés privées

peuvent demander des permis pour des activités de reconnaissance géologique et de prospection pour des minéraux spécifiques. La constitution ghanéenne de 1992 a prévu un système d'administration locale décentralisée afin d'atteindre cet objectif. Depuis 2007, l'État prévoit que 7,5 % des recettes publiques totales soient transférées aux MMDA (*Metropolitan, Municipal and District Assemblies*). Pour compléter ces transferts, ces collectivités territoriales collectent également des fonds venant de différentes sources sur leur territoire, et notamment des redevances, des impôts et des amendes pour un total compris entre 1 et 20 % de l'ensemble de leurs recettes. En ce qui concerne les redevances minières, c'est l'administration centrale qui se taille la part principale, soit 90 % du total. Pour ce qui est des 10 % restants, 4,95 % sont alloués à la MMDA où la mine est située, 2,25 % à l'administration de la chefferie où la mine est située et 1,80 % à son conseil traditionnel (Ayee et Dumisa, 2014).

Mali
Les collectivités locales au Mali sont considérées comme des entités autonomes ayant des responsabilités spécifiques en termes de services publics. En dépit des progrès réalisés dans l'autonomisation administrative et financière des collectivités territoriales, celles-ci restent dans une large mesure soumises à l'autorité de l'administration centrale pour ce qui est des ressources, et même des actes et des décisions concernant leur juridiction. Le gouvernement central semble en effet plus concerné par la question du maintien de l'unité nationale et de l'intégrité du territoire national que par l'amélioration des transferts et de ressources publiques aux collectivités territoriales.

Les communes où ont lieu la production de l'or sont censées recevoir 60 % des taxes locales versées par les grandes sociétés minières et 80 % des redevances versées par les exploitants miniers à petite échelle. Les « cercles » (l'équivalent d'un département) producteurs sont censés recevoir respectivement 25 % et 15 % de ces taxes, tandis que les régions productrices en retiennent respectivement 15 % et 5 %. Les sociétés minières sont exemptes de ces taxes pendant leurs trois premières années d'existence. Les collectivités territoriales n'ont pas les moyens de déterminer le niveau réel des redevances qui sont censées leur être reversées et en fait les redevances ne sont pas réellement réparties comme le voudrait la réglementation en vigueur. La part réellement allouée aux communes représente 73 % des montants totaux collectés au lieu des 60 % prévus par la loi. Cela signifie que les autres échelons territoriaux reçoivent moins que les pourcentages prévus par la loi, soit 17 % à l'échelon des cercles (au lieu des 25 % prévus par la loi) et 9 % au niveau régional (contre 15 %).

En général, les collectivités territoriales maliennes ont un taux de perception faible et donc une faible capacité d'autofinancement. En conséquence, les transferts et les subventions de l'État représentent la source principale des recettes venant financer les dépenses courantes et tout particulièrement les dépenses d'investissement. L'analyse des comptes budgétaires de cinq communes minières et de vingt-quatre communes voisines révèle d'ailleurs un faible niveau de perception fiscale[7]. Étant donné qu'il existe des redevances qui sont payées par les sociétés minières aux autorités locales, les communes minières génèrent une plus grande partie de leurs recettes que les communes non minières. Ces redevances représentaient ainsi plus de 50 % des recettes des communes minières entre 2011 et 2013 contre seulement 2 % pour les communes limitrophes (figure 3.9).

Bien que les communes minières soient moins dépendantes des transferts en provenance de l'administration centrale, elles n'en restent pas moins exposées aux risques liés à la fermeture des mines ou à la baisse de la production dans le secteur parce que les montants des redevances sont calculés en fonction du chiffre d'affaires des sociétés minières.

Tanzanie
En Tanzanie, l'ensemble des revenus miniers sont reversés à l'administration centrale, à l'exception récente de paiements annuels forfaitaires de 200 000 USD par mine. Il n'y a pas de pré-affectation des recettes fiscales et peu d'intérêt à suivre quelle proportion des redevances et impôts miniers revient aux districts

Figure 3.9 **Source des recettes budgétaires des communes minières et des communes limitrophes, 2011–2013**

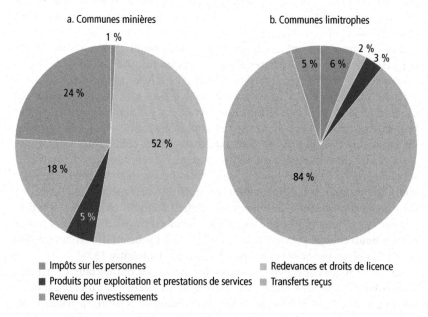

Source : DNTCP (Direction nationale du Trésor et de la Comptabilité publique).

où ils ont été générés : en Tanzanie, l'or appartient à la nation et non pas à la population locale, et les dépenses publiques dans les collectivités locales aurifères sont largement décorrélées des recettes fournies. En théorie, les dépenses sont calculées au moyen d'une formule basée sur les besoins, mais en pratique il existe de fortes iniquités dans l'attribution de fonds aux différentes collectivités locales (ODI, 2014). La formule est basée sur différentes mesures du besoin mais étant donné que les coûts salariaux dominent les transferts, les flux financiers suivent dans l'ensemble le nombre de fonctionnaires (principalement des enseignants et des professionnels de la santé) et ce chiffre dépend du lieu où les fonctionnaires peuvent être encouragés à s'installer. Cinq des six collectivités locales accueillant des activités minières aurifères à grande échelle reçoivent ainsi moins de transferts par habitant que la moyenne nationale, Tarime constituant l'exception en la matière.

Externalités négatives : les coûts supportés par les zones minières

Toutes les formes d'exploitation minière sont susceptibles d'entraîner des pollutions et de causer des dommages environnementaux, à moins d'être gérées avec précaution. Mais même quand la gestion est prudente, les mines posent des risques importants pour les communautés locales. Le mercure est couramment utilisé par les exploitations minières artisanales et à petite échelle tandis que les exploitations aurifères à grande échelle utilisent du cyanure, un produit qui est certes très toxique mais dont l'usage est généralement mieux contrôlé. Les mines à grande échelle produisent toutefois des résidus miniers toxiques qui peuvent être diffusés par le vent et lorsqu'il y a rupture d'un barrage de retenue, les conséquences peuvent être catastrophiques[8]. À l'ouverture des mines, des populations sont souvent contraintes de se déplacer pour des raisons environnementales ou autres. Si les coûts des dommages environnementaux et de la réinstallation étaient traités avec les mêmes multiplicateurs que les retombées positives et soustraits de l'impact global des mines, les avantages proclamés seraient moindres. Ces coûts externes sont une cause évidente de tension entre les populations et les autorités locales, ainsi qu'entre les collectivités territoriales et l'État.

Les arguments qui affirment l'existence d'une malédiction des ressources mentionnent souvent le potentiel qu'ont les recettes exceptionnelles liées aux ressources naturelles à exacerber les comportements de recherche de rente, de corruption et de conflit. Les sociétés minières ont à relever le défi de protéger leurs investissements contre les épisodes de vol et de violence, ceux-ci étant en partie alimentés par les perceptions du public, qui considère généralement que les communautés ne bénéficient pas de la présence des mines. En avril 2009, des voleurs à main armée ont dérobé environ 100 kg d'or d'une valeur de 4,2 millions d'USD de la mine de Golden Pride en Tanzanie, et la mine de North Mara a subi des raids réguliers. Autre défi plus fréquent : l'intrusion de mineurs à petite échelle sur les sites miniers, à la recherche d'un accès aux résidus miniers et à de nouvelles possibilités en matière d'exploitation. Toutefois, malgré la contestation et à la violence persistante, les mines ont continué à produire à un niveau soutenu (Holeterman, 2014).

La corruption est généralisée en Tanzanie et il s'agit d'un problème aux racines allant bien au-delà du secteur minier, néanmoins ce secteur ne fait pas exception. Citons le cas de l'affaire Alex Stewart Assayers : en 2003, le gouvernement tanzanien a fait appel à ce cabinet basé aux États-Unis pour faire l'audit de la production d'or suite à des suspicions d'évasion et de fraude fiscale de la part des sociétés minières. Toutefois, cela s'est fait dans des conditions controversées : la société audit a bénéficié d'une exemption fiscale totale, elle a été sélectionnée sans passer par une procédure d'adjudication formelle, elle n'avait aucune expérience dans l'audit de sociétés minières et elle a été rémunérée à hauteur de 1,9 % de la valeur commercialisée des exportations d'or auditées, laissant seulement à l'État 1,1 point sur les 3 % de redevances minières perçus. Au total l'activité d'audit de la société Alex Steward Assayers aura coûté 70 millions d'USD à l'État tanzanien, sans pour autant révéler de comportement d'évasion fiscale ou de fraude de la part des grandes sociétés minières (Cooksey, 2011).

Résultats

Les études de cas pays montrent globalement des améliorations marginales des indicateurs de bien-être dans les zones minières, cependant le manque de données empêche de tirer des conclusions probantes. L'étude du Mali a pu néanmoins exploiter une source de données sur les indicateurs socioéconomiques relativement riche, qui n'a malheureusement pas été le cas pour le Ghana et la Tanzanie.

Au Mali, les taux de scolarisation primaire ont clairement augmenté avec la proximité à la mine et ils sont plus élevés dans les zones limitrophes que dans les zones plus distantes. Les taux ne sont d'ailleurs pas que plus élevés, mais ils ont également augmenté plus rapidement entre 1998 et 2009, les deux années des derniers recensements généraux de la population et de l'habitat (RGPH). Les résultats en termes de réduction de la pauvreté ne sont en revanche pas concluants : si la pauvreté a décliné à travers l'ensemble du pays, le rythme de réduction de la pauvreté dans les communes minières n'a pas été plus rapide que dans les communes non minières (figure 3.10).

Un autre résultat intéressant concernant le Mali concerne la différence de croissance de la population entre zones minières et non minières. Le taux de croissance de la population au niveau national a été de 3 % par an en moyenne

Figure 3.10 Chiffres de la pauvreté dans les zones minières et non minières du Mali

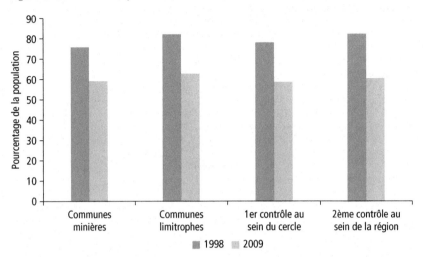

Source : Estimation des auteurs sur la base des données des recensements.
Note : Les deux années utilisées correspondent aux années des deux recensements les plus récents.

entre 1998 et 2009, tandis que le taux de croissance de la population dans les communes minières a été de près du double du taux national[9]. Les communes minières ont ainsi cru en moyenne de 5,7 % par an contre 3,5 % par an pour les communes limitrophes et les autres communes du même cercle (figure 3.11) et le taux de croissance de la population dépasse 6 % dans l'ensemble des communes minières, à l'exception de Gouandiaka où le chiffre est de 2,9 % égal au taux national (figure 3.11b). Étant donné que les populations migrent de zones à faible revenu vers des zones à plus fort revenu, une croissance de population plus élevée indique la présence d'une stimulation économique. Toutefois, toutes choses étant égales par ailleurs, la migration intérieure a tendance à ralentir la montée des salaires dans les zones minières et à augmenter les salaires moyens dans les zones de départ de ces flux migratoires. Cela pourrait expliquer pourquoi, malgré l'augmentation de l'activité économique due à l'exploitation minière, la réduction de la pauvreté dans ces zones n'a pas été significativement plus élevée que dans les autres zones. En d'autres termes, la migration agit plutôt en égaliseur.

Les résultats sociaux globaux pour le Mali sont mitigés. Les communes minières avaient de faibles taux d'accès à l'électricité et aux combustibles de cuisson améliorés avant le début du boom minier qui a débuté en 1998. Par exemple, moins de 2 % de la population utilisait l'électricité pour l'éclairage ou des combustibles de cuisson améliorés. Toutefois, 30 % des habitants bénéficiaient d'un accès à une source d'eau améliorée et 50 % à des sanitaires améliorés (tableau 3.2). En ce qui concerne les progrès réalisés entre 1998 et 2009, les

Figure 3.11 Taux de croissance de la population par groupe de communes et communes minières au Mali, 1998–2009

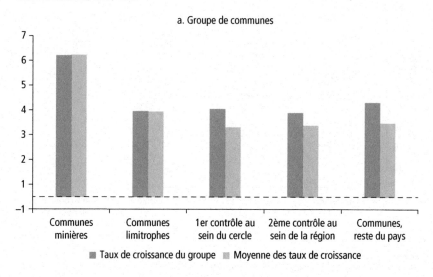

a. Groupe de communes

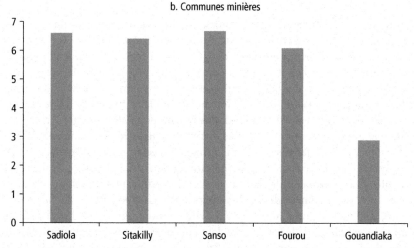

b. Communes minières

Source : Estimation des auteurs sur la base des données des recensements généraux de la population et de l'habitat de 1998 et de 2009.

communes minières ont connu des améliorations significatives concernant ces services pour lesquels ils sont partis d'un niveau plus bas. La seule amélioration relative à noter dans les zones minières en 2009 avait trait à la proportion de la population utilisant une source d'eau améliorée. Cela pourrait expliquer les meilleurs résultats en matière de santé des enfants à proximité des sites miniers actifs (cf. Polat *et al.*, 2014 et le chapitre 4 du présent ouvrage). Au-delà des indicateurs d'accès, les résultats en matière d'infrastructure pour 2013 ne sont pas meilleurs dans les zones minières. Par exemple, si la longueur de routes revêtues par habitant est légèrement plus élevée dans les zones minières, la surface irriguée par habitant est plus faible que dans les zones non minières, même s'il est possible que cela reflète des différences de pluviosité ou d'intensité agricole. Les zones minières ont également moins d'infirmières et de sages-femmes par habitant que les autres communes (tableau 3.3).

L'étude du cas de la Tanzanie met à profit les données des enquêtes de 2001 et de 2011 pour suivre les évolutions des opportunités d'emploi formel dans les

Tableau 3.2 Utilisation de services d'infrastructure par groupe de communes au Mali, **1998 et 2009**
(en % de la population)

Type de commune et proximité	1998				2009			
	Électricité pour l'éclairage	Source d'eau améliorée	Combustibles de cuisson améliorés	Sanitaires améliorés	Électricité pour l'éclairage	Source d'eau améliorée	Combustibles de cuisson améliorés	Sanitaires améliorés
Communes minières	1,88	30,31	1,73	50,62	12,97	67,16	2,10	89,25
Communes limitrophe	2,73	17,37	1,81	47,94	11,88	42,87	0,65	84,03
1ᵉʳ contrôle au sein du cercle	7,71	23,45	2,48	48,97	13,31	42,08	0,61	83,20
2ᵉ contrôle au sein de la région	2,62	19,38	2,11	52,35	10,54	29,06	0,47	82,08

Source : Estimations des auteurs sur la base des recensements généraux de la population et de l'habitat de 1998 et de 2009.

Tableau 3.3 Résultats en matière d'infrastructure par groupe de communes au Mali, 2013

Type de commune et proximité	Routes revêtues par hab.	Surface irriguée par hab.	Centres de santé locaux pour 10 000 hab.	Médecins pour 10 000 hab.	Sages-femmes pour 5 000 C	Infirmiers pour 5 000 hab.	Écoles primaires pour 5 000 hab.	Taux de scolarisation net (%)
Communes minières	6,80	0,73	0,74	0,52	0,06	0,38	0,88	73,00
Communes limitrophes	6,56	4,84	1,17	0,41	0,14	0,82	0,90	63,75
1ᵉʳ contrôle au sein du cercle	6,16	5,19	1,03	0,42	0,18	0,58	1,02	61,59
2ᵉ contrôle au sein de la région	10,37	6,21	1,07	0,32	0,12	0,72	0,82	55,87

Source : Base de données de l'ODHD (Observatoire du développement humain durable), 2013.
Note : hab. = habitants.

Figure 3.12 Sociétés enregistrées par emploi dans quatre villes tanzaniennes, 2001 et 2011

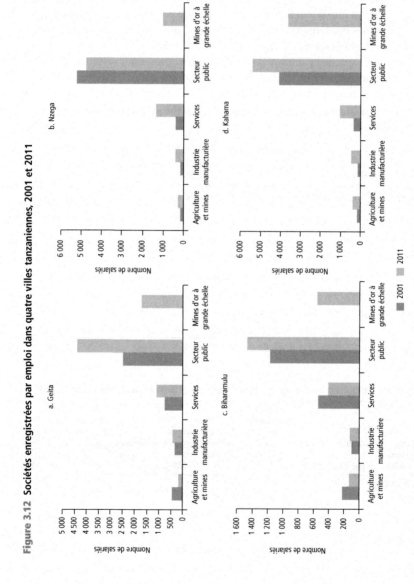

Sources : Central Registry of Establishments Surveys, 2001 et 2011 ; National Bureau of Statistics.

zones autour des grandes mines d'or. Les enquêtes font état d'une augmentation considérable des opportunités d'emploi, avec la présence d'emplois supplémentaires en 2011 par rapport à 2001 dans les localités minières. Toutefois, comme montré dans la figure 3.12, la plupart des emplois additionnels concernent le secteur public[10]. Étonnamment, il n'y a eu qu'une faible augmentation des opportunités d'emploi dans l'industrie manufacturière, ce qui semble indiquer que les liaisons avec d'autres secteurs ont été relativement limitées, bien que l'absence d'un déclin dans ce secteur vienne étayer l'argument selon lequel il n'y a pas eu d'effets du type syndrome hollandais local dus à l'exploitation aurifère.

Conclusions

Tout changement dans l'économie entraîne aussi bien des avantages que des inconvénients, des gagnants que des perdants. L'exploitation minière de l'or ne déroge pas à la règle. Il y a peu d'indications dans les études examinées d'un déclin économique au niveau local ou national dans les trois pays étudiés. Il y a toutefois des preuves d'externalités négatives affectant les communautés situées à proximité des mines d'or. Les bienfaits à l'échelle nationale l'emportent très probablement sur ces coûts locaux mais il est à douter que ces derniers soient effectivement palliés ou compensés.

Le secteur minier n'est pas un générateur majeur d'emplois. Les études sur la croissance économique insistent sur le fait qu'une productivité accrue, que ce soit dans l'économie générale ou dans les industries extractives en particulier, constitue un relais de croissance et de développement important. Toutefois, si les sociétés minières ont un capital qui est principalement sous contrôle étranger et que le secteur a une forte intensité capitalistique, le destinataire principal de la valeur générée par les mines d'or dans le pays n'en est pas moins l'État. Les effets positifs de l'exploitation aurifère (et plus généralement de l'extraction minière dans les pays en développement) sur les conditions de vie des populations ne peuvent donc au final se matérialiser que dans la mesure où l'État perçoit son dû et en fait bon usage.

Les conclusions des études de cas présentées ici sont révélatrices mais doivent être soumises à des analyses statistiques rigoureuses afin de produire des résultats plus robustes. C'est là l'objet du chapitre 4.

Notes

1. Ce chapitre est basé sur trois articles de référence, Sanoh et Coulibaly (2015) sur le cas du Mali, Smith et Kinyondo (2015) sur la Tanzanie, ainsi que Ayee et Dumisa (2014) sur le Ghana.

2. Comme abordé au chapitre 2, il pourrait y avoir également des coûts prenant la forme d'un mal hollandais et d'autres éléments de la « malédiction des ressources ».

3. Le produit intérieur brut (PIB) enregistre la valeur ajoutée intérieure des exportations d'or, c'est-à-dire la valeur totale des exportations moins les importations associées (des données qui sont parfois comptabilisées séparément). Les revenus disponibles constituent toutefois la variable importante en ce qui concerne le bien-être national. Le revenu national brut (RNB), qui prend en compte la rémunération des facteurs provenant ou allant vers le reste du monde, déduit en effet le rapatriement des profits des sociétés d'exploitation d'or du PIB. Toutes choses étant égales par ailleurs, la contribution de l'exploitation minière au revenu national sera donc inférieure à sa contribution au PIB. Le rapatriement des recettes sera toutefois amputé des redevances et impôts payés par les sociétés : les recettes publiques représentent donc la capture intérieure des rentes minières.

4. Les montants contribués ne sont pas basés sur une quelconque formule standard mais sont décidés mine par mine ou bien sont spécifiés dans le cadre de la convention minière. Ces fonds doivent être considérés comme une autre forme indirecte de compensation de certains des coûts imposés par les activités minières.

5. L'État malien possède 20 % du capital de chacune des mines du pays.

6. Cela a retardé le démarrage des paiements d'impôts sur les sociétés par les grandes sociétés aurifères. S'ajoute à cela la concession fiscale qui permettait aux sociétés minières de déduire les coûts d'équipement et des machines des recettes et d'être exemptées de taxe sur la valeur ajoutée sur les biens et services.

7. Ces comptes budgétaires n'incluent pas les dépenses réalisées par l'État pour ces communes.

8. Ainsi, lorsqu'il y a eu rupture du barrage de retenue des résidus miniers de la mine d'or de Baira Mare en Roumanie en 2000, des tonnes de cyanure ont été déversées dans la rivière Someş, tuant l'équivalent de 1 400 tonnes de poissons et contaminant l'eau potable de 2,5 millions de personnes.

9. Il existe de nombreuses raisons qui pourraient expliquer la croissance de population plus élevée constatée dans les zones minières : il pourrait simplement s'agir d'un impact du phénomène migratoire, cela pourrait être lié aux meilleures infrastructures de santé dans les zones minières ou s'expliquer par des taux de fécondité plus élevés.

10. Au cours d'un boom des exportations de produits miniers, le boom concerne souvent le secteur public, bien que dans ce cas-ci, l'augmentation de l'emploi dans le secteur public est peut-être imputable à la croissance de la population, laquelle pourrait être due pour partie au boom minier et pour partie à la migration intérieure que celui-ci attire.

Références

Ayee J. et Dumisa A. 2014. « The Socio-Economic Impacts of Mining on Local Communities in Ghana », inédit, Banque mondiale, Washington.

Banque mondiale (2002), « Large Mines and Local Communities: Forging Partnerships, Building Sustainability », Banque mondiale et Société Financière Internationale, Washington – http://siteresources.worldbank.org/INTOGMC/Resources /largemineslocalcommunities.pdf.

Bermudez-Lugo O. (2012) « The mineral industry of Ghana », in *Minerals Yearbook: Area Reports International Review of 2011 Africa and the Middle East*, United States Geological Survey.

Bhushan C. et Juneja S. (2012), « Mining, Populations and Environment ».

Campbell B. (2012), « Corporate Social Responsibility and development in Africa: Redefining the roles and responsibilities of public and private actors in the mining sector », Resources Policy, n° 37, p. 138–143.

Cooksey B. (2011) « The investment and business environment for gold exploration and mining in Tanzania », Overseas Development Institute, Londres.

ESRF (2009), « Governance in Mining Areas in Tanzania with Special References to Land Issues », Economic and Social Research Foundation, Dar es Salaam.

Gouvernement du Ghana (2014), *Final Report-Production of Mining Sector GHEITI Report for 2012 and 2013*, Ministère des Finances, Accra.

Holeterman D. (2014) « Slow Violence, extraction and human rights defense in Tanzania: Notes from the field », *Resources Policy*, n° 40, p. 59–63.

McMahon G. et Moreira S. (2014), « The Contribution of the Mining Sector to Socioeconomic and Human Development Extractive », Extractive Industries for Development Series, n° 30, Banque mondiale, Washington.

ODHD (2011), « Mines and socio-economic development in Mali – Challenges and Prospects », Observatoire du Développement Humain Durable, inédit, Bruxelles.

ODI (2014), « Local Government Authority (LGA) Fiscal Inequities and the Challenges of 'Disadvantaged' LGAs in Tanzania », Overseas Development Institute – www.odi .org/publications/8481-local-government-authority-lga-fiscal-inequities-challenges -disadvantaged-lgas-tanzania#downloads.

Polat B., Atakke N., Aran M. A., Dabalen A., Chuhan-Pole P. et Sanoh A. (2014), « Socioeconomic Impact of Mining Activity: Effects of Gold Mining on Local Communities in Tanzania and Mali », Background Paper, Banque mondiale, Washington.

Sanoh A. et Coulibaly M. (2015), « The Socioeconomic Impact of Large-scale Gold Mining in Mali », inédit, Banque mondiale, Washington.

Smith G. et Kinyondo G. (2015), « The Socioeconomic Impact of Large-scale Gold Mining in Tanzania », inédit, Banque mondiale, Washington.

Chapitre 4

Effets socioéconomiques de l'exploitation aurifère à grande échelle : les cas du Ghana, du Mali et de la Tanzanie

Introduction

Le secteur des minéraux en Afrique subsaharienne a connu une vague de prospérité qui a duré plus d'une décennie, à compter de l'an 2000 environ. Ce chapitre propose une approche pour comprendre comment les communautés locales ont capté les avantages découlant de ce secteur et mesure l'ampleur de l'impact de la qualité de vie des populations locales. Étant donné que le secteur des minéraux en Afrique subsaharienne est aussi vaste qu'il est diversifié, ce chapitre applique le cadre développé dans le chapitre 2 à un seul minéral, l'or. L'exploitation aurifère est devenue un secteur important dans plusieurs pays africains (la carte 4.1 illustre la répartition des mines d'or sur le continent). En 2013, l'Afrique subsaharienne comptait quatre des vingt plus gros producteurs d'or au monde : l'Afrique du Sud, le Ghana, le Mali et la Tanzanie. Ce chapitre s'appuie sur des études visant à identifier les effets à l'échelle locale et au niveau des districts de l'exploitation minière aurifère industrielle dans trois des plus gros pays producteurs d'or d'Afrique : le Ghana, le Mali et la Tanzanie[1]. Ensemble, ces pays représentent environ 35 % de la production d'or de l'Afrique subsaharienne en 2013.

Force est de constater que les effets socioéconomiques des grosses exploitations minières sont mal compris, aussi notre étude est-elle axée sur les impacts locaux. D'ailleurs, quand il y a opinion publique sur les impacts de l'exploitation minière aurifère sur les communautés locales, elle est le plus souvent négative. C'est en partie le cas parce que, bien que les mines contribuent largement au PIB et aux recettes d'exportation des pays, les chiffres de l'emploi total généré par les mines à l'échelle nationale sont généralement modestes (voir chapitre 3). Aux perceptions négatives sur le secteur s'ajoutent l'incrimination de la faiblesse des redevances et l'existence d'exonérations fiscales temporaires. Cette étude

Carte 4.1 Exploitations minières à grande échelle en Afrique or et autres minéraux

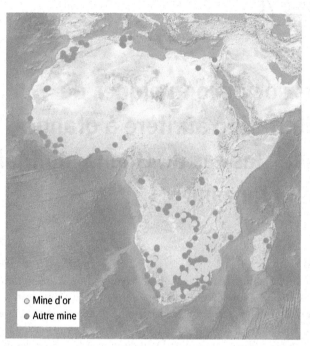

Source : IntierraRMG.
Note : Cette carte affiche l'ensemble des mines à grande échelle d'Afrique ayant produit à quelque moment que ce soit entre 1975 et 2012.

s'inscrit dans les efforts récents visant à analyser les effets de l'exploitation minière sur le bien-être des populations. Des données provenant du Pérou montrent que les districts miniers connaissent des taux de pauvreté plus faibles mais également plus d'inégalité (Loayza, Teran et Rigolini, 2013). Une conclusion importante des études péruviennes est que les effets sont enregistrés non seulement près des sites miniers (impacts locaux) mais également à l'échelle des districts miniers. Les résultats montrent que les avantages diminuent avec la distance aux mines. Les effets positifs sont plus importants au voisinage des sites miniers, c'est-à-dire à une distance inférieure à 20 km, et s'estompent jusqu'à disparaître complètement au-delà de 100 km (Aragón et Rud, 2013a). Les effets peuvent être différents à proximité immédiate d'une mine et au niveau du district. Localement, la mine peut avoir une empreinte positive en générant de l'emploi direct tandis qu'au niveau du district, la qualité de vie peut évoluer du fait des recettes fiscales engendrées par l'activité minière. Le canal des recettes fiscales dépendra bien sûr des politiques nationales en matière de partage fiscal. Au Ghana, ce sont 10 % des redevances minières qui sont ainsi reversées aux districts tandis qu'au Mali et en Tanzanie, il n'y a pas de redistribution des redevances minières en tant que telles : l'État redistribue les fonds communs sans tenir compte de leur origine. Au Mali, 60 % des impôts locaux versés par les sociétés minières sont reçus par les communes où celles-ci opèrent. Malgré un intérêt de longue date pour ces questions dans un contexte africain, les études se sont fait attendre. Une étude récente a toutefois considéré l'ensemble des mines aurifères à grande échelle d'Afrique et, en utilisant les données de ménages dans 29 pays, a pu déterminer que l'exploitation minière entraîne un changement structurel avec la diminution de la participation à la main-d'œuvre agricole qui est partiellement compensée par des augmentations dans d'autres secteurs, tels que les services (Kotsadam et Tolonen, 2015). Dans le cas de l'or, la diminution de la participation agricole peut être en partie due à la perte de productivité dans le secteur du fait de la pollution minière. Cet effet a pu être constaté localement à proximité des mines d'or du Ghana (Aragón et Rud, 2013b). Deux études récentes explorent les effets de l'exploitation aurifère sur les taux d'urbanisation au Ghana (Fafchamps, Koelle et Shilpi, 2015) ainsi que l'autonomisation des femmes et la santé infantile dans neuf pays d'Afrique (Tolonen, 2015).

Avec une approche similaire, les études à la base de cette publication utilisent la variation de l'activité professionnelle et des volumes de production des différentes mines d'or pour identifier les changements dans les conditions de vie des populations qui sont engendrés par les activités minières. Ces études utilisent des enquêtes préexistantes sur les ménages, telles que des enquêtes sur le niveau de vie et les enquêtes démographiques et de santé en exploitant les observations d'identification géographique pour associer les différents ménages à des mines afin de pouvoir mesurer la manière dont les exploitations minières ont impacté les niveaux de vie des populations, que ce soit du fait de la proximité à un site minier ou de la localisation au sein d'un district minier. Dans ce chapitre, nous mettons en évidence le pouvoir des mines à générer une transformation structurelle en explorant les effets sur l'occupation professionnelle, les dépenses des ménages et leur équipement. Nous abordons ensuite les indicateurs de santé et la question de la santé des enfants et de l'accès aux soins de santé puis nous examinons l'accès à des services tels que l'eau et l'électricité. Pour compléter l'analyse à l'échelle locale, nous explorons les changements au niveau du district administratif. Nous cherchons, de façon générale, à déterminer si la population migrante et non-migrante bénéficie ou non de l'activité minière.

L'exploitation aurifère au Ghana, au Mali et en Tanzanie

L'exploitation aurifère a une riche tradition historique au Ghana et au Mali. Les anciens royaumes du Mali et de la Côte-de-l'Or (Ghana) étaient tous deux renommés pour leur production d'or et sont restés des sources d'approvisionnement importantes du commerce de l'or entre l'Europe et l'Afrique à l'époque précoloniale. Cette tradition séculaire pose *a priori* problème puisque la stratégie empirique adoptée repose sur la variation de l'état, actif ou non actif, des sites miniers ainsi que des volumes de production pour identifier les impacts causaux au niveau local. Toutefois, l'exploitation aurifère à grande échelle n'a débuté qu'à l'époque coloniale au Ghana et au Mali et il y a seulement quinze ans dans le cas de la Tanzanie.

Cette production historique est moins préoccupante qu'il n'y paraît étant donné qu'au Ghana, pays dans lequel elle est la plus ancienne, elle a connu une longue période de marasme profond s'étendant jusque dans les années 1990. Mais depuis cette époque, plusieurs nouvelles grandes mines d'or ont commencé l'extraction dans ces trois pays. En 2000, trois mines ont ouvert au Mali, suivies de cinq mines additionnelles sur les dix années suivantes. La production de la Tanzanie pendant les années 1990 était négligeable. La première mine ouverte durant l'envolée récente de la production d'or dans ce pays, Golden Pride, l'a été en 1999, tandis que la plus récente, Buzwagi, date de 2009. Cette étude allant de 1990 à 2012 couvre donc cette période pendant laquelle il y avait à tout moment 31 mines en production sur les trois pays. Le tableau 4.1 montre la première et la dernière année d'activité des mines d'or incluses dans l'étude et les cartes 4.2, 4.3 et 4.4 montrent la localisation géographique des mines d'or dans les trois pays.

Tableau 4.1 Mines du Ghana, du Mali et de Tanzanie, 1990–2011

Nom de la mine	Année d'ouverture	Année de fermeture	Pays
Ahafo	2006	Active	Ghana
Bibiani	1998	Active	Ghana
Bogoso Prestea	1990	Active	Ghana
Chirano	2005	Active	Ghana
Damang	1997	Active	Ghana
Edikan (Ayanfuri)	1994	Active	Ghana
Iduapriem	1992	Active	Ghana
Jeni (Bonte)	1998	2003	Ghana
Konongo	1990	Active	Ghana
Kwabeng	1990	1993	Ghana
Nzema	2011	Active	Ghana
Obotan	1997	2001	Ghana
Obuasi	1990	Active	Ghana
Prestea Sankofa	1990	2001	Ghana
Tarkwa	1990	Active	Ghana
Teberebie	1990	2005	Ghana
Wassa	1999	Active	Ghana
Gounkoto (concession de Loulo)	2011	Active	Mali
Loulo (mine de Gara)	2005	Active	Mali
Tabakoto/Segala	2006	Active	Mali
Mine de Sadiola	2000	Active	Mali
Yatela	2001	Active	Mali

(suite page suivante)

Tableau 4.1 (suite)

Nom de la mine	Année d'ouverture	Année de fermeture	Pays
Morila	2000	Active	Mali
Syama	2000	Active	Mali
Kalana	2004	Active	Mali
Bulyanhulu	2001	Active	Tanzanie
Buzwagi	2009	Active	Tanzanie
Mine de Geita	2000	Active	Tanzanie
North Mara	2002	Active	Tanzanie
Golden Pride	1999	Active	Tanzanie
Tulawaka	2005	Active	Tanzanie

Source : Compilation de données de MineAtlas et d'IntierraRMG effectuée par les auteurs.

Carte 4.2 **Mines d'or et districts aurifères du Ghana**

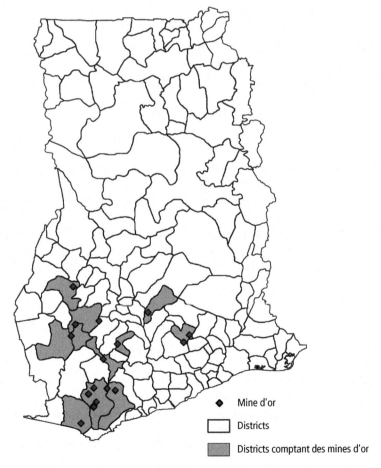

- ◆ Mine d'or
- ☐ Districts
- ▩ Districts comptant des mines d'or

Source : Compilation de données de MineAtlas et d'IntierraRMG effectuée par les auteurs.

Carte 4.3 Mines d'or et districts aurifères du Mali

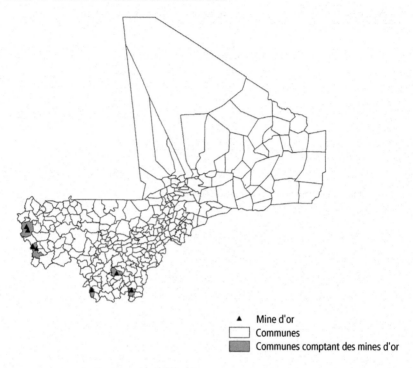

▲   Mine d'or
☐   Communes
▨   Communes comptant des mines d'or

Source : Compilation de données de MineAtlas et d'IntierraRMG effectuée par les auteurs.

La progression de la production annuelle d'or a augmenté dans les trois pays depuis 1990. Sans surprise, le Ghana a la production annuelle la plus importante, mais l'évolution de la production a été similaire au Mali et en Tanzanie depuis la fin des années 1990 (figure 4.1).

Méthodologie empirique

Évaluer l'impact socioéconomique de l'exploitation minière aurifère

La découverte et l'exploitation de gisements d'or peuvent produire des changements durables dans une économie. Les conséquences macroéconomiques des recettes exceptionnelles d'une telle richesse minérale ont fait l'objet de nombreuses études économiques. Dans cette étude, nous nous abstenons de nous engager dans ce débat et nous portons notre attention sur les impacts

Carte 4.4 Mines d'or et districts aurifères de Tanzanie

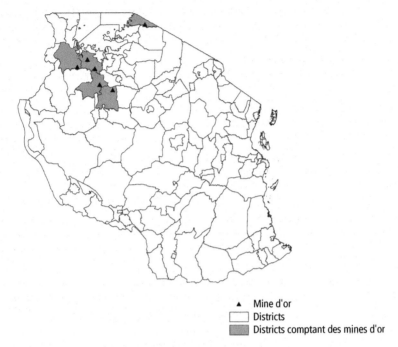

▲ Mine d'or
☐ Districts
▨ Districts comptant des mines d'or

Source : Compilation de données de MineAtlas et d'IntierraRMG effectuée par les auteurs.

Figure 4.1 Production d'or au Ghana, au Mali et en Tanzanie, 1980–2011

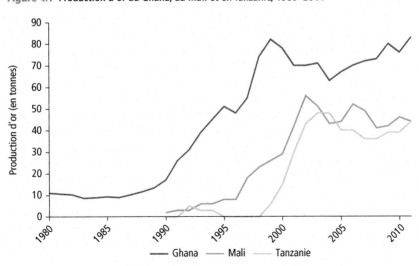

Source : Compilation de données de MineAtlas et d'IntierraRMG effectuée par les auteurs.

locaux, comme vu au chapitre 2. Au niveau local, l'ouverture d'une mine ou d'un ensemble de mines influe sur les résultats de développement par le biais de deux canaux de transmission. Le premier mécanisme est celui d'une attraction de ressources vers la communauté locale et la création d'un cercle vertueux ; par exemple, l'ouverture d'une mine peut augmenter la part de travailleurs ayant des salaires plus élevés. Afin de répondre à l'inévitable augmentation de la demande en biens et services par le vivier des hauts salaires, de nouvelles entreprises locales pourraient émerger, ou bien des entreprises existantes s'étendre, conduisant à une plus forte demande en travailleurs et en biens et services. Ce processus pourrait conduire à une concentration de l'activité économique aux alentours, ce que l'on qualifie parfois de phénomène d'agglomération – et devenir un processus auto-alimenté.

La deuxième voie passe par l'action de l'administration locale (ou centrale) financée à travers les recettes minières. Imaginez que l'État mette de côté une partie des recettes minières au profit du développement local, dont la mise en œuvre peut être conduite par l'administration centrale ou les collectivités territoriales. Et supposez que l'administration locale dépense ces fonds sur des biens publics productifs – routes, eau, électricité, écoles, dispensaires, etc. À leur tour, ces investissements et ces services publics pourront attirer plus de personnes dans la zone, créer de nouvelles opportunités d'activité et aboutir à plus de développement économique local.

Ce sont là les voies par lesquelles des retombées positives peuvent se manifester. Mais l'exploitation aurifère peut aussi avoir des retombées nulles ou même négatives en empoisonnant les sources d'eau, en provoquant des conséquences adverses en termes de santé et rendant l'agriculture improductive du fait des déversements de polluants dans les sols. Les recettes publiques peuvent être dépensées en traitements de fonctionnaires et non pas en biens publics. Et même en l'absence de biens publics, un boom minier entraîne une augmentation des revenus. La question de savoir quels impacts a l'exploitation aurifère sur le développement socioéconomique local est, dès lors, en une large mesure une question empirique.

Les recherches économétriques qui alimentent la présente étude considèrent deux définitions du développement local. La première se rapporte aux districts où se situent les mines. Par district, on entend l'unité administrative ou politique ayant le pouvoir d'effectuer des dépenses publiques. Dans certains pays, cela pourrait relever d'un arrangement fiscal infranational dans lequel le district est habilité à percevoir des recettes et les dépenser tandis que dans d'autres, les districts n'ont pas d'autorité fiscale mais mettent en œuvre des projets au nom de l'État dans le cadre de leurs fonctions déléguées. Ce que les districts ont en commun, c'est qu'une ou plusieurs mines y sont situées[2]. La seconde définition se rapporte au seul voisinage d'une mine. Nous allons maintenant décrire l'analyse elle-même.

Mesurer les effets locaux de l'exploitation minière : le niveau des districts

Commençons par la question de savoir comment apprécier les impacts locaux au niveau d'un district. Le concept est des plus simples : nous les identifions à l'aide d'une variable indicatrice de l'activité d'une mine d'or dans le district. Le résultat pour un individu i du district d au cours d'une période t (Y_{idt}) est donc obtenu au moyen d'une régression sur une variable indicatrice reflétant si l'individu vit ou non dans un district avec une mine active (*DistrictActif*) à l'époque de l'enquête. Le modèle de régression inclut également le district (y) et les effets fixes année (g), lesquels prendront en compte les différences culturelles entre districts et tous les changements concomitants dans le pays. X_{idt} représente les caractéristiques des individus du district d au cours de la période t. L'équation estimée ressemble à ceci :

$$Y_{idt} = \beta_0 + \beta_1 DistrictActif_{dt} + \gamma_d + g_t + \lambda X_{idt} + \varepsilon_{idt} \qquad (1)$$

Le modèle ci-dessus est basé sur la méthode des doubles différences et utilise un panel de districts. Il s'agit tout simplement d'une comparaison entre districts avec et sans mine d'or, avant et après le début de production des mines. Cette méthode autorise la présence de différences initiales entre districts sous l'hypothèse cruciale des tendances parallèles, selon laquelle les différences initiales n'affectent pas les estimations des résultats imputables à la présence d'une mine si les tendances initiales du développement socio-économique dans les districts sont similaires. Cette condition remplie, on peut déduire que les évolutions survenant dans les districts miniers en même temps que l'ouverture de la mine sont effectivement imputables à la mine (en supposant qu'aucun autre changement confondant ne soit survenu de manière concomitante) (voir encadré 4.1).

On peut appliquer cette équation en prenant l'individu comme niveau d'observation, et en prenant donc en compte ses caractéristiques, appréhendées par la variable (X_i). On peut également estimer un modèle similaire après avoir fusionné les données à l'échelle du district, prenant alors en compte les caractéristiques moyennes de la population, correspondant là encore à la variable (X_i). Les écarts-types sont regroupés au niveau de traitement, c'est-à-dire au niveau du district. Étant donné que la variable de traitement est au même niveau que nos effets fixes district, elle peut être interprétée comme constituant l'effet de traitement. Nous faisons ici référence à l'effet fixe année parce que la structure des données n'est pas toujours suffisamment simple pour permettre de définir la variation temporelle comme correspondant à avant et après le début d'exploitation de la mine.

Mesurer les effets d'entraînement au niveau du district

Ne considérer que les seuls districts comptant une mine, comme le suppose l'équation (1), amènerait à négliger les effets d'entraînement potentiels de

---

ENCADRÉ 4.1

L'exploitation minière artisanale et à petite échelle pose des difficultés pour l'identification des impacts des mines à grande échelle

L'intention analytique de cette publication est d'explorer l'impact du secteur minier à grande échelle et à forte intensité capitalistique d'Afrique subsaharienne sur la qualité de vie des communautés locales. Toutefois, l'activité minière en Afrique subsaharienne ne relève pas toujours de la grande échelle. Dans de nombreux pays d'Afrique subsaharienne où existe un secteur minier conséquent, et notamment dans les trois pays étudiés dans le cadre de cette étude – le Ghana, le Mali et la Tanzanie –, il existe un secteur de l'exploitation minière artisanale et à petite échelle (EMAPE), laquelle assure des emplois (OIT, 1999) et des moyens de subsistance supplémentaires à de nombreuses familles. On estime qu'environ 1 million de personnes au Ghana, 200 000 au Mali et 550 000 en Tanzanie subviennent à leurs besoins avec des revenus d'activités d'EMAPE. Voir l'encadré 3.1 du chapitre 3 pour plus de détails à ce sujet.

Contrairement à la situation de l'exploitation minière à grande échelle, les travailleurs du secteur de l'EMAPE ont de faibles compétences et mobilisent un faible capital par travailleur. De plus, ce secteur est associé à des conditions de travail dangereuses, notamment en matière de travail des enfants, de la forte exposition au mercure et des risques d'effondrement des galeries.

En dépit d'énormes différences organisationnelles et opérationnelles, ces deux secteurs coexistent souvent côte à côte. Dans certains cas, la divergence d'intérêts a pu mener à des situations de conflit entre les deux secteurs, comme c'est le cas autour de la mine de Prestea au Ghana, où les *galamsey* (mineurs informels à petite échelle) s'opposent à la multinationale propriétaire de la concession (Hilson et Yakovleva, 2007). Cela présente des défis quant à l'identification exacte de l'impact de l'exploitation minière à grande échelle. Étant donné qu'on ne peut pas toujours identifier les individus qui travaillent dans l'EMAPE dans les données, il n'est pas possible d'apprécier leur contribution à ces impacts, ni d'évaluer comment l'ouverture d'une mine à grande échelle impacte les participants de l'EMAPE.

---

l'exploitation minière. Il y a deux raisons fondamentales pour lesquelles il faut considérer les effets d'entraînement entre districts. Premièrement, la zone d'impact économique naturelle d'une mine peut dépasser les frontières administrativement ou politiquement définies des districts miniers, lesquelles sont parfois trop étroites pour correspondre à l'ensemble de l'influence économique et sociale de la mine. Deuxièmement, certaines mines sont situées à la frontière entre plusieurs districts et la décision de considérer qu'elles relèvent d'un district plutôt que d'un autre peut parfois paraître arbitraire. Il y a une autre raison pour considérer les effets d'entraînement à l'échelle des districts : dans certains cas, là où existe un système de partage des recettes fiscales, les districts sont amenés à recevoir des recettes fiscales additionnelles lorsque des mines sont situées sur leur territoire. C'est un argument important qui pousse à explorer les effets à l'échelle des districts. Les dépenses des districts miniers peuvent aussi déborder sur des districts limitrophes – par exemple, dans le cas d'une construction de route menant à la frontière avec un district limitrophe. Afin de comparer les résultats dans les districts miniers, les districts limitrophes et les districts non miniers, l'estimation suivante est utilisée :

$$Y_{idt} = \beta_0 + \beta_1 DistrictActif_{dt} + \beta_2 DistrictLimitrophe_{dt} + \gamma_d + g_t + \lambda X_{idt} + \varepsilon_{idt} \quad (2)$$

L'interprétation de ce modèle sera similaire à l'interprétation avancée pour l'équation (1). Il nous faudra donc suivre les deux approches et également la fois comparer les différences entre les districts comptant des mines et les districts limitrophes de ceux-ci. Les deux méthodes représentées par les équations (1) et (2) peuvent encore être affinées en autorisant des effets différentiels avec l'intensité de l'exploitation minière, ce que l'on peut appréhender au moyen du nombre de mines actives et des volumes de production cumulée. En outre, quand les données le permettent, nous pouvons appliquer la méthode des contrôles synthétiques : au lieu de comparer les districts miniers à l'ensemble des autres districts, nous les comparons à un groupe synthétique créé à cet effet (suivant la méthode d'Abadie, Diamond et Hainmuller, 2010). Le groupe de contrôle est constitué de manière à être aussi similaire que possible au groupe de traitement. Cette méthode est bénéfique lorsqu'il y a peu d'observations de traitement (c'est-à-dire peu de districts miniers) mais elle est très exigeante en termes de données se rapportant à la période d'avant le traitement. Cette méthode est appliquée aux cas du Mali et de la Tanzanie, mais cela n'a pas été possible pour le Ghana car les mines y ont été ouvertes plus tôt et qu'il y avait trop peu d'observations pour être assuré de trouver un groupe de contrôle approprié.

Mesurer les effets locaux de l'exploitation minière : la proximité aux mines
Au lieu de s'intéresser aux effets au niveau des districts (ou bien, en plus de s'y intéresser), on pourrait porter le regard encore plus proche, c'est-à-dire analyser les impacts de l'exploitation minière en périphérie des mines. Dans ce cas, il est important de donner sens précis à la notion de proximité et de déterminer la dimension que l'on donne aux zones qui sont qualifiées de locales. Comme nous l'avons déjà fait remarquer, déterminer l'étendue des zones d'influence des mines relève d'un exercice empirique. En plus de s'intéresser à la périphérie des mines, où une distance allant jusqu'à 20 km d'une mine est qualifiée de « proche » (zone de traitement de référence), l'analyse porte sur des classes de distance, c'est-à-dire des anneaux concentriques de différents rayons autour de la mine. Ces classes de distance peuvent se situer au sein d'un même district ou bien s'étendre sur plusieurs districts, selon la localisation de la mine. Le modèle de décalage spatial divise ainsi la zone autour d'une mine en bandes concentriques, par exemple de

Carte 4.5 Mines d'or au Ghana et zones tampon

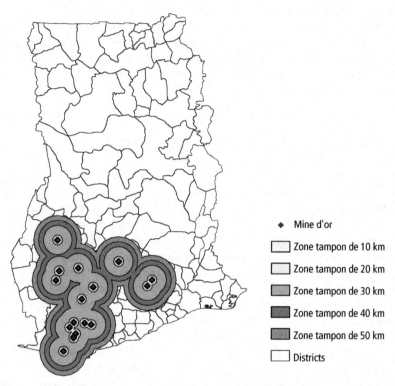

- ◆ Mine d'or
- ▢ Zone tampon de 10 km
- ▢ Zone tampon de 20 km
- ▢ Zone tampon de 30 km
- ▢ Zone tampon de 40 km
- ▢ Zone tampon de 50 km
- ▢ Districts

Source : Compilation de données de MineAtlas et d'IntierraRMG effectuée par les auteurs.

0 à 10 km, 10 à 20 km, 20 à 30 km et ainsi de suite, jusqu'à une distance de 100 km d'une mine. On peut attribuer à chaque classe de distance son propre coefficient dans le modèle de régression, ce qui permet donc de prendre en compte des relations qui ne sont pas linéaires avec la distance. De plus, cela nous permet de comprendre s'il y a des retombées de l'exploitation minière aurifère à grande échelle au-delà de la distance de traitement de référence. La carte 4.5 présente la répartition géographique des mines au Ghana et illustre la manière dont la zone d'impact des mines est appréhendée par l'estimation.

Dans l'analyse au niveau des distances, ce qui importe est le fait d'estimer les résultats des individus qui vivent près de la mine sans tenir compte du moindre découpage administratif. Le modèle des doubles différences qui est appliqué est le suivant :

$$Y_{ivt} = \beta_0 + \beta_1 MineXkm_v * Après_t + \beta_3 MineXkm_v + \beta_2 Après_t + \gamma_d + g_t + \lambda X_{idt} + \varepsilon_{ivt} \quad (3a)$$

$$Y_{ivt} = \beta_0 + \beta_1 Mine_v * Active_t + \beta_3 Mine_v + \beta_2 Active_t + \gamma_d + g_t + \lambda X_{idt} + \varepsilon_{ivt} \quad (3b)$$

où le résultat Y d'un individu i qui vit dans le village ou le quartier v dans l'année t est une fonction de la proximité du lieu de vie à une mine, par exemple de X kilomètres d'une mine (*MineXkm*), après que la mine a démarré la production (*Après*) ou dans les 20 km d'une mine (*Mine*) active à l'époque de l'enquête (*Active*). Ce qui nous intéresse est l'ampleur et la direction du coefficient qui est obtenu à partir de l'interaction des deux équations, lequel précise le gain moyen pour les riverains par rapport aux individus ne vivant pas à proximité d'une mine d'or en cours d'exploitation. On peut toujours prendre en compte les caractéristiques individuelles, ainsi que les variations transversales entre districts et les changements généraux qui ont lieu au fil du temps. Une méthode similaire a été utilisée par Aragón et Rud (2013b), Kotsadam et Tolonen (2015), ainsi que Tolonen (2015).

L'approvisionnement local peut être assuré par des entreprises qui ne sont pas locales, ce qui aura pour effet de « contaminer » les groupes de contrôle et de fortement biaiser les estimations d'impact à la baisse. En outre, certaines mines privilégient des approvisionnements intérieurs auprès de fournisseurs qui sont du pays sans être nécessairement locaux. Le manque de séries temporelles sur le niveau et la composition des biens et services procurés par chacune des mines étudiées signifie qu'il n'est pas possible de contrôler complètement ce facteur dans l'estimation. Une façon de tenir compte de ces effets d'entraînement dans l'analyse de régression est d'introduire des variables muettes spécifiques représentant les districts limitrophes.

Combiner les données minières et les données sur les ménages

Afin d'estimer les modèles des équations (1) à (3), l'étude combine données sur les mines et données issues d'enquêtes sur les ménages. Les données minières émanent de plusieurs sources. Les localisations des mines (coordonnées GPS) pour les trois pays ont été obtenues à partir de sources en ligne telles que MineAtlas, Google Maps et la base Raw Materials Database d'IntierraRMG pour le Ghana. Les informations sur la date d'entrée en production et le volume de production proviennent d'IntierraRMG.

Les données sur les ménages et les individus proviennent de quatre sources principales : les enquêtes démographiques et de santé, les enquêtes sur le budget des ménages, les enquêtes sur les niveaux de vie et les recensements de population. Les enquêtes démographiques et de santé sont des enquêtes sur un échantillon de ménages représentatif au niveau national qui collectent des données sur le statut marital, la fécondité, la planification familiale, la santé reproductive, la santé de l'enfant et le VIH/SIDA. Les enquêtes sur le budget des ménages sont des enquêtes réalisées sur un échantillon de ménages représentatif au niveau national axées sur le suivi des niveaux de consommation des ménages. Elles comportent des informations sur les caractéristiques des ménages ainsi que les dépenses des ménages par an et par mois, et dans certains cas les niveaux de

Tableau 4.2 Données des enquêtes auprès des ménages pour le Ghana, le Mali et la Tanzanie

Pays/objet	Enquêtes démographiques et de santé	Enquêtes sur le niveau de vie et la mesure de la pauvreté (LSMS)	Recensements
Ghana	1993, 1998, 2003, 2008	1999, 2004, 2012	—
Mali	1995, 2006, (2001)	1989, 2001, 2010	1987, 1998, 2009
Tanzanie	1999, 2010, (2007, 2012)	1992, 2001	1988, 2002
Utilisé pour	Analyse au niveau des individus et des districts	Analyse au niveau des individus et des districts	Analyse avec contrôle synthétique

Source : Enquêtes nationales des pays représentés.
Note : Les années des enquêtes placées entre parenthèses sont utilisées dans certaines parties de l'analyse.
— = non disponible.

revenus. Les enquêtes sur les niveaux de vie collectent aussi des données démographiques et sur la consommation ainsi que des informations détaillées sur l'accès aux services (éducation, santé, eau et assainissement), les entreprises domestiques, la production agricole et l'activité sur le marché du travail.

Les recensements collectent des informations concernant un ensemble de caractéristiques des ménages et des individus mais couvrent la totalité de la population. Parmi les caractéristiques des ménages, l'on compte la taille du ménage et l'accès à l'eau, l'électricité et des sanitaires. Les caractéristiques individuelles telles que l'occupation professionnelle, le niveau d'études, l'âge et le statut matrimonial sont également relevées lors des recensements. La plupart des recensements, et notamment ceux utilisés pour cette analyse, ne contiennent par contre pas d'informations sur les niveaux de revenu ou de consommation des individus.

Certaines enquêtes, notamment les enquêtes démographiques et de santé et les enquêtes sur les niveaux de vie, sont géocodées. Étant donné que les mines sont également géoréférencées, il est facile de déterminer la distance des ménages ainsi sondés aux mines. La stratégie d'estimation qui utilise les individus et les ménages fait usage de ces informations pour identifier les impacts des mines. Le tableau 4.2 montre les années d'enquête qui ont été utilisées ; le tableau 4A.1 de l'annexe énumère les variables de résultat.

Évolution des tendances dans les zones minières et non minières

L'hypothèse des tendances parallèles est cruciale pour la méthodologie des doubles différences. Dans le cadre de cette étude, l'hypothèse peut être interprétée comme exigeant que les résultats socioéconomiques d'intérêt dans les zones minières et les zones plus lointaines suivent les mêmes tendances en l'absence

d'une mine devenant active. Une manière de justifier la validité de cette hypothèse est de procéder à une vérification *ex ante*. Le tableau d'équilibre des
variables de résultat et de contrôle a constitué un premier essai pour comprendre les tendances en amont. Toutefois, l'hypothèse admet des différences
de niveaux entre groupe de contrôle et groupe de traitement tant que les
variables évoluent en suivant des trajectoires similaires. Nous examinons cette
question en utilisant l'éclairage nocturne et la mortalité infantile. La raison pour
laquelle ces deux variables ont été choisies est qu'elles présentent des variations
sur une base annuelle (ce qui n'est par exemple pas le cas des données sur la
main-d'œuvre, disponibles uniquement pour les années d'enquête). De plus, à
la fois l'éclairage nocturne et la mortalité infantile constituent également des
indicateurs importants de bien-être et de développement.

La figure 4.2 indique que l'éclairage nocturne est similaire dans les zones
minières (définies comme étant à 10 km ou moins d'une mine) et les zones plus
distantes (à entre 30 et 50 km d'une mine ou entre 50 et 100 km d'une mine)
cinq à dix années avant l'ouverture d'une mine. Cinq ans avant le démarrage des
mines, un changement de tendance commence à poindre et lors de la phase
d'investissement, qui intervient habituellement deux années avant le début de
la production, les zones minières ont déjà clairement des niveaux d'éclairage

Figure 4.2 Tendances parallèles de l'éclairage nocturne et de la mortalité infantile

a. Éclairage nocturne

b. Mortalité infantile au cours de la première année de vie

— À moins de 10 km d'une mine
— À entre 30 et 50 km d'une mine
— À entre 50 et 100 km d'une mine

— À moins de 10 km d'une mine
— Au-delà de 10 km d'une mine
☐ Intervalle de confiance à 95 %
☐ Intervalle de confiance à 95 %

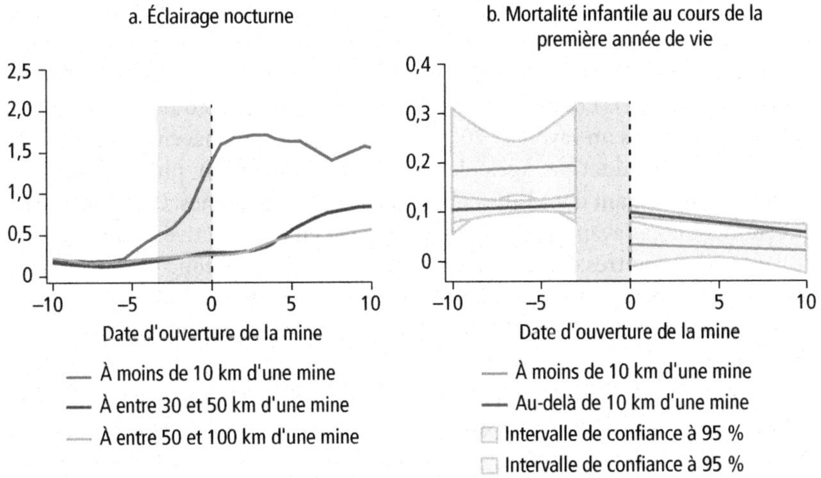

Source : Estimation des auteurs sur la base des données des enquêtes.
Note : L'axe horizontal des deux graphiques représente les années avant et après l'ouverture de la mine.
L'ouverture de la mine constitue l'origine du repère et les années avant l'ouverture de la mine sont donc situées
à gauche sur le graphique, et les années après l'ouverture de la mine, à droite de l'origine. L'axe vertical du
graphique (b) concerne la mortalité infantile lors de la première année de vie. Les zones marquées en jaune
indiquent les deux années précédant l'ouverture des mines et lors desquelles un début d'activité émerge.

nocturne plus élevés. Ne pas exclure cette période de pré-investissement du groupe de contrôle biaiserait les résultats à la baisse (une analyse concernant cette question est présentée dans la section sur les résultats et nous y chercherons à exclure cette phase de pré-investissement). Les estimations d'éclairage nocturne sont obtenues au moyen d'un lissage polynomial local, tandis que les estimations de mortalité infantile sont calculées sur la base de relations linéaires. Dans la figure 4.2, nous prévoyons une rupture de tendance autour de la phase de pré-investissement. À gauche de l'année d'ouverture, c'est-à-dire avant que la mine ne commence à produire, les taux de mortalité infantiles suivent des tendances similaires et haussières dans les zones minières et dans les zones plus distantes. Toutefois, les taux de mortalité infantile sont plus élevés près des mines. Après l'ouverture de la mine, c'est-à-dire à droite sur la ligne verticale rouge, c'est le contraire : les zones minières ont des taux de mortalité infantile plus faibles. Ces résultats pour le Ghana, le Mali et la Tanzanie sont confirmés par Tolonen (2015), où les mêmes tendances sont mises en évidence, et pour d'autres pays miniers tels que le Burkina Faso et le Sénégal.

Moyens de subsistance et occupations professionnelles

En utilisant les méthodes décrites ci-dessus, nous analysons la manière dont l'exploitation aurifère a changé les moyens de subsistance des populations au Ghana, au Mali et en Tanzanie. Premièrement, les statistiques synthétiques sélectionnées montrent que les zones minières ont connu un développement différent de celui des zones non minières au niveau des occupations professionnelles (tableau 4.3). Les communautés minières, définies comme les villes et villages situés dans un rayon de 20 km d'une mine, sont ainsi en moyenne plus axées sur la production agricole, avec une proportion plus importante d'hommes travaillant dans l'agriculture que les plus lointaines. C'est tout particulièrement le cas avant que les mines n'entrent en phase active d'exploitation.

Les mines sont très consommatrices en terrain. Il n'est donc pas surprenant de constater que les mines sont lancées principalement dans des zones rurales, où le foncier est relativement moins onéreux et où l'on peut s'attendre à un pourcentage d'emploi plus important dans l'agriculture avant l'ouverture de la mine. C'est vrai du Mali mais ni du Ghana, ni de la Tanzanie. Il faut noter que la participation des femmes au secteur tertiaire est assez faible dans l'ensemble, mais les statistiques synthétiques montrent que ce secteur a grandi dans le temps, suggérant que le taux de croissance dans l'emploi tertiaire est plus important dans les communautés minières.

Le tableau 4.4 montre les résultats économétriques des trois pays pour différentes occupations professionnelles, distinguant le cas des hommes et des femmes. Parmi les femmes, la probabilité d'avoir un emploi manuel a décliné

Tableau 4.3 Statistiques synthétiques issues des enquêtes démographiques et de santé du Ghana, du Mali et de Tanzanie

	Ghana		Mali		Tanzanie	
	(1)	**(2)**	**(3)**	**(4)**	**(5)**	**(6)**
	Avant	**Pendant**	**Avant**	**Pendant**	**Avant**	**Pendant**
Caractéristiques de la femme						
Âge	30,15	30,01	28,59	30,68	29,24	27,68
Richesse	3,01	3,26	—	3,19	3,12	2,80
Non-migrante	0,36	0,31	0,38	0,49	0,33	0,33
Citadine	0,23	0,33	0,25	0,00	0,00	17,8
Occupation professionnelle de la femme						
Ne travaille pas	0,22	0,21	0,16	0,22	0,14	0,11
Vente et services	0,19	0,25	0,11	0,23	0,01	0,5
Emploi professionnel	0,06	0,07	0,01	0,00	0,06	0,02
Agriculture	0,41	0,32	0,33	0,06	0,69	0,71
Travail manuel	0,12	0,15	0,39	0,06	0,10	0,11
Activité rémunérée	0,88	0,90	0,45	0,60	0,59	0,36
Travail à l'année	0,88	0,88	0,33	0,34	0,17	0,24
Niveau d'études de la femme						
3 années d'études	0,78	0,82	0,09	0,07	0,74	0,25
Pas d'études	0,17	0,13	0,88	0,88	0,22	0,73
Occupation professionnelle du partenaire						
Vente et services	0,09	0,12	0,06	0,09	—	0,07
Emploi professionnel	0,12	0,15	0,04	0,10	—	0,05
Agriculture	0,57	0,42	0,70	0,10	—	0,74
Travail manuel	0,21	0,28	0,15	0,15	—	0,13
Santé des enfants						
Diarrhée	0,13	0,17	0,22	0,19	0,10	0,12
Toux	0,22	0,18	0,30	0,21	0,29	0,21
Fièvre	0,24	0,20	0,33	0,22	0,38	0,29

Source : Estimations des auteurs sur la base des enquêtes démographiques et de santé des trois pays.
Note : Les colonnes (1), (3) et (5) montrent les statistiques synthétiques pour un échantillon dans les 20 km d'une mine non active. Les colonnes (2), (4) et (6) montrent les statistiques synthétiques pour un échantillon dans les 20 km d'une mine active. — = non disponible.

dans les populations vivant autour des mines. C'est une tendance plus marquée au Mali et en Tanzanie, et moins au Ghana, où cela s'observe plus pour les hommes que pour les femmes. Au Ghana, il y a une transition de l'agriculture vers les services pour les femmes, mais pas de manière statistiquement significative. Au Mali, en plus d'une forte diminution du travail manuel, il y a également eu une large augmentation (non statistiquement significative), d'environ

Tableau 4.4 Occupation professionnelle pour les hommes et les femmes

	Ghana	Mali	Tanzanie	Ghana	Mali	Tanzanie
Échantillon	*Hommes*	*Hommes*	*Hommes*	*Femmes*	*Femmes*	*Femmes*
Distance de traitement	*20 km*	*20 km*	*20 km*	*20 km*	*20 km*	*20 km*
Ayant travaillé au cours des 12 derniers mois	0,006	−0,023	0,049	0,006	−0,141	0,124**
	(0,023)	(0,069)	(0,063)	(0,023)	(0,113)	(0,053)
Agriculture	0,050	−0,125	0,103	−0,025	−0,137	0,172***
	(0,051)	(0,164)	(0,117)	(0,039)	(0,232)	(0,062)
Secteur des services	0,02	0,111	−0,015	0,024	0,160	−0,017
	(0,02)	(0,074)	(0,021)	(0,031)	(0,127)	(0,013)
Emploi professionnel	0,027	−0,004	−0,011	−0,017*	−0,010	0,023***
	(0,026)	(0,011)	(0,01)	(0,009)	(0,007)	(0,008)
Travailleur manuel	−0,069*	−0,117	−0,029	0,012	−0,227***	−0,071**
	(0,036)	(0,091)	(0,061)	(0,021)	(0,086)	(0,030)

Source : Estimations des auteurs sur la base des données des enquêtes.
Note : Chaque ligne est une nouvelle régression estimée en utilisant le modèle de référence. Les coefficients notés concernent *Mine*active* de l'équation 3. Toutes les régressions tiennent compte des effets fixes année et district, de la variable indicatrice citadin/non citadin, de l'âge et du nombre d'années d'études.
*** $p < 0,01$, ** $p < 0,05$, * $p < 0,1$.

16 points, dans l'emploi tertiaire des femmes. Enfin, en Tanzanie, il y a eu une augmentation de la participation agricole des femmes et une faible augmentation de leur participation dans des activités professionnelles.

Les données utilisées pour cette estimation proviennent des enquêtes démographiques et de santé, lesquelles sont très axées sur le bien-être des femmes. Cela signifie que moins d'hommes ont été échantillonnés. Cela peut causer des problèmes dans notre modèle statistique pour ce qui est des hommes, puisqu'un nombre réduit d'observations signifie qu'il pourrait y avoir des problèmes pour estimer les effets de manière précise. Sans surprise, peu d'effets statistiquement significatifs sont observés pour les hommes, avec simplement une baisse tout juste significative des emplois manuels de 6,9 points au Ghana.

De plus, ces résultats ont été obtenus en utilisant une distance seuil de 20 km pour la zone de traitement – c'est-à-dire qu'il a été postulé que la mine influe sur les résultats dans un rayon de 20 km. Mais, il n'y a en fait pas de bonne raison permettant de considérer que le rayon réel de la zone d'influence des mines soit bien de 20 km. Ce seuil a été déterminé sur la base d'études antérieures utilisant des méthodologies similaires : Aragón et Rud (2013b) et Kotsadam et Tolonen (2015) utilisent des distances de 20 km dans leur exploration des effets de l'exploitation minière sur les marchés du travail et agricoles locaux au Ghana et en Afrique. Toutefois, Tolonen (2015) montre que la plupart des effets en matière de santé et de travail sont concentrés dans les 10 ou 15 km dans les pays producteurs d'or d'Afrique. En revanche, l'étude d'Aragón et Rud (2013a) sur une grande mine d'or au Pérou a montré des effets à une distance allant jusqu'à 100 km.

La géographie de l'exploitation minière

Au lieu d'utiliser une variable binaire – en comparant les populations vivant dans les 20 km d'une mine de l'ensemble des autres personnes vivant plus loin –, un modèle de décalage spatial est utilisé, permettant la prise en compte d'effets non linéaires avec la distance. Les résultats de ce modèle sont présentés dans la figure 4.3. Le modèle est axé sur l'accès des femmes aux occupations professionnelles étant donné que les données des enquêtes démographiques et de santé sur lesquelles sont basés ces résultats sont plus adaptées pour les sous-échantillons féminins.

La figure 4.3 montre que l'emploi tertiaire des femmes est significativement plus élevé à proximité de mines actives. D'ailleurs, les effets sont plus prononcés à une distance comprise entre 0 et 10 km d'une mine qu'à entre 10 et 20 km d'une mine. Au Mali, la probabilité qu'une femme travaille dans la vente ou les services augmente de 30 points, et au Ghana de 17 points, à la distance la plus proche. Dans le cas du Ghana et du Mali, la participation agricole chute à proximité des mines d'environ 10 à 20 points. En Tanzanie, aucun changement net n'est décelable, que soit dans l'emploi dans le tertiaire ou dans l'agriculture. Les tendances d'occupation professionnelle sont semblables entre migrantes et femmes n'ayant jamais déménagé dans les trois pays (figure 4.4).

On peut réaliser une analyse similaire pour les hommes en utilisant les données des enquêtes démographiques et de santé étant donné que les femmes sondées donnent l'occupation professionnelle de leur compagnon au cours de l'enquête. La figure 4.5 montre que les hommes ont une moindre probabilité de travailler dans le secteur agricole s'ils vivent dans les 10 km d'une mine (cette relation est statistiquement significative dans le cas du Mali). Une tendance dans les données indique qu'il pourrait y avoir un déplacement géographique des activités agricoles situées très près d'une mine ou à une distance un peu plus grande (à entre 20 et 30 km), tout particulièrement au Ghana. Les hommes ne sont pas plus susceptibles d'avoir un emploi manuel au Ghana ou au Mali. Dans le cas du Ghana, les indications sur l'emploi minier des données de l'enquête sur les niveaux de vie *Ghana Living Standards Survey* confirment qu'il y a une augmentation de 10 points dans la probabilité que les hommes vivant près d'une mine travaillent dans le secteur minier.

Examiner de plus près, comme nous l'avons fait, les impacts des mines sur les perspectives d'emploi et les salaires des individus constitue une façon d'envisager les impacts locaux de l'exploitation minière. Mais les coûts et les avantages au sein du voisinage d'une mine qui ont été abordés jusqu'ici ne sont pas exhaustifs. Comme nous l'avons avancé au début de ce chapitre, l'exploitation minière peut avoir des impacts additionnels au-delà du voisinage de la mine si les redevances et les recettes minières sont utilisées pour des populations vivant dans les districts où la mine est située. L'injection de dépenses additionnelles dans le district peut correspondre à une augmentation des dépenses sur des

Figure 4.3 **Modèle de décalage spatial illustrant la répartition géographique des effets sur l'emploi tertiaire et agricole des femmes au Ghana, au Mali et en Tanzanie**

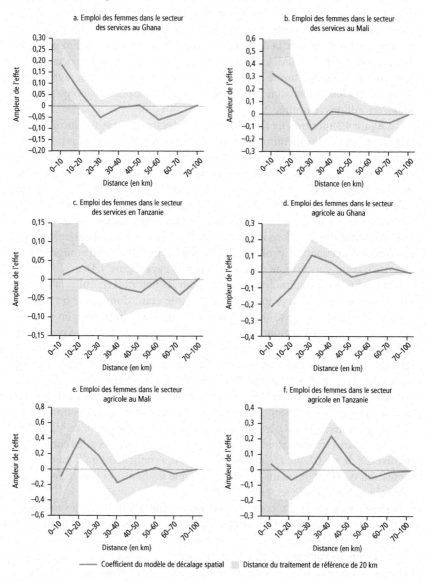

Source : Estimations des auteurs sur la base des données des enquêtes.
Note : La zone grisée représente l'intervalle de confiance à 95 %.

Figure 4.4 Modèle de décalage spatial illustrant les migrants et les personnes n'ayant jamais déménagé par occupation dans les services et l'agriculture au Ghana, au Mali et en Tanzanie

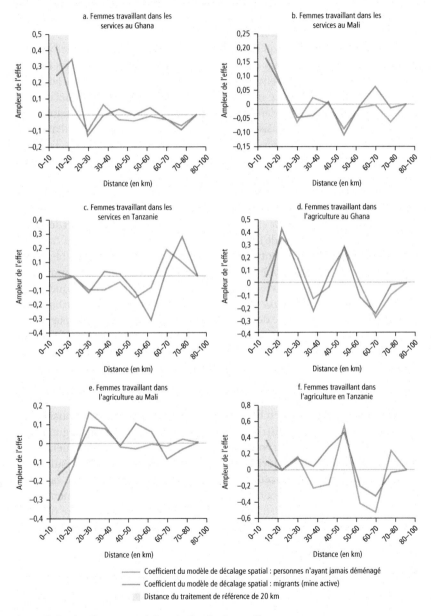

Source : Estimations des auteurs sur la base des données des enquêtes.

services qui améliorent le bien-être des populations, comme par exemple l'enseignement scolaire ou les soins de santé. La possibilité d'identification de ces canaux dépend de tout un ensemble de facteurs, dont l'existence de règles précises du partage des recettes fiscales et de la qualité et la performance de l'administration locale et des dirigeants locaux.

Malheureusement, bien qu'il y ait des informations sur la présence ou non d'une telle formule de partage dans les trois pays, il manque des séries temporelles sur les flux de recettes effectifs ou une mesure de la performance administrative. Du fait de l'absence de données sur ces déterminants cruciaux des résultats, nous présentons dans ce chapitre une première approximation des impacts additionnels qui consiste en une comparaison simple des résultats entre districts miniers et non miniers. Comme pour les résultats précédents, l'analyse à l'échelle des districts fait usage de données d'enquêtes démographiques et de santé, d'enquêtes sur le budget des ménages et de recensements. Au Mali et en Tanzanie, nous avons mis en correspondance (au moyen de méthodes d'imputation bien connues) les variables de résultats qui n'existent pas dans les recensements[3], à savoir les résultats en termes de malnutrition infantile et les dépenses par habitant. Les moyennes de l'ensemble des variables de résultat sont calculées pour chaque district. Puis sont conduites une simple analyse des doubles différences et une analyse sur groupe de contrôle synthétique utilisant les moyennes à l'échelle des districts. Dans le cas de la Tanzanie, l'analyse ne porte que sur les districts continentaux, ce qui exclut les districts de Pemba et de Zanzibar.

Dans l'analyse sur groupe de contrôle synthétique, on commence par modéliser un district minier type et un district limitrophe représentatif en servant de moyennes. Pour chacun des autres districts, on attribue ensuite des coefficients de pondération pour déterminer le district de contrôle le plus représentatif possible[4]. Suivant Abadie, Diamond et Hainmueller (2010), on effectue des tests placébo afin de déterminer si les résultats significatifs obtenus ne sont pas le fruit du hasard : nous cherchons alors à déterminer si un district assigné de manière aléatoire comme district de traitement diffère de manière significative de son district de contrôle synthétique dans la période post-traitement. Cela nous montrera à quelle fréquence ressort une différence entre les résultats du district de traitement réel et ceux de son pendant synthétique. Dans le cas idéal, les résultats du district de traitement réel doivent être significativement différents des résultats de son district synthétique de contrôle, tandis que pour les districts qui sont aléatoirement assignés comme districts de traitement, la différence ne devrait pas être aussi marquée.

Dans l'ensemble, l'analyse des changements dans l'emploi des femmes et des hommes à l'échelle des districts confirme les conclusions de l'analyse basée sur les distances. Le tableau 4.5 rapporte la simple différence des différences au niveau des districts dans le cas du Ghana. Les résultats indiquent que l'emploi agricole des femmes diminue de 8,5 points dans les districts miniers par rapport

Figure 4.5 **Modèle de décalage spatial illustrant l'agriculture, le travail manuel, l'emploi minier et les salaires des hommes au Ghana et au Mali**

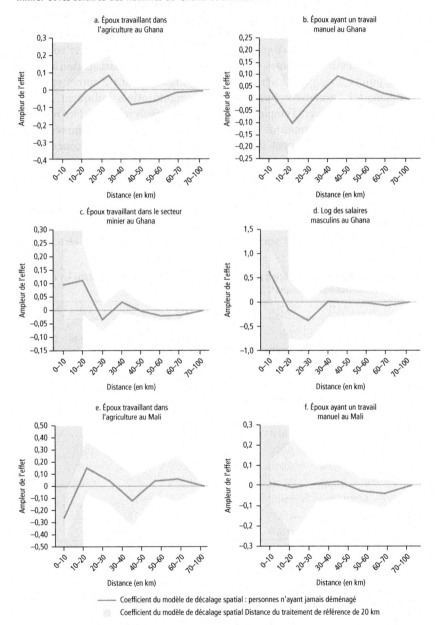

Source : Estimations des auteurs sur la base des données des enquêtes.
Note : La zone grisée représente l'intervalle de confiance à 95 %.

aux districts non miniers (panneau a). De plus, il existe une relation inversement proportionnelle entre le tonnage d'or produit et l'emploi agricole (panneau b). En outre, la probabilité que les femmes travaillent toute l'année augmente de 5,4 points, tout comme la probabilité d'avoir un travail manuel (panneau a). On n'observe pas la même chose dans les districts adjacents (panneau b). Pour les hommes, il y a une diminution de la participation agricole de 5,2 points mais pas d'augmentation significative dans d'autres secteurs. Toutefois, les estimations ponctuelles non significatives indiquent que les hommes basculent vers l'emploi tertiaire et les emplois manuels. Des résultats du *Ghana Living Standards Survey* avaient montré précédemment que les hommes basculaient peut-être vers l'emploi minier. En ce qui concerne les enquêtes démographiques et de santé, il n'y a pas d'informations similaires disponibles quant à l'emploi minier des hommes, ce résultat ne peut donc pas être confirmé ici.

Le tableau 4.6 montre les résultats d'une analyse de district pour la Tanzanie et le Mali. Dans le cas de la Tanzanie, les données proviennent d'enquêtes sur le budget des ménages et sont comparées entre districts. Pour chacun des

Tableau 4.5 Effets sur l'occupation professionnelle au niveau des districts dans les districts aurifères et limitrophes au Ghana [a]

	(1)	(2)	(3)	(4)	(5)	(6)	(7)
	Ne travaillant pas	Agriculture	Services	Emploi professionnel	Travail manuel	Activité rémunérée	Travail à l'année
Panneau a – districts miniers : femmes							
District comptant une mine active	0,019	−0,085**	0,034	-0,018**	0,050**	−0,021	0,054*
	(0,027) [b]	(0,042)	(0,030)	(0,008)	(0,02)	(0,049)	(0,032)
Panneau b – effets d – entraînement : femmes							
Cumul historique du district [c]	0,004	−0,009**	0,003*	0,004***	−0,002	0,001	0,006
	(0,004)	(0,004)	(0,002)	(0,002)	(0,004)	(0,003)	(0,004)
Production d'or limitrophe	−0,004	0,005	−0,001	−0,002***	0,001	0,008*	−0,002
	(0,004)	(0,004)	(0,004)	(0,001)	(0,003)	(0,004)	(0,004)
Panneau c – districts miniers : hommes							
District comptant une mine active	0,008	−0,052**	0,020	−0,009	0,024		
	(0,009)	(0,023)	(0,030)	(0,026)	(0,027)		

Source : Estimation des auteurs sur la base de données des enquêtes.
a. Opportunités sur le marché du travail pour les femmes et les hommes d'après les enquêtes démographiques et de santé.
b. Les écarts-types robustes regroupés au niveau des districts sont indiqués entre parenthèses. Toutes les régressions tiennent compte des effets fixes année et district, de la variable indicatrice citadin/non citadin, de l'âge et du nombre d'années d'études. Une mine est considérée comme active si elle était active pendant l'année du recensement.
c. La variable du cumul historique du district correspond à la production totale pendant les années précédant l'enquête.
*** $p < 0,01$, ** $p < 0,05$, * $p < 0,1$.

103 districts dans l'analyse, quatre d'entre eux sont des districts miniers (Geita, Kahama, Nzega et Tarime). Dans le cas du Mali, il y a 257 districts et cinq d'entre eux sont des districts miniers (Fourou, Kalana, Kenieba Central, Sadiola et Sanso). L'analyse des districts par la méthode des doubles différences montre qu'il y a des augmentations significatives dans la probabilité d'occuper un emploi minier. Au Mali, les hommes sont plus susceptibles de près de 10 points de travailler comme mineurs, et les femmes de 2,3 points, après l'ouverture d'une mine. Il faut cependant noter que ces changements pourraient également être dus à des montées de l'exploitation minière à petite échelle dans ces districts sur la même période de temps. Dans l'ensemble, l'emploi agricole des hommes et des femmes diminue mais ces résultats ne sont pas statistiquement significatifs. Pour ce qui est de la Tanzanie (tableau 4.6, panneau b), il n'y a pas d'information enregistrée sur l'emploi minier. De même qu'au Mali, il y a une diminution économiquement significative de l'emploi agricole (de 8 points pour les hommes et de 11 points pour les femmes), mais ces estimations ne sont pas statistiquement significatives.

À la fois pour le Mali et la Tanzanie, il a été procédé à une analyse à l'échelle des districts comparant les districts miniers aux districts témoins en utilisant la

Tableau 4.6 Effets au niveau des districts sur l'emploi dans les districts aurifères du Mali et de la Tanzanie

Type d'emploi	(1) Emploi agricole (hommes)	(2) Emploi agricole (femmes)	(3) Emploi dans les services (hommes)	(4) Emploi dans les services (femmes)	(5) Emploi minier (hommes)	(6) Emploi minier (femmes)
Panneau a – districts miniers au Mali						
District comptant une mine active	−0,12	−0,35	0,02	−0,01	0,097***	0,023**
	(0,342)	(0,035)	(0,454)	(0,552)	(0,000)	(0,002)
R^2	0,10	0,02	0,12	0,01	0,14	0,05
Observations	514	514	514	514	514	514
Panneau b – districts miniers en Tanzanie						
District comptant une mine active	−0,08	−0,11	−0,0003	−0,006		
	(0,5456)	(0,4428)	(0,9875)	(0,7083)		
R^2	0,02	0,133	0,01	0,012		
Observations	206	206	206	206		

Source : Estimation des auteurs sur la base des données des enquêtes.
Note : Les écarts-types sont spécifiés entre parenthèses. L'unité d'observation est le district. Les districts miniers sont ceux comptant au moins une mine d'or active. Les effets fixes année et les conditions initiales dans les districts miniers sont contrôlés dans la régression. Aucune information n'est disponible sur l'emploi dans les mines en Tanzanie.
***$p < 0,01$, **$p < 0,05$, *$p < 0,1$.

méthode des contrôles synthétiques. Si les conclusions ne font pas état d'impacts positifs importants des mines sur les taux globaux d'emploi des hommes et des femmes dans les districts miniers par rapport aux districts non miniers, il existe des éléments tendant à prouver qu'il y a eu des changements significatifs dans la composition de l'emploi. Par exemple, au Mali les taux d'emploi des hommes et des femmes travaillant dans le secteur manufacturier ont augmenté tandis que l'emploi agricole des femmes a considérablement diminué (tableau 4A.2 de l'annexe). En revanche, en Tanzanie, il n'y a pas de différences significatives entre les districts miniers et non miniers sur les évolutions générales de l'emploi à la fois concernant les hommes et les femmes (tableau 4A.3 de l'annexe). Dans l'ensemble, ces résultats à l'échelle des districts sont conformes aux conclusions formées en utilisant les estimations à l'échelle individuelle qui ont été rapportées dans la section précédente.

Une transformation structurelle locale a-t-elle lieu ?

Il convient de rappeler que les économies d'agglomération – c'est-à-dire les gains de productivité qui sont générés avec le regroupement d'activités économiques autour des mines – constituent l'un des mécanismes à travers lequel l'exploitation minière peut avoir des impacts importants. Le premier signe d'un tel changement serait le mouvement d'éloignement de la main-d'œuvre et d'autres facteurs de production des secteurs traditionnels vers de nouveaux secteurs. Dans nos cas pays, cela signifie qu'il y aurait un changement dans la structure de l'économie locale, basculant d'une économie dominée par une agriculture traditionnelle caractérisée une faible utilisation d'intrants et un faible ratio de capital par travailleur vers une économie plus équilibrée. Se pose donc la question de savoir si les résultats sur l'emploi et l'occupation professionnelle nous conduisent à penser que l'extraction de l'or dans ces pays a contribué à faire basculer des travailleurs de l'agriculture vers d'autres secteurs à plus forte productivité, avec des salaires plus élevés et présentant de meilleures opportunités de croissance économique. En d'autres termes, y a-t-il des signes d'une transformation structurelle locale ?

Les résultats empiriques à ce jour montrent que dans certains pays, les femmes passent d'un emploi agricole à un emploi tertiaire à proximité des mines. Il y a également une augmentation de l'emploi minier pour les hommes. Le basculement vers l'emploi minier ou les services se fait au détriment de l'agriculture vivrière, laquelle constituait l'occupation dominante avec le démarrage des mines. Les statistiques synthétiques montrent que la participation dans le secteur agricole est comprise entre 33 et 70 % dans les communautés minières au début de notre période (tableau 4.3) pour les hommes et les femmes. Après le démarrage de l'exploitation minière, les taux de participation des hommes et des femmes chutent fortement au Ghana et au Mali. Il est possible que ce soit le fait de facteurs d'attraction, la plus forte productivité et les salaires plus élevés du secteur minier encourageant les membres des communautés à changer d'occupation professionnelle. Une hypothèse alternative est considérée par Aragón et Rud (2013b), lesquels montrent que la pollution minière diminue la productivité agricole autour des mines d'or au Ghana. Cet effet pourrait être renforcé par l'intensité des besoins en terre de l'exploitation minière, ce qui augmente la concurrence pour des ressources en terre limitées et conduit à une diminution de la disponibilité en terres arables si les mines sont situées dans l'arrière-pays agricole.

Les augmentations de l'emploi tertiaire et de l'emploi d'autres secteurs peuvent être comprises comme résultant de « multiplicateurs locaux » (Moretti, 2010) : pour chaque emploi créé directement dans le secteur minier, des emplois additionnels sont créés dans le secteur des biens échangeables ou non échangeables. L'importance du multiplicateur dépendra de l'emploi minier total, des salaires des mineurs et de leurs habitudes de consommation, ainsi que de la manière dont les sociétés minières s'approvisionnent en intrants tels que la nourriture, l'électricité et les logements pour les travailleurs. Les sociétés minières peuvent chercher à booster le multiplicateur en s'assurant par exemple de s'approvisionner auprès de fournisseurs locaux. En outre, il y existe des multiplicateurs fiscaux locaux : une mine peut donner lieu à des contributions fiscales locales qui peuvent contribuer à stimuler l'économie locale lorsque ces recettes sont dépensées par l'administration locale. Malheureusement, il n'y a pas assez de données pour pouvoir calculer la valeur de ces multiplicateurs, mais les résultats étayent cette hypothèse.

Les données du *Ghana Living Standards Survey* montrent que les femmes ne bénéficient pas autant d'emplois directs dans le secteur minier, ce qui fait ressortir le fait que le changement structurel qui a lieu du fait des mines est sexospécifique. Il y a précédemment été établi que la ségrégation hommes-femmes sur le marché du travail jouait un rôle important dans la détermination de la manière dont les industries extractives génèrent de l'emploi pour les hommes et les femmes. Cet argument a été d'abord avancé par Ross (2008) au sujet de l'industrie pétrolière et l'hypothèse a été par la suite testée dans le cadre de l'exploitation minière en Afrique en mettant à contribution des microdonnées (Kotsadam et Tolonen, 2015).

Revenus, salaires et dépenses dans les communautés minières du Ghana

Le basculement vers des activités salariées ou non agricoles constitue un signe de transformation structurelle. Les résultats obtenus jusqu'ici montrent qu'il existe des signes d'une telle transformation dans les communautés locales situées autour des mines dans les trois pays étudiés. Existe-t-il des preuves analogues pour les salaires ? Les enquêtes sur les ménages disponibles, mentionnées précédemment, présentent deux inconvénients pour comprendre les salaires et l'exploitation minière : ils ne sont pas géocodés, ce qui fait que les travailleurs ne peuvent donc pas être rapportés à une mine donnée, et la plupart des travailleurs ne sont pas associés à des données sur les salaires. Le Ghana fait figure d'exception étant donné que le *Ghana Living Standards Survey* présente les coordonnées géographiques des ménages sondés. Cela permet de cartographier les évolutions des salaires, des revenus et des dépenses dans les communautés minières. L'analyse montre que dans les communautés minières, le total des salaires du ménage augmente, tout comme le font les salaires des femmes (tableau 4.7). Les salaires des hommes augmentent également, mais cette augmentation n'est pas estimée de façon précise. En général, les salaires des hommes sont plus élevés donc, malgré une augmentation plus forte des salaires des femmes, ces estimations n'indiquent pas que les salaires des femmes sont plus élevés que ceux des hommes. Si les salaires totaux perçus par les ménages augmentent, il y a une baisse des dépenses des ménages (tableau 4.7, colonne 4). Il faut noter que les revenus salariaux ne sont enregistrés que pour les salariés, soit seulement 13,3 % des personnes sondées dans

Tableau 4.7 Évolutions des revenus, des salaires et des dépenses au Ghana

	(1) log (revenus totaux)	(2) log (revenus des hommes)	(3) log (revenus des femmes)	(4) log (dépenses par habitant)	(5) Dépenses totales des ménages
Mine*active	0,520**	0,391	0,694***	−0,178*	−0,126
	(0,226)	(0,238)	(0,241)	(0,093)	(0,089)
Contrôles					
Individu	oui	oui	oui	non	non
Chef de famille	non	non	non	oui	oui
Taille du ménage	non	non	non	non	oui
Effets fixes district	oui	oui	oui	oui	oui
Effets fixes année	oui	oui	oui	oui	oui
Déflaté	non	non	non	oui	oui
Moyenne (exprimée en logarithme)	15,30	15,31	15,29	13,04	14,19

Source : Estimation des auteurs sur la base des données issues des *Ghana Living Standards Surveys.*
Notes : (1) Salaires et traitements annuels pour les individus de tous âges (non déflatés) ; (2) salaires et traitements annuels pour les femmes de tous âges (non déflatés) ; (3) salaires et traitements annuels pour les hommes de tous âges (non déflatés) ; (4) dépenses alimentaires et non alimentaires réelles par habitant par an (déflatées régionalement) ; (5) dépenses totales des ménages par an, ajustées par région (en devise locale). Toutes les régressions tiennent compte des effets fixes année et district, de la variable indicatrice citadin/non citadin, de l'âge et du nombre d'années d'études. Mine*active définit la proximité à une mine active. Les écarts-types sont indiqués entre parenthèses.
*** *p* < 0,01, ** *p* < 0,05, * *p* < 0,1.

l'échantillon du *Ghana Living Standards Survey*. S'il y a une augmentation des taux de rémunération pour les personnes ayant une activité salariée, on ne sait donc pas exactement comment évoluent les revenus totaux des ménages sans revenus salariés.

Les conclusions relatives aux évolutions des dépenses au Ghana sont présentées dans le tableau 4.8. Les données montrent que les prix alimentaires régionaux sont plus élevés dans les zones minières (colonne 1), ce qui est semblable aux conclusions tirées au Pérou (Aragón et Rud, 2013a). Mais, contrairement à l'étude péruvienne, les dépenses alimentaires régionalement déflatées n'augmentent pas (colonne 2), ni d'ailleurs la part de l'alimentaire dans les dépenses

Tableau 4.8 Utilisation des enquêtes sur le niveau de vie au Ghana pour cartographier les évolutions de la composition des dépenses

	(1)	(2)	(3)	(4)	(5)
	Indice des prix des produits alimentaires	Dépenses alimentaires	Éducation et santé	Logement	Gaz et électricité
Panneau A – dépenses du ménage					
Mine*active	0,035***	−0,069	−0,168	0,316**	0,297**
	(0,012)	(0,095)	(0,199)	(0,139)	(0,119)
Moyenne (exprimée en logarithme)	—	13,42	10,88	10,74	9,52
Observations	7 557	7 396	6 541	7 420	4 752
R^2	0,582	0,963	0,837	0,933	0,950
Déflaté	—	oui	non	non	non
	(6)	(7)	(8)	(9)	(10)
	Part de l'alimentation	Part de l'alimentation	Part de l'éducation et de la santé	Part du logement	Part du gaz et de l'électricité
Mine*active	−0,017	−0,022	−0,097	0,404***	0,267**
	(0,054)	(0,053)	(0,186)	(0,121)	(0,129)
Moyenne (exprimée en logarithme)					
Observations	7 396	7 396	6 541	7 420	4 752
R^2	0,196	0,245	0,145	0,225	0,171
Dépenses par habitant	non	oui	non	non	non
Déflaté	oui	oui	non	non	non

Source : Estimation des auteurs sur la base des données des enquêtes.
Note : Toutes les variables de dépenses et de part de l'alimentation sont exprimées de manière logarithmique. Toutes les régressions tiennent compte du chef de famille, de la taille du ménage, des effets fixes district et des effets fixes année. Les chiffres entre parenthèses correspondent aux écarts-types estimés. Mine*active définit la proximité à une mine active. — = non disponible.
*** $p < 0,01$, ** $p < 0,05$.

ménagères totales (colonnes 6 ou 7). Toutefois, les dépenses totales pour le logement des ménages augmentent de 31,6 % avec le début de l'exploitation minière, toutes choses étant égales par ailleurs (colonne 4, prix non déflatés régionalement), ainsi que parallèlement la part de cette composante dans les dépenses totales. Il en va de même pour les dépenses liées à l'énergie, tels que le gaz et l'électricité, lesquelles augmentent de 29,7 % avec le démarrage de l'exploitation minière, toutes choses étant égales par ailleurs. Cela pourrait être dû à une augmentation de l'électrification qui est observée dans les données des enquêtes démographiques et de santé (les résultats sont présentés plus loin dans ce chapitre).

Des analyses semblables au Mali et en Tanzanie qui utilisent des analyses au niveau des districts pour comparer districts miniers et districts témoins au moyen de la méthode des contrôles synthétiques font état d'une augmentation dans les disparités de revenus dans les districts miniers et limitrophes par rapport aux districts témoins au Mali tandis que c'est le contraire qui se passe en Tanzanie (tableaux 4.9. et 4.10). En Tanzanie, les dépenses réelles moyennes par personne diminuent lorsque les districts miniers et limitrophes sont considérés dans une même unité de traitement dans l'analyse par la méthode des doubles différences ; toutefois la baisse ne s'avère significative pour les districts miniers qu'avec l'analyse par les contrôles synthétiques.

Tableau 4.9 Résultats en termes de richesse pour les variables de l'analyse par les contrôles synthétiques dans le cas de la Tanzanie

Type de district	Districts miniers	Groupe de contrôle synthétique – districts miniers	Districts limitrophes	Groupe de contrôle synthétique – districts limitrophes	Groupe de contrôle
Dépenses réelles par habitant					
1988	4 867,5	4 868,3	5 062,9	5 052,7	4 747,1
2002	2 231,4	3 058,6	2 201,6	3 172,2	2 982,7
Indice Gini					
1988	0,329	0,328	0,332	0,331	0,344
2002	0,371	0,362	0,323	0,362	0,364
Part des revenus des 40 % aux revenus les plus bas					
1988	0,189	0,188	0,198	0,198	0,184
2002	0,154	0,161	0,153	0,161	0,162
Part des revenus des 5 % aux revenus les plus élevés					
1988	0,178	0,178	0,184	0,182	0,182
2002	0,202	0,199	0,186	0,198	0,199

Source : Estimation des auteurs sur la base des données des enquêtes.
Note : Les résultats constatés des districts miniers correspondent aux résultats moyens des districts miniers. Dans les cas des districts limitrophes, c'est le résultat moyen des districts limitrophes qui est retenu. Le groupe de contrôle représente le résultat moyen de l'ensemble des districts à l'exclusion des districts miniers et limitrophes.

Tableau 4.10 Résultats en matière de richesse pour les variables de l'analyse par les contrôles synthétiques dans le cas du Mali

Type de district	Districts miniers	Groupe de contrôle synthétique – districts miniers	Districts limitrophes	Groupe de contrôle synthétique – districts limitrophes	Groupe de contrôle
Dépenses réelles par habitant					
1987	174 626	165 184	154 242	151 096	137 099
1998	133 798	137 750	121 767	125 681	122 919
2009	142 779	115 028	120 288	117 702	115 153
Gini					
1987	0,319	0,327	0,276	0,277	0,288
1998	0,382	0,371	0,333	0,333	0,348
2009	0,366	0,313	0,300	0,287	0,285
Part des revenus des 40 % aux revenus les plus bas					
1987	0,218	0,208	0,231	0,229	0,205
1998	0,184	0,195	0,205	0,208	0,185
2009	0,194	0,223	0,219	0,233	0,229
Part des revenus des 5 % aux revenus les plus élevés					
1987	0,182	0,173	0,147	0,150	0,149
1998	0,207	0,208	0,175	0,172	0,176
2009	0,201	0,176	0,164	0,161	0,156

Source : Estimation des auteurs sur la base des données des enquêtes.
Note : Les résultats constatés des districts miniers correspondent aux résultats moyens des districts miniers. Dans les cas des districts limitrophes, c'est le résultat moyen des districts limitrophes qui est retenu. Le groupe de contrôle représente le résultat moyen de l'ensemble des districts à l'exclusion des districts miniers et limitrophes.

Le taux d'équipement des ménages

Comment l'ouverture d'une mine à proximité d'une communauté impacte-t-elle la probabilité que les ménages soient équipés de biens tels qu'un logement doté d'un plancher béton, un poste de radio ou encore une voiture ? Les résultats de la régression utilisant la spécification de référence du tableau 4.11 montrent qu'au Mali, les ménages (proches des mines) sont 30 points plus susceptibles d'avoir un logement dont le plancher ne soit pas de sable ou de terre battue (béton, carrelage, bois, etc.). Les ménages maliens ont aussi une probabilité supérieure de 5 points de posséder une voiture (mais de 11 points inférieure de posséder une bicyclette, avec un degré de confiance de 90 %). Au Ghana, les ménages proches des mines ont une probabilité supérieure de 14 points de posséder un poste de radio. Le tableau 4.12 décompose les effets en fonction du statut migratoire des femmes interrogées. La propriété d'un poste de radio augmente à la fois pour les femmes migrantes et non-migrantes au Ghana, mais au Mali, il semblerait que les effets positifs sur les

Tableau 4.11 Équipement des ménages au Ghana, au Mali et en Tanzanie

	(1)	(2)	(3)	(4)
	Plancher (béton)	Bicyclette	Voiture	Poste de radio
Ghana				
Mine*active	−0,000	0,036	0,010	0,137***
	(0,044)	(0,026)	(0,011)	(0,038)
Observations	14 099	14 114	14 112	14 102
R^2	0,235	0,280	0,093	0,146
Mali				
Mine*active	0,299***	−0,113*	0,049**	0,003
	(0,091)	(0,068)	(0,023)	(0,081)
Observations	6 861	6 884	6 847	6 881
R^2	0,311	0,204	0,087	0,049
Tanzanie				
Mine*active	0,048	0,011	−0,003	0,024
	(0,054)	(0,107)	(0,007)	(0,049)
Observations	6 942	6 945	6 938	6 942
R^2	0,363	0,175	0,082	0,054

Source : Estimations des auteurs sur la base des données des enquêtes.
Note : Les coefficients indiqués sont les coefficients de la variable d'interaction de proximité à une mine active lors de l'année du relevé. Parmi les coefficients non indiqués, l'on dénombre notamment les coefficients de la variable indicatrice de traitement, des variables indicatrices annuelles et des variables de contrôle. Les écarts-types sont indiqués entre parenthèses. Les termes d'erreur sont agrégés au niveau du groupe échantillon. Voir tableau 4A.1 dans l'annexe pour les définitions des variables. L'ensemble des variables de résultat sont des variables indicatrices qui prennent soit la valeur 1 soit la valeur 0. *Plancher (béton)* révèle si le logement a un plancher qui n'est pas constitué de sable ou de terre battue (béton, carrelage, bois, etc.) ; *bicyclette, voiture* et *poste de radio* indiquent si le ménage possède ces différents biens d'équipement.
***p < 0,01 ; **p < 0,05 ; *p < 0,1.

Tableau 4.12 Équipement des ménages en fonction du statut migratoire au Ghana, au Mali et en Tanzanie

	(1)	(2)	(3)	(4)
	Plancher (béton)	Bicyclette	Voiture	Radio
Ghana : migrants				
Mine*active	−0,045	0,067**	0,010	0,113***
	(0,046)	(0,029)	(0,013)	(0,042)
Ghana : non-migrants				
Mine*active	0,055	0,001	0,022	0,212***
	(0,058)	(0,035)	(0,015)	(0,057)
Mali : migrants				
Mine*active	0,449***	-0,147*	0,062**	0,132***
	(0,107)	(0,087)	(0,026)	(0,050)

(suite page suivante)

Tableau 4.12 (suite)

	(1)	(2)	(3)	(4)
	Plancher (béton)	Bicyclette	Voiture	Radio
Mali : non-migrants				
Mine*active	0,116	−0,053	0,038	−0,141
	(0,075)	(0,101)	(0,030)	(0,121)
Tanzanie : migrants				
Mine*active	−0,099	0,076	0,001	−0,082
	(0,088)	(0,193)	(0,012)	(0,083)
Tanzanie : non-migrants	−0,184	−0,191*	0,005	0,248**
Mine*active	(0,111)	(0,103)	(0,008)	(0,095)

Source : Estimations des auteurs sur la base des données des enquêtes.
Note : Les coefficients indiqués sont les coefficients de la variable d'interaction de proximité à une mine active lors de l'année du relevé. Parmi les coefficients non indiqués, l'on dénombre notamment les coefficients de la variable indicatrice de traitement, des variables indicatrices annuelles et des variables de contrôle. Les écarts-types sont indiqués entre parenthèses. Les termes d'erreur sont agrégés au niveau du groupe échantillon. Voir le tableau 4A.1 de l'annexe pour les définitions des variables. L'ensemble des variables de résultat sont des variables indicatrices qui prennent soit la valeur 1 soit la valeur 0. *Plancher (béton)* révèle si le logement a un plancher qui n'est pas constitué de sable ou de terre battue (béton, carrelage, bois, etc.) ; *bicyclette, voiture* et *poste de radio* indiquent si le ménage possède ces biens d'équipement. Les migrantes sont des femmes qui ont déménagé à un moment de leur vie tandis que les non-migrantes n'ont jamais déménagé dans leur vie.
***p < 0,01, **p < 0,05, *p < 0,1.

équipements du ménage sont portés par les ménages de migrants. En Tanzanie, nous n'avons pas trouvé de changements significatifs dans les biens d'équipement du tableau 4.11, mais nous apprenons de la décomposition qu'il y a en fait eu une augmentation du taux de possession d'un poste de radio au sein des ménages non-migrants. Ces effets sont également illustrés par les figures 4.6 et 4.7.

La santé des enfants

L'exploitation aurifère à grande échelle peut affecter la santé des enfants de différentes manières. Elle peut avoir un impact sur les revenus des ménages, les salaires plus élevés permettant aux ménages d'acheter une alimentation de meilleure qualité ou en plus grande quantité. Elle peut également avoir une incidence sur la santé des enfants en changeant l'environnement dans lequel les enfants évoluent et notamment améliorer la santé des enfants en leur offrant un environnement moins propice aux maladies en rendant possible l'achat par les ménages de logements de meilleure qualité et bénéficiant d'installations sanitaires correctes et d'eau propre. Des salaires plus élevés peuvent aussi permettre aux familles de payer de meilleurs soins de santé. Toutefois, si l'exploitation minière à grande échelle impacte négativement l'agriculture locale, elle avoir

Figure 4.6 Modèle de décalage spatial illustrant la distribution géographique des effets sur la possession de postes radio

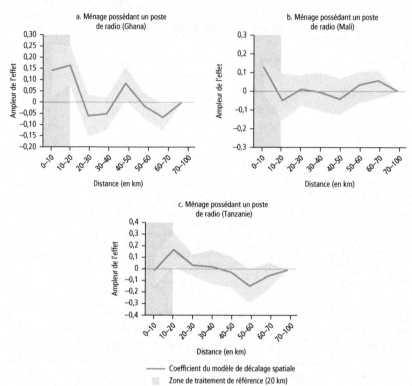

Source : Estimation des auteurs sur la base des données d'enquête.
Note : Les zones ombrées le long des courbes représentent l'intervalle de confiance à 95 %.

pour effet d'accroître l'insécurité alimentaire parmi les ménages établis à proximité et si cela conduit à la dégradation et à la pollution de l'environnement qui sont nocives pour la santé humaine, les effets sur la santé des enfants pourront s'avérer négatifs. La manière dont la présence d'une mine impacte la santé des enfants reste donc ambiguë sur le plan théorique.

La littérature existante fournit cependant quelques pistes. En utilisant un ensemble de données sur neuf pays africains et soixante mines d'or, Tolonen (2015) montre que la mortalité infantile diminue fortement dans les communautés aurifères d'Afrique au démarrage des mines à grande échelle. Elle avance l'idée que c'est l'évolution des revenus qui explique ces progrès. Une autre étude économétrique, menée par Goltz et Barnwal (2014), s'est intéressée à différents types de mines de minéraux dans des pays développés et a déterminé que les

Figure 4.7 Modèle de décalage spatial illustrant la distribution géographique des effets sur la possession de postes radio pour les migrants et les non-migrants

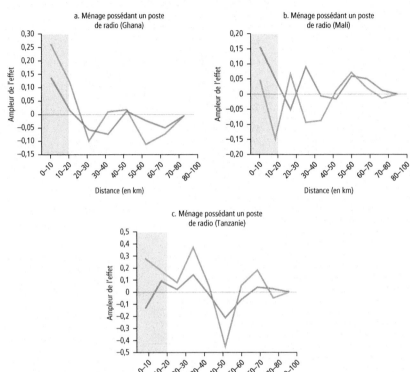

Source : Estimation des auteurs sur la base des données d'enquête.
Note : Les zones ombrées représentent l'intervalle de confiance à 95 %.

mines associées à de la pollution au plomb conduit à des taux d'anémie plus élevés chez les femmes et à des taux de retards de croissance plus importants chez les enfants à très grande proximité des grandes mines (< 5 km).

Les statistiques synthétiques montrent des tendances mixtes sur tout un ensemble de résultats en matière de santé de l'enfant (de moins de 5 ans) entre zones minières et non minières (figure 4.8). À quelques exceptions près, la tendance générale est à une moindre incidence de maladies : les prévalences de toux et de fièvre diminuent tandis qu'il y a des tendances mixtes pour ce qui est de la prévalence de diarrhée.

Figure 4.8 Statistiques synthétiques de la santé des enfants au Ghana, au Mali et en Tanzanie

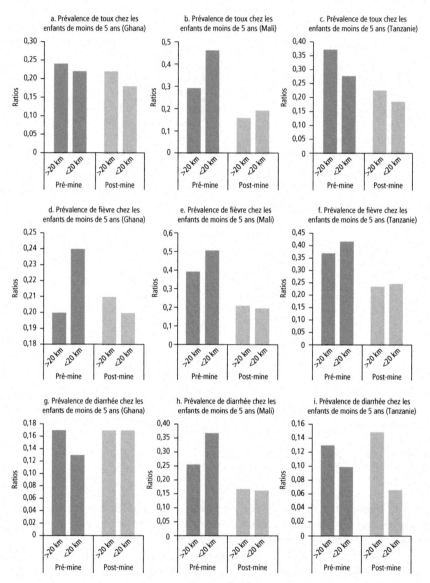

Source : Estimation des auteurs sur la base de données des enquêtes.

L'analyse empirique établit l'existence d'effets positifs sur l'accès aux soins de santé et les résultats en termes de santé au Mali (tableau 4.13). Les femmes enceintes reçoivent beaucoup plus de consultations prénatales. La mortalité infantile diminue de 5,3 points (bien que cela ne soit pas une estimation statistiquement significative) et les retards de croissance de 27 points, ce qui revient à

Tableau 4.13 Résultats en matière de santé chez les enfants de moins de 5 ans dans la zone de traitement

Pays	(1) Ghana	(2) Mali	(3) Tanzanie
Distance de traitement	**20 km**	**20 km**	**20 km**
Résultats chez les enfants en bas âge			
Soins prénataux	−0,151	0,398***	0,007
	(0,331)	(0,086)	(0,018)
Mortalité infantile	−0,041*	−0,053	0,027
	(0,022)	(0,035)	(0,017)
Paramètres anthropométriques (enfants de moins de 5 ans)			
En retard de croissance	0,148	−0,274***	0,123*
	(0,120)	(0,066)	(0,067)
Émacié	0,095	−0,063	0,004
	(0,119)	(0,056)	(0,022)
En insuffisance pondérale	0,065*	−0,160***	0,113***
	(0,037)	(0,06)	(0,032)
Résultats en matière de santé dans les 2 semaines précédentes (enfants de moins de 5 ans)			
Toux (au cours des 2 dernières semaines)	−0,061*	−0,195*	0,103
	(0,033)	(0,104)	(0,075)
Fièvre (au cours des 2 dernières semaines)	−0,035	−0,154	0,074
	(0,037)	(0,102)	(0,074)
Diarrhée (au cours des 2 dernières semaines)	0,042	−0,164**	−0,002
	(0,027)	(0,065)	(0,023)
Accès du ménage à des sanitaires			
Toilettes à chasse d'eau	−0,008	−0,001	−0,014
	(0,022)	(0,012)	(0,035)
Latrines à fosse	0,046	0,177	−0,170
	(0,038)	(0,187)	(0,107)
Pas de toilettes	−0,038	−0,176	0,184*
	(0,033)	(0,186)	(0,111)

Source : Estimations des auteurs sur la base des données des enquêtes.
Note : Les coefficients indiqués sont les coefficients de la variable d'interaction de proximité à une mine active lors de l'année du relevé. Parmi les coefficients non indiqués, l'on dénombre notamment les coefficients de la variable indicatrice de traitement, des variables indicatrices annuelles et des variables de contrôle. Les écarts-types sont indiqués entre parenthèses. Les termes d'erreur sont agrégés au niveau du groupe échantillon. Voir le tableau 4A.1 de l'annexe pour les définitions des variables.
*p < 0,1, **p < 0,05, ***p < 0,01.

une diminution de 45 % dans la prévalence par rapport au taux moyen de retards de croissance d'avant l'ouverture d'une mine. Les retards de croissance constituent un indicateur de malnutrition chronique, laquelle impacte les profils de croissance des enfants et les rend petits pour leur âge. L'émaciation est quant à elle un indicateur de malnutrition aiguë. L'émaciation est une pathologie potentiellement mortelle si l'enfant perd rapidement du poids et devient sévèrement malnutri. Dans le cas du Mali, l'effet estimé est négatif mais non significatif pour ce qui est de l'émaciation, mais négatif et significatif pour l'insuffisance pondérale, qui est un indicateur composé de malnutrition aiguë et chronique.

Au Mali, les résultats montrent aussi que les prévalences de toux, de fièvre et de maladies diarrhéiques diminuent, bien que de manière tout juste statistiquement significative. La chute significative de l'incidence de maladies diarrhéiques chez les enfants dans les communautés minières du Mali constitue une évolution positive étant donné que la diarrhée reste une menace grave sur les enfants dans les pays en développement bien qu'il s'agisse d'une pathologie facile à prévenir et à guérir. L'accès à une eau potable et à des installations sanitaires constitue des moyens importants pour combattre les maladies diarrhéiques et il s'agit peut-être là d'une des façons dont les mines diminuent l'incidence de diarrhée au Mali. Le tableau 4.13 montre que les ménages au Mali sont 6,5 points moins susceptibles de passer plus de dix minutes pour chercher de l'eau (chiffre non statistiquement significatif), quoiqu'il n'y ait pas d'indication quant à la qualité de cette eau. Certaines données (encadré 4.2) donnent à penser que l'accès à des sanitaires privés, ce qui peut s'avérer important pour limiter la propagation de maladies diarrhéiques, ainsi qu'à des toilettes à chasse d'eau augmentent dans les communautés minières (bien que de façon non statistiquement significative).

Contrairement au Mali, les éléments de preuve quant aux effets sur la santé des enfants de l'ouverture de mines au Ghana et en Tanzanie sont ambigus. La probabilité qu'un enfant ait un retard de croissance augmente de 12,3 points en Tanzanie, et celle qu'un enfant ait une insuffisance pondérale augmente à la fois dans les communautés minières du Ghana et de la Tanzanie. La mine a toutefois des effets positifs. De manière importante, la mortalité infantile diminue au Ghana et il y a également une diminution marginalement significative dans la prévalence de toux. L'effet de la mine sur l'incidence de diarrhée au Ghana est positif mais non statistiquement significatif. En désagrégeant cet effet par groupe, l'on montre qu'au Ghana les migrants ont des taux de diarrhée plus élevés et que les personnes n'ayant jamais déménagé ont des taux plus faibles.

L'analyse à l'échelle des districts confirme certaines de ces conclusions en matière de santé des enfants. Le tableau 4.14 montre cinq mesures de l'accès aux soins de santé pour les enfants. Au Ghana, les mères des districts non aurifères bénéficient de 0,759 visite prénatale par enfant et ont une probabilité supérieure de 12,5 points d'être par une sage-femme qualifiée. De plus, la mortalité infantile est plus basse de 8,5 points dans les communautés ayant une mine active.

L'effet d'une ouverture de mine sur l'accès aux sanitaires des ménages au Mali

L'ouverture d'une mine ne change pas significativement l'accès aux sanitaires et il n'y a pas de basculement significatif entre l'absence de toilettes, l'équipement avec une latrine à fosse et l'équipement avec des toilettes à chasse d'eau[a]. En Tanzanie, il y a une augmentation tout juste significative dans la probabilité que les ménages n'aient pas de sanitaires. Au Mali, les résultats indiquent qu'il y a un basculement de probabilité de l'absence de toilettes (avec une diminution de 17,6 points) à la présence de latrines à fosse (avec une augmentation de 17,7 points), en notant cependant que ces effets ne sont pas statistiquement significatifs.

Pour comprendre l'effet de l'ouverture d'une mine sur l'accès aux sanitaires des ménages, nous explorons la question de savoir si les ménages sont d'autant plus sus-ceptibles ou non d'avoir un accès à des sanitaires partagés ou à des latrines à fosse qu'ils sont proches d'une mine active. La figure B4.2.1 montre que la probabilité qu'un ménage partage ses sanitaires avec un autre ménage (panneau a) diminue à proximité de mines actives et que la probabilité qu'un ménage ait des toilettes à chasse d'eau (panneau b) augmente, même si ces résultats ne sont pas statistiquement significatifs, ce qui est indiqué par les intervalles de confiance à 95 % (ombrés). La figure B4.2.2 montre qu'il n'y a pas de changement net dans l'accès à des sanitaires des ménages où la femme n'est pas une migrante. Toutefois, pour la population migrante, il semble que les migrants qui vivent très près de la mine (à moins de 10 km) ont de meilleurs

Figure B4.2.1 Modèle de décalage spatiale illustrant l'accès aux sanitaires des ménages au Mali

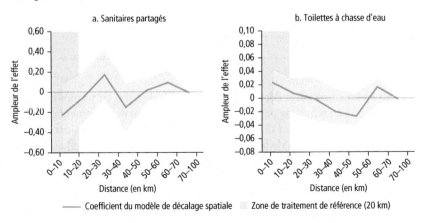

Source : Estimation des auteurs sur la base des données d'enquête.
Note : Les zones ombrées représentent l'intervalle de confiance à 95 %.

(suite page suivante)

Encadré 4.2 (suite)

Figure B4.2.2 **Modèle de décalage spatiale illustrant l'absence de toilettes ou la présence de latrines à fosse parmi les migrants et les non-migrants au Mali**

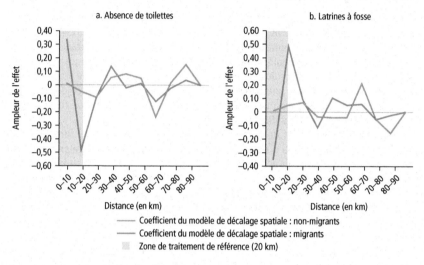

Source : Estimation des auteurs sur la base des données d'enquête.
Note : Les zones ombrées représentent l'intervalle de confiance à 95 %.

sanitaires que les migrants vivant un peu plus loin. Il convient de noter qu'aucun intervalle de confiance n'est présenté ici, et que ces effets ne sont pas significativement estimés.

a. La décomposition de ces effets par statut migratoire ne montre pas de différences significatives entre migrants et non-migrants (personnes n'ayant jamais déménagé).

Aucun changement n'est décelable au niveau des districts en termes d'accès à l'eau (mesuré en temps de parcours) et d'électrification des logements.

L'analyse au niveau des districts (qui compare les districts miniers aux districts témoins au moyen de la méthode des contrôles synthétiques) au Mali et en Tanzanie indique quelques résultats positifs (tableaux 4.15 et 4.16). Par exemple, les résultats font état d'améliorations dans le statut nutritionnel des enfants dans les districts miniers et limitrophes par rapport aux districts témoins.

Les maladies diarrhéiques comptent parmi les plus meurtrières pour les jeunes enfants dans les pays en développement, et ce malgré l'existence de

Tableau 4.14 Effets au niveau des districts de l'accès à des services de santé pour les enfants des districts miniers du Ghana

	(1)	(2)	(3)	(4)	(5)
	Visites prénatales	Soins prénataux : médecin	Soins prénataux : sage-femme	Carte nationale de santé	Mortalité infantile
Panneau a – districts miniers					
District comptant une mine active	0,759***	0,055	0,125***	0,039	−0,085***
	(0,244)	(0,115)	(0,033)	(0,059)	(0,031)
Observations	9 245	9 462	9 462	11 047	9 270
R^2	0,242	0,160	0,154	1,161	0,138

Source : Estimation des auteurs sur la base des données des auteurs.
Note : Les écarts-types robustes sont regroupés au niveau des districts entre parenthèses. Toutes les régressions tiennent compte des effets fixes district et des effets fixes année, de la variable indicatrice citadin/non citadin, de l'âge de la mère et du nombre d'années d'études de la mère. Est indiquée comme « active », une mine active lors de l'année de naissance des enfants, hors cas de possession d'une carte nationale de santé, laquelle est un indicateur de l'accès à des soins de santé modernes.
***$p < 0,01$, **$p < 0,05$, *$p < 0,1$.

Tableau 4.15 Résultats en matière de santé pour les variables de l'analyse par les contrôles synthétiques dans le cas de la Tanzanie

	Districts miniers	Groupe de contrôle synthétique – districts miniers	Districts limitrophes	Groupe de contrôle synthétique – districts limitrophes	Groupe de contrôle
Ayant un retard de croissance					
1988	0,415	0,417	0,405	0,406	0,397
2002	0,465	0,512	0,428	0,51	0,509
Ayant un retard de croissance grave					
1988	0,316	0,316	0,305	0,305	0,279
2002	0,112	0,26	0,093	0,267	0,272
Émacié					
1988	0,231	0,229	0,21	0,208	0,209
2002	0,016	0,141	0,019	0,144	0,145
En insuffisance pondérale					
1988	0,328	0,326	0,315	0,315	0,292
2002	0,101	0,273	0,067	0,277	0,283

Source : Estimation des auteurs sur la base des données des enquêtes.
Note : Les résultats constatés des districts miniers correspondent aux résultats moyens des districts miniers. Dans les cas des districts limitrophes, c'est le résultat moyen des districts limitrophes qui est retenu. Le groupe de contrôle représente le résultat moyen de l'ensemble des districts à l'exclusion des districts miniers et limitrophes.

solutions simples et peu onéreuses, tels que les sels de réhydratation orale. Le résultat principal de la figure 4.9 indique que l'incidence de diarrhée parmi les enfants de moins de cinq ans a augmenté dans les communautés minières au Ghana. C'est surprenant étant donné qu'on pourrait s'attendre à ce que les

Tableau 4.16 Résultats en matière de santé pour les variables de l'analyse par les contrôles synthétiques dans le cas du Mali

	Districts miniers	Groupe de contrôle synthétique – districts miniers	Districts limitrophes	Groupe de contrôle synthétique – districts limitrophes	Groupe de contrôle
Ayant un retard de croissance					
1987	0,222	0,234	0,199	0,204	0,180
1998	0,396	0,385	0,390	0,384	0,328
2009	0,296	0,319	0,297	0,297	0,352
Ayant un retard de croissance important					
1987	0,156	0,123	0,116	0,119	0,042
1998	0,229	0,258	0,234	0,231	0,209
2009	0,028	0,068	0,035	0,038	0,060
Émacié					
1987	0,166	0,083	0,115	0,120	0,051
1998	0,165	0,248	0,166	0,162	0,192
2009	0,002	0,021	0,002	0,003	0,010
En insuffisance pondérale					
1987	0,209	0,169	0,177	0,177	0,142
1998	0,303	0,332	0,303	0,302	0,278
2009	0,056	0,114	0,065	0,072	0,110

Source : Estimation des auteurs sur la base des données des enquêtes.
Note : Les résultats constatés des districts miniers correspondent aux résultats moyens des districts miniers. Dans les cas des districts limitrophes, c'est le résultat moyen des districts limitrophes qui est retenu. Le groupe de contrôle représente le résultat moyen de l'ensemble des districts à l'exclusion des districts miniers et limitrophes.

développements industriels du type mines conduisent à des investissements d'infrastructure en matière d'eau et d'assainissement (et également d'électricité et de réseaux routiers) dans les communautés minières, accès amélioré qui est important pour prévenir les maladies diarrhéiques. Peut-être ce résultat dérive-t-il de la possibilité que ces développements industriels augmentent également le niveau de concurrence dans l'accès aux ressources disponibles, telles que l'eau propre, ou encore la pression démographique sur des ressources limitées du fait de migrations internes.

Les migrants constituent un groupe particulièrement vulnérable lorsqu'ils sont moins bien établis et vivent dans des logements plus précaires que le reste de la population. On constate alors une augmentation plus marquée de l'incidence de maladies diarrhéiques dans ce groupe (figure 4.9). Les maladies diarrhéiques augmentent significativement jusqu'à une distance de 30 km d'une mine chez les enfants nés d'une femme ayant migré par rapport à ceux nés d'une femme ayant migré mais vivant plus loin. Le coefficient de traitement le plus important concerne la distance de référence (20 km d'une mine), la mine étant alors associée à une augmentation de 6,9 points dans l'incidence de diarrhée.

Il est à noter que les enfants non-migrants ont moins de maladies diarrhéiques (résultat non statistiquement significatif). Dans les 10 premiers
kilomètres, l'effet est une baise de 9,1 points dans l'incidence. Cela montre
qu'au Ghana, la santé des enfants – telle que mesurée au moyen de l'incidence
diarrhéique – est très différente parmi les personnes ayant migré par rapport à
celles qui sont installées depuis plus longtemps. Les migrants vivant dans les
zones minières semblent particulièrement vulnérables. Étant donné que la raison de la migration n'est pas connue (il pourrait s'agir d'un déplacement ou
d'une réinstallation dû à la mine ou bien le ménage peut avoir déménagé pour
tirer parti d'une opportunité d'emploi ou de revenu offerte par la mine ou
encore pour une raison sans rapport avec la mine), il est difficile de tirer des
conclusions probantes quant à la raison pour laquelle cette population s'en sort
moins bien. La migration est abordée plus en détail plus loin dans ce chapitre.

Le tableau 4.17 montre que différences dans la santé des enfants entre
migrants et non-migrants sont les plus grandes au Ghana. Au Mali, il n'y a pas
d'effets significatifs des exploitations minières entre les deux groupes. Au
Ghana, il y a une diminution de la prévalence de toux au cours des deux
semaines précédant le sondage à la fois parmi les enfants nés de migrants et
ceux nés de non-migrants. Toutefois, comme déjà relevé, les enfants nés de
migrants au Ghana subissent une augmentation de l'incidence de diarrhée. Les
résultats pour la Tanzanie ne sont pas présentés parce que la taille des échantillons est trop petite lorsque l'on tient compte du statut migratoire.

Figure 4.9 Incidence de diarrhée chez les enfants de moins de 5 ans au Ghana en fonction
du statut migratoire

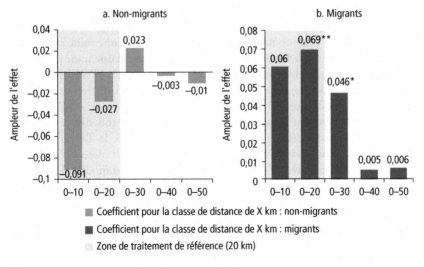

Source : Estimation des auteurs sur la base des données des enquêtes.
** $p < 0,05$, * $p < 0,1$.

Tableau 4.17 Santé des enfants des migrants et des non-migrants au Ghana et au Mali

	(1)	(2)	(3)	(4)	(5)	(6)
	Fièvre (au cours des 2 dernières semaines)		Toux (au cours des 2 dernières semaines)		Diarrhée (au cours des 2 dernières semaines)	
Pays	Ghana	Mali	Ghana	Mali	Ghana	Mali
Migrants						
Mine*active	0,034	−0,033	−0,081**	0,027	0,068*	−0,046
	(0,043)	(0,084)	(0,031)	(0,079)	(0,040)	(0,063)
Observations	4 723	3 075	4 633	3 076	4 672	3 077
R^2	0,043	0,064	0,066	0,061	0,043	0,050
Non-migrants						
Mine*active	−0,006	0,114	−0,118*	−0,083	−0,063	0,083
	(0,066)	(0,119)	(0,060)	(0,112)	(0,048)	(0,074)
Observations	2 451	2 547	2 405	2 545	2 420	2 546
R^2	0,073	0,075	0,093	0,082	0,059	0,065

Source : Estimation des auteurs sur la base des données des enquêtes.
Note : Les coefficients indiqués sont les coefficients de la variable d'interaction de proximité à une mine active lors de l'année du relevé. Parmi les coefficients qui ne sont pas indiqués, l'on dénombre notamment les coefficients de la variable indicatrice de traitement, de la variable indicatrice annuelle et des variables de contrôle, et notamment l'âge de l'enfant, l'âge de la mère et son niveau d'études, le mois de l'enquête et une variable indicatrice de zone urbaine. Aucun résultat n'est présenté pour la Tanzanie parce que la taille de l'échantillon est trop petite dès lors que l'on tient compte du statut migratoire. Les termes d'erreur sont agrégés au niveau du groupe de contrôle.
***$p < 0,01$, **$p < 0,05$, *$p < 0,1$.

L'accès aux infrastructures améliorant les conditions de vie

L'accès à des infrastructures de service adéquates participe à améliorer les conditions de vie des populations. En quoi l'ouverture d'une mine change-t-il la donne ? Le tableau 4.18 montre comment l'ouverture d'une mine près d'une communauté impacte la probabilité du ménage à avoir accès à l'électricité et des sanitaires privés. Les résultats de la régression utilisant la situation de référence décrite dans le tableau 4.18 montrent que les logements proches d'une mine sont généralement plus susceptibles d'avoir accès à des toilettes privées. Les résultats sont particulièrement prononcés dans le cas de la Tanzanie, où les ménages des communautés minières sont 24 points moins susceptibles de partager leurs sanitaires avec d'autres ménages. En passant au modèle de décalage spatial, la figure 4.17 montre que l'accès à l'électricité augmente au Mali mais qu'il n'y a pas d'effet discernable au Ghana ou en Tanzanie.

L'analyse ci-dessus vient en complément de la figure 4.11, laquelle montre les différences entre migrants et non-migrants au sein des mêmes communautés. L'analyse migratoire montre des différences dans l'accès aux infrastructures sur les différents pays étudiés : les migrants au Ghana s'en sortent apparemment

Tableau 4.18 Accès du ménage aux infrastructures de service au Ghana, au Mali et en Tanzanie

	(1)	(2)	(3)
	Électricité	Toilettes partagées	Eau > 10 minutes
Ghana			
Mine*active	−0,046	−0,050	−0,001
	(0,052)	(0,044)	(0,054)
Observations	14 112	6 059	11 552
R^2	0,494	0,127	0,162
Mali			
Mine*active	0,134	−0,046	−0,065
	(0,086)	(0,110)	(0,094)
Observations	6 876	4 230	6 009
R^2	0,169	0,064	0,173
Tanzanie			
Mine*active	0,007	−0,235***	0,048
	(0,033)	(0,070)	(0,070)
Observations	6 941	4 681	6 862
R^2	0,415	0,113	0,192

Source : Estimation des auteurs sur la base des enquêtes des ménages.
Note : Les coefficients indiqués sont les coefficients de la variable d'interaction de proximité à une mine active lors de l'année du relevé. Parmi les coefficients non indiqués, l'on dénombre notamment les coefficients de la variable indicatrice de traitement, des variables indicatrices annuelles et des variables de contrôle. Les écarts-types sont indiqués entre parenthèses. Les termes d'erreur sont agrégés au niveau du groupe échantillon. Voir le tableau 4A.1 pour les définitions des variables. L'ensemble des variables de résultat sont des variables indicatrices qui prennent soit la valeur 1 soit la valeur 0. *Toilettes partagées* indique si le ménage partage des sanitaires avec d'autres ménages plutôt que d'avoir des sanitaires privés ; *Eau > 10 minutes* indique s'il faut plus de dix minutes pour obtenir de l'eau potable à partir du domicile. *Mine*active* définit la proximité à une mine active.
*$p < 0,1$; **$p < 0,05$; ***$p < 0,01$.

moins bien que les personnes n'ayant jamais déménagé. Au Mali, la relation va dans l'autre sens : les migrants ont un meilleur accès à l'électricité. En Tanzanie, il n'y a pas de différence de taux d'accès entre les deux groupes.

Prise en compte de la migration induite par les mines

Jusqu'ici, le débat s'est concentré sur la manière dont l'exploitation minière impacte la composition de l'emploi local, les opportunités économiques des femmes, le taux d'équipement et les résultats de santé des enfants. L'hypothèse sous-jacente est que ces impacts ne s'appliquent qu'aux personnes qui ont vécu en périphérie de la mine avant que celle-ci ne soit exploitée. Toutefois, un tel résultat repose sur l'hypothèse qu'il n'y a pas de migration ou que s'il y en a, elle n'a pas eu d'influence sur les impacts estimés. Mais comme on le démontrera ci-dessous, cette première hypothèse ne tient pas. L'ouverture d'une mine dans

Figure 4.10 Modèle de décalage spatial illustrant la distribution géographique des effets de l'accès à l'électricité au Ghana, au Mali et en Tanzanie

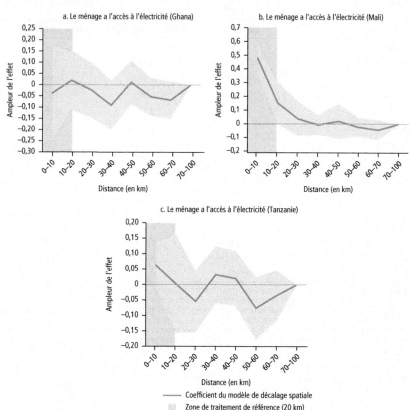

Source : Estimation des auteurs sur la base des données d'enquête.
Note : Les zones ombrées représentent l'intervalle de confiance à 95 %.

une zone donnée constitue en effet un puissant facteur d'attraction pour des travailleurs venant de près ou de loin à la recherche d'opportunités pour améliorer leurs revenus et leur situation d'emploi.

Qu'en est-il de la seconde possibilité ? Si les migrants et les populations locales ont exactement les mêmes caractéristiques, c'est-à-dire qu'elles sont identiques sur toutes les dimensions qui comptent pour réussir à tirer parti des opportunités offertes par la mine, alors les impacts estimés resteront valides. Si toutefois les personnes qui migrent vers la zone minière sont différentes des personnes qui vivaient dans la zone minière avant l'ouverture de la mine – par exemple en termes de compétences, d'aptitudes, de motivation ou encore d'état

Figure 4.11 **Modèle de décalage spatial illustrant l'accès à l'électricité pour les migrants et les non-migrants au Ghana, au Mali et en Tanzanie**

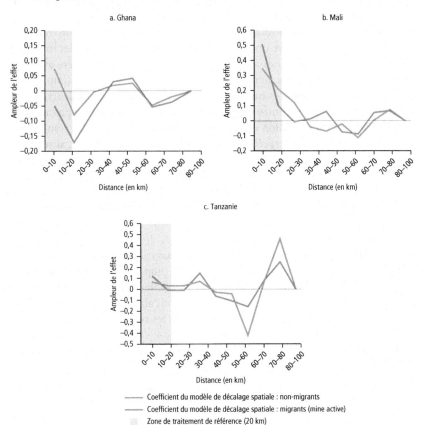

Source : Estimation des auteurs sur la base des données d'enquête.
Note : Les zones ombrées représentent l'intervalle de confiance à 95 %.

de santé –, il y aura alors un biais de sélection. Imaginez ainsi que des hommes qui sont plus intéressés et plus qualifiés pour les emplois miniers s'installent dans ces communautés et que des femmes qui ont une aptitude ou un intérêt particulier pour les services fassent de même. Les résultats présentés précédemment sur la composition des occupations professionnelles et les évolutions des opportunités d'emploi pour les femmes seront alors liés aux évolutions dans la composition de la population active dans les communautés minières et non pas dus à la seule mine.

Il faut noter que l'étude est ciblée sur le fait d'identifier l'impact des mines sur les populations locales ayant vécu sur place avant leur ouverture, ainsi que sur l'exploration des manières dont l'économie locale change même si la population change concomitamment. C'est pourquoi il est important et non trivial d'isoler le rôle de la migration sur les effets estimés. Étant donné que les données se présentent sous la forme de séries répétées de données transversales, l'analyse ne peut pas suivre un individu dans le temps. L'analyse des migrants compare donc des personnes ayant déménagé vers une zone minière avec des personnes n'ayant jamais déménagé. Dans ce sens, l'analyse compare les migrants des communautés minières avec les migrants vivant ailleurs. Toute différence qui est relevée entre ces groupes pourrait provenir d'un phénomène de sélection dans la migration vers les communautés minières et les résultats ne doivent donc pas être interprétés de manière causale. Par exemple, si seuls les ménages les plus pauvres et avec les enfants en plus mauvaise santé s'installent dans les communautés minières, les résultats indiqueront que les migrants des communautés minières sont plus mal lotis mais ce ne serait pas du fait de la mine. C'est en gardant à l'esprit cet avertissement important que l'analyse a été menée, avec pour objectif de faire la lumière sur les conditions de vie des migrants dans les communautés minières.

La plupart des données disponibles pour les pays analysés suivent l'ensemble des parcours migratoires dans le détail. Pour la plupart des individus, l'on sait s'ils ont déjà migré au cours de leur vie et en quelle année ils se sont installés dans la localité où ils vivent. Dans ce qui suit, nous abordons les taux de migration des communautés minières et comparons les résultats entre migrants et non-migrants.

La figure 4.12 montre la part de la population qui s'est installée au cours d'une année donnée dans les 100 km d'une mine. Ce graphique n'utilise pas les

Figure 4.12 **Migration vers les zones minières au Ghana, au Mali et en Tanzanie**

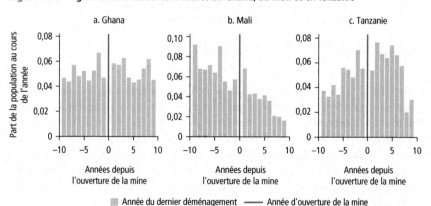

Source : Estimation des auteurs sur la base des données des enquêtes.
Note : Les zones minières sont définies comme couvrant toute population vivant à moins de 100 km d'une mine.

années calendaires mais les « années mine », définies à partir de l'année d'ouverture de la mine, choisie comme année 0. Cette figure présente donc la part de la population qui a migré avant l'ouverture de la mine sur une période de vingt ans – dix ans avant l'ouverture de la mine et dix ans après l'ouverture de la mine. Comme on pouvait s'y attendre, il y a effectivement beaucoup de migration intérieure à destination des zones minières, mais les mouvements migratoires diffèrent selon les pays.

Au Ghana, 4 à 6 % de la population peut être considérée comme étant migrante, mais il n'y a pas d'éléments indiquant clairement que l'ouverture d'une mine a une incidence sur les mouvements migratoires de quelque manière que ce soit. La migration reste relativement stable entre la période précédant l'ouverture d'une mine et la période suivant son ouverture. Au Mali, les taux migratoires semblent avoir diminué au cours du temps. Il apparaît que la migration vers les zones minières est relativement élevée quatre à dix ans avant l'ouverture d'une mine mais elle se ralentit par la suite et se stabilise dans les trois années avant l'ouverture d'une mine. Il y a un pic un an avant l'ouverture d'une mine, mais la tendance s'inverse ensuite, ce qui fait que moins de 2 % de la population située dans les 100 km de la mine est considérée comme migrante dix ans après l'ouverture d'une mine. Le contraire semble s'être passé en Tanzanie. Le taux de migration s'y est accru pendant la période précédant la date d'ouverture des mines, culminant deux ans avant l'ouverture et restant relativement stables et élevés pendant encore quatre ans avant de décliner.

Il faut garder deux choses à l'esprit concernant ces flux migratoires. Premièrement, les taux relativement plus élevés au Mali et en Tanzanie pourraient s'expliquer par la relative jeunesse du secteur dans ces pays rapport à la situation au Ghana. Deuxièmement, il est important d'avoir à l'esprit que si les mines sont des pôles d'attraction majeurs pour les personnes à la recherche d'un emploi, toute cette migration n'est pas imputable à l'ouverture de la mine. Toutefois, dans le cadre de notre estimation des impacts, savoir si les personnes ont déménagé à cause de la mine ou non ne va pas aider à identifier l'impact des mines sur la communauté locale : ce qui importe est de savoir si les migrants diffèrent substantiellement ou non de la population locale qui vivait dans cette localité avant l'ouverture de la mine. Les différences entre les migrants et non-migrants sont examinées sous l'angle de l'occupation des femmes et de l'accès des ménages à l'électricité et à l'équipement en postes de radio.

L'occupation professionnelle des femmes migrantes et non-migrantes

L'analyse empirique ne révèle pas de différence dans les résultats sur le marché du travail entre femmes migrantes et non-migrantes. La figure 4.4 montre l'augmentation de la probabilité qu'ont les femmes de travailler dans des emplois non agricoles, dans ce cas évaluée par le biais de l'emploi dans les services.

La probabilité de travailler dans le secteur tertiaire est nettement plus élevée pour les femmes vivant près d'une mine par rapport à celles vivant plus loin, aussi bien au Ghana qu'au Mali, même si l'ampleur de l'effet est plus importante au Ghana. Toutefois, les femmes qui sont nées localement et qui n'ont pas déménagé et celles ayant emménagé localement et qui se sont installées vraisemblablement du fait de la mine ont les mêmes chances de travailler dans le secteur des services. En d'autres termes, les migrants ne semblent pas bénéficier d'avantages ou de désavantages de taille dans la recherche d'un nouvel emploi.

En Tanzanie, les femmes vivant plus près des mines ne bénéficient pas de meilleures chances de travailler dans des emplois non agricoles que les femmes vivant plus loin. Il semblerait que la force d'attraction du secteur des biens non échangeables n'est pas plus importante à proximité de la mine plutôt qu'à une distance plus élevée. Par ailleurs, les femmes non-migrantes ne bénéficient pas d'un quelconque avantage au fait de vivre à proximité des mines (dans les 20 km) par rapport aux migrantes. Les tendances concernant le travail agricole (panneaux inférieurs de la figure 4.4) sont moins claires. Au Mali, les femmes ont moins tendance à travailler dans le secteur agricole que celles vivant plus loin, un constat qui à certains égards vient renforcer les résultats concernant l'emploi tertiaire. L'ampleur de l'effet est plus importante pour les femmes n'ayant jamais déménagé. Mais au Ghana et en Tanzanie, la perspective qu'ont les femmes vivant plus près des mines de travailler dans l'agriculture n'est pas très différente de celle des femmes vivant plus loin. Et plus près des mines, le changement dans la probabilité de travailler dans le secteur agricole est la même pour les femmes migrantes et non-migrantes.

L'accès à l'électricité et l'équipement en postes de radio

La figure 4.11 montre si les migrants bénéficient en général d'un meilleur accès aux infrastructures de service (ici à l'électricité) ou pas. Il existe différentes hypothèses visant à expliquer pourquoi l'accès à l'infrastructure peut différer entre migrants et personnes n'ayant jamais déménagé. Cela peut provenir de différences de revenu : les personnes ayant des revenus plus élevés peuvent se permettre de payer pour l'électricité et d'autres services. Cela peut également provenir de défaillances dans la fourniture de services par les autorités locales, ceux-ci n'atteignant peut-être pas les lieux où les migrants s'établissent. De même, si les migrants possèdent dès le départ moins d'équipements, alors les impacts notés précédemment sous-estimeraient l'effet des mines sur la possession d'équipements.

Il y a trois points à relever concernant la variation dans l'accès à l'électricité entre migrants et personnes n'ayant jamais déménagé dans la figure 4.11. Premièrement, la différence dans l'accès aux infrastructures entre migrants et personnes n'ayant jamais déménagé est la plus importante au Ghana, où l'effet d'une mine sur l'électrification locale de la population non-migrante est positif à la distance la plus rapprochée (dans les 20 km d'une mine). Deuxièmement, l'accès à l'électricité à proximité de la mine est le plus élevé au Mali, aussi bien pour les migrants que pour les personnes n'ayant jamais déménagé. L'accès des ménages à l'électricité y augmente fortement – de 30 à 50 points – dans les premiers 20 km.

Enfin, ces différences dans l'accès à l'électricité aussi bien pour les migrants que les non-migrants peut s'expliquer en partie en considérant les différences dans les mouvements migratoires dans certains de ces pays. Par exemple, l'accès à l'électricité n'est peut-être pas toujours facile et, s'il implique un investissement de la part des ménages, on pourrait s'attendre à ce que les personnes qui sont installées depuis plus longtemps soient mieux servies. En gardant cela à l'esprit, il faut se rappeler qu'au Mali, la plupart des mouvements migratoires ont lieu quelques années avant l'ouverture d'une mine et l'on peut donc partir du principe que beaucoup de migrants sont bien établis au sein de leur communauté locale le temps que la mine soit ouverte. En revanche, au Ghana, les mouvements migratoires ont continué au même rythme d'année en année et, étant donné cette situation migratoire, on s'attendrait à avoir un accès plus faible à l'électricité pour les migrants au Ghana et un accès égal au Mali. C'est bien ce que l'on peut constater dans la figure 4.11.

Résumé des résultats

Bien que l'industrie minière soit généralement associée à une faible génération d'emplois directs par rapport à sa contribution au PIB et aux recettes d'exportation à l'échelle nationale, elle a néanmoins un potentiel important en termes d'impacts locaux par le biais d'effets de regroupement des activités économiques. Ce chapitre a examiné ces effets locaux pour des individus vivant dans le voisinage des mines d'or et des districts ayant un secteur aurifère et aboutit à quatre conclusions principales.

Premièrement, il semble y avoir des signes de transformation structurelle associés au secteur minier. À la fois les résultats au niveau des individus et des districts indiquent que l'emploi agricole est en déclin tandis que l'emploi dans les occupations non agricoles tels que les services, l'industrie manufacturière et le secteur minier sont en croissance. Dans les cas où les données sur les salaires sont disponibles, comme au Ghana, celles-ci tendent à montrer que les salaires des personnes travaillant dans le secteur minier sont plus importants. Les résultats sont robustes, tout particulièrement pour les pays où l'exploitation aurifère a débuté plus tôt, tels que le Ghana et le Mali.

Deuxièmement, l'exploitation minière est associée à des améliorations dans les opportunités d'emploi non agricoles des femmes. L'emploi des femmes dans la vente et les services est nettement plus élevé pour les femmes vivant au plus près des sites miniers que pour celles vivant plus loin. De même, leur participation à l'emploi agricole diminue. En outre, la probabilité que les femmes travaillent toute l'année augmente pour les femmes vivant plus près des mines et celles vivant dans les districts miniers.

Le constat de la transformation structurelle des communautés accueillant des mines d'or à grande échelle est corroboré par les chiffres sur l'évolution des dépenses. Dans l'ensemble, malgré des prix alimentaires en augmentation, ni les dépenses alimentaires totales déflatées, ni la part de l'alimentation dans les dépenses totales des ménages n'augmentent. Au lieu de cela, les résultats montrent que les dépenses de logement et d'énergie augmentent, ce qui est cohérent avec les taux d'électrification plus élevés relevés dans ces communautés minières.

Troisièmement, les résultats en matière de santé des enfants sont mitigés. Dans l'ensemble, les résultats en matière de santé tels que la mortalité infantile ont décliné dans les communautés et districts miniers. Mais les retards de croissance (rapport de la taille sur l'âge) et l'émaciation (rapport du poids sur l'âge) semblent s'améliorer pour les ménages des districts miniers et pour les individus vivant au plus près des mines uniquement au Mali. Ces résultats semblent pires pour les zones minières à la fois du Ghana et de la Tanzanie. De même, l'incidence de maladies diarrhéiques diminue au Mali mais augmente au Ghana et en Tanzanie, même si dans le cas du Ghana cela semble être dû aux mauvais résultats parmi les migrants vivant près des mines. L'incidence de diarrhée est beaucoup plus élevée parmi les enfants de migrants vivant dans les communautés minières que parmi les enfants de migrants vivant plus loin, tandis que les autres enfants s'en sortent mieux. Par ailleurs, les femmes des ménages de migrants ont un accès moindre aux infrastructures importantes telles que l'électricité.

La raison pour laquelle ces résultats en matière de santé de l'enfant à l'échelle locale diffèrent entre les pays étudiés n'est pas claire. Les retards de croissance, qui constituent un indicateur de déficiences nutritionnelles sur le long terme, peuvent refléter un effet revenu significatif. En d'autres termes, il est possible que les personnes vivant plus près des mines ont des revenus plus élevés et qu'ils les utilisent pour acheter une alimentation plus riche pour leurs enfants. L'émaciation est quant à elle un indicateur de déficiences nutritionnelles sur le court terme et s'explique en grande partie par l'accès aux services de santé.

Quatrième et dernier point, les mouvements migratoires pourraient expliquer une partie des différences dans les résultats en matière de la santé des enfants entre les pays. Le Mali, qui est le pays où les évolutions sont les plus positives, est ainsi également le pays où les niveaux de migration aux alentours de l'ouverture des mines sont les plus faibles, et les migrants s'installant dans des zones minières au Mali semblent moins vulnérables qu'au Ghana ou en Tanzanie. La Tanzanie, qui manifeste des signes de transformation structurelle et peu de gains en matière de santé des enfants, a quant à elle en toute apparence la plus forte augmentation de flux migratoires après l'ouverture des mines.

Annexe 4A: Définitions des variables pour les enquêtes démographiques et de santé et résultats pour les variables des analyses par les contrôles synthétiques au Mali et en Tanzanie

Tableau 4A.1 Définitions des variables pour les enquêtes démographiques et de santé

Caractéristiques des femmes et des ménages	
Âge	Âge de la personne interrogée
Niveau de richesse	Score indiciel de richesse des ménages
Non-migrant	La personne interrogée est née dans la localité et n'a jamais déménagé
Migrant	Toute personne ayant déménagé au cours de sa vie
Citadin	Le ménage est situé dans une zone urbaine
Équipement du ménage	
Électricité	Le ménage à accès à l'électricité
Toilettes partagées	Les sanitaires sont partagés
Toilettes à chasse d'eau	Le ménage dispose de toilettes à chasse d'eau
Latrines à fosse	Le ménage dispose de latrines à fosse
Pas de sanitaires	Le ménage n'a pas de sanitaires
Eau < 10 minutes	Le ménage est situé à une distance de moins de 10 minutes d'un point d'eau potable
Plancher (béton)	Le ménage vit dans un logement dont le plancher est en béton, en carrelage ou en bois
Bicyclette	Le ménage compte au moins une bicyclette
Voiture	Le ménage compte au moins une voiture
Poste de radio	Le ménage compte au moins un poste de radio
Occupation professionnelle et niveau d'études de la femme	
Ne travaille pas	N'ayant pas travaillé au cours des 12 derniers mois
Vente et services	Travaille dans la vente ou les services
Emploi professionnel	Ayant un emploi professionnel
Agriculture	Travaille dans l'agriculture
Travail manuel	A un travail manuel
Activité rémunérée	A une activité rémunérée en espèces (0 = non rémunérée en espèces)
Travail à l'année	Travail à l'année (0 = de manière saisonnière ou occasionnelle)
3 ans d'études	Au moins 3 ans d'études
Pas d'études	Pas d'études

(suite page suivante)

Tableau 4A.1 (suite)

Occupation professionnelle du partenaire	
Vente et services	Le partenaire de la femme travaille dans la vente ou les services
Emploi professionnel	Le partenaire de la femme travaille en tant que professionnel
Agriculture	Le partenaire de la femme travaille dans l'agriculture
Travail manuel	Le partenaire de la femme a un travail manuel
Santé de l'enfant	
Carte de santé	L'enfant possède une carte de santé
Diarrhée	L'enfant a eu un épisode de diarrhée dans les 2 dernières semaines
Fièvre	L'enfant a eu un épisode de fièvre dans les 2 dernières semaines
Émacié	L'enfant, âgé de moins de 5 ans, souffre d'émaciation (poids pour la taille inférieur de deux écarts-types à la médiane)
En insuffisance pondérale	L'enfant est en insuffisance pondérale (poids pour l'âge inférieur de deux écarts-types à la médiane)
En retard de croissance	L'enfant, âgé de moins de 5 ans, souffre d'un retard de croissance (taille pour l'âge inférieure de deux écarts-types à la médiane)
Mortalité infantile	Décès dans les 12 mois suivant la naissance
Soins prénataux	La mère a bénéficié d'au moins une consultation prénatale
Toux	L'enfant a eu un épisode de toux dans les 2 dernières semaines
Visites prénatales	Nombre de visites par enfant

Tableau 4A.2 Résultats pour les variables de l'analyse par les contrôles synthétiques au Mali

	Districts miniers	Groupe de contrôle synthétique – districts miniers	Districts limitrophes	Groupe de contrôle synthétique – districts limitrophes	Groupe de contrôle
Taux d'emploi (hommes)					
1987	0,902	0,904	0,904	0,912	0,904
1998	0,888	0,886	0,877	0,871	0,887
2009	0,833	0,826	0,822	0,827	0,824
Taux d'emploi (femmes)					
1987	0,721	0,666	0,672	0,703	0,491
1998	0,422	0,480	0,515	0,484	0,409
2009	0,325	0,389	0,413	0,504	0,424
Emploi professionnel (hommes)					
1987	0,019	0,019	0,016	0,014	0,016
1998	0,022	0,022	0,016	0,019	0,018
2009	0,041	0,039	0,027	0,027	0,031
Emploi professionnel (femmes)					
1987	0,007	0,004	0,003	0,004	0,004
1998	0,001	0,005	0,003	0,002	0,004
2009	0,009	0,012	0,008	0,007	0,009

(suite page suivante)

Tableau 4A.2 (suite)

	Districts miniers	Groupe de contrôle synthétique – districts miniers	Districts limitrophes	Groupe de contrôle synthétique – districts limitrophes	Groupe de contrôle
Travaillant comme employé de services (hommes)					
1987	0,015	0,021	0,014	0,015	0,018
1998	0,033	0,027	0,026	0,025	0,031
2009	0,066	0,049	0,053	0,047	0,048
Travaillant comme employé de services (femmes)					
1987	0,018	0,021	0,026	0,018	0,021
1998	0,008	0,014	0,017	0,024	0,034
2009	0,013	0,028	0,020	0,017	0,030
Ayant un emploi qualifié dans l'agriculture ou la pêche (hommes)					
1987	0,779	0,772	0,812	0,818	0,801
1998	0,755	0,762	0,790	0,780	0,783
2009	0,524	0,664	0,635	0,673	0,673
Ayant un emploi qualifié dans l'agriculture ou la pêche (femmes)					
1987	0,659	0,585	0,616	0,647	0,377
1998	0,391	0,464	0,487	0,456	0,339
2009	0,246	0,419	0,340	0,463	0,338
Travaillant comme artisan (hommes)					
1987	0,083	0,088	0,050	0,051	0,056
1998	0,036	0,029	0,027	0,025	0,030
2009	0,183	0,051	0,085	0,049	0,051
Travaillant comme artisan (femmes)					
1987	0,013	0,016	0,011	0,010	0,066
1998	0,004	0,005	0,002	0,003	0,014
2009	0,030	0,004	0,017	0,004	0,016
Ayant un emploi élémentaire (hommes)					
1987	0,002	0,005	0,003	0,003	0,006
1998	0,010	0,008	0,008	0,008	0,012
2009	0,009	0,006	0,006	0,015	0,008
Ayant un emploi élémentaire (femmes)					
1987	0,019	0,014	0,013	0,012	0,020
1998	0,000	0,005	0,000	0,002	0,004
2009	0,009	0,006	0,004	0,003	0,006
Travaillant en tant qu'employeur (hommes)					
1987	0,001	0,001	0,003	0,002	0,002
1998	0,003	0,004	0,005	0,006	0,005
2009	0,007	0,006	0,005	0,006	0,006

(suite page suivante)

Tableau 4A.2 (suite)

	Districts miniers	Groupe de contrôle synthétique – districts miniers	Districts limitrophes	Groupe de contrôle synthétique – districts limitrophes	Groupe de contrôle
Travaillant en tant qu'employeur (femmes)					
1987	0,002	0,001	0,000	0,001	0,001
1998	0,001	0,002	0,001	0,001	0,001
2009	0,002	0,002	0,002	0,002	0,002
Travaillant pour son propre compte (hommes)					
1987	0,491	0,542	0,483	0,513	0,541
1998	0,606	0,550	0,566	0,540	0,572
2009	0,568	0,592	0,599	0,574	0,594
Travaillant pour son propre compte (femmes)					
1987	0,074	0,073	0,063	0,075	0,083
1998	0,150	0,160	0,198	0,187	0,153
2009	0,061	0,142	0,066	0,075	0,080
Ayant un emploi salarié (hommes)					
1987	0,071	0,075	0,041	0,040	0,043
1998	0,053	0,045	0,027	0,029	0,031
2009	0,083	0,026	0,021	0,018	0,018
Ayant un emploi salarié (femmes)					
1987	0,007	0,007	0,005	0,005	0,008
1998	0,003	0,005	0,005	0,004	0,007
2009	0,010	0,003	0,003	0,004	0,006
Travaillant sans rémunération (hommes)					
1987	0,332	0,282	0,357	0,339	0,312
1998	0,219	0,275	0,272	0,291	0,271
2009	0,133	0,176	0,171	0,177	0,183
Travaillant sans rémunération (femmes)					
1987	0,636	0,512	0,596	0,639	0,397
1998	0,262	0,386	0,305	0,263	0,243
2009	0,237	0,300	0,324	0,479	0,314
Travaillant dans le secteur agricole (hommes)					
1987	0,775	0,773	0,813	0,816	0,800
1998	0,754	0,755	0,784	0,781	0,779
2009	0,525	0,658	0,636	0,688	0,674
Travaillant dans le secteur agricole (femmes)					
1987	0,658	0,594	0,617	0,647	0,378
1998	0,388	0,452	0,484	0,453	0,339
2009	0,246	0,392	0,340	0,460	0,339

(suite page suivante)

Tableau 4A.2 (suite)

	Districts miniers	Groupe de contrôle synthétique – districts miniers	Districts limitrophes	Groupe de contrôle synthétique – districts limitrophes	Groupe de contrôle
Travaillant dans le secteur manufacturier (hommes)					
1987	0,041	0,050	0,019	0,019	0,027
1998	0,053	0,031	0,016	0,016	0,021
2009	0,145	0,037	0,057	0,028	0,026
Travaillant dans le secteur manufacturier (femmes)					
1987	0,010	0,016	0,007	0,006	0,066
1998	0,013	0,008	0,003	0,004	0,023
2009	0,030	0,003	0,016	0,004	0,016
Travaillant dans le secteur minier (hommes)					
1987	0,015	0,031	0,000	0,001	0,001
1998	0,037	0,020	0,001	0,001	0,001
2009	0,117	0,007	0,034	0,004	0,002
Travaillant dans le secteur minier (femmes)					
1987	0,004	0,007	0,000	0,000	0,000
1998	0,007	0,004	0,000	0,000	0,000
2009	0,028	0,001	0,014	0,001	0,001
Travaillant dans le secteur de la construction (hommes)					
1987	0,016	0,016	0,005	0,007	0,004
1998	0,006	0,007	0,010	0,008	0,006
2009	0,015	0,016	0,017	0,015	0,015
Travaillant dans le secteur de la construction (femmes)					
1987	0,000	0,000	0,000	0,000	0,000
1998	0,000	0,000	0,000	0,000	0,000
2009	0,000	0,000	0,000	0,000	0,000
Travaillant dans les services (hommes)					
1987	0,067	0,077	0,060	0,064	0,069
1998	0,067	0,059	0,063	0,060	0,075
2009	0,159	0,134	0,123	0,108	0,123
Travaillant dans les services (femmes)					
1987	0,048	0,040	0,045	0,038	0,045
1998	0,015	0,023	0,024	0,031	0,041
2009	0,044	0,061	0,046	0,039	0,058

Note : Les résultats constatés des districts miniers correspondent aux résultats moyens des districts miniers. Dans les cas des districts limitrophes, c'est le résultat moyen des districts limitrophes qui est retenu. Le groupe de contrôle représente le résultat moyen de l'ensemble des districts à l'exclusion des districts miniers et limitrophes.

Tableau 4A.3 Résultats pour les variables de l'analyse par les contrôles synthétiques en Tanzanie

	Districts miniers	Groupe de contrôle synthétique – districts miniers	Districts limitrophes	Groupe de contrôle synthétique – districts limitrophes	Groupe de contrôle
Taux d'emploi (hommes)					
1988	0,881	0,878	0,877	0,874	0,866
2002	0,758	0,827	0,810	0,821	0,816
Taux d'emploi (femmes)					
1988	0,833	0,831	0,864	0,862	0,817
2002	0,612	0,734	0,721	0,768	0,719
Ayant un emploi professionnel (hommes)					
1988	0,050	0,050	0,062	0,063	0,073
2002	0,053	0,043	0,044	0,052	0,060
Ayant un emploi professionnel (femmes)					
1988	0,022	0,022	0,025	0,025	0,030
2002	0,028	0,028	0,022	0,031	0,035
Travaillant comme employé de services (hommes)					
1988	0,023	0,023	0,030	0,030	0,034
2002	0,024	0,026	0,024	0,032	0,035
Travaillant comme employé de services (femmes)					
1988	0,019	0,020	0,015	0,015	0,021
2002	0,015	0,021	0,015	0,017	0,023
Travaillant dans le secteur agricole (hommes)					
1988	0,691	0,688	0,691	0,689	0,636
2002	0,544	0,624	0,621	0,625	0,571
Travaillant dans le secteur agricole (femmes)					
1988	0,751	0,749	0,799	0,800	0,728
2002	0,494	0,606	0,614	0,666	0,581
Travaillant comme artisan (hommes)					
1988	0,004	0,004	0,007	0,007	0,007
2002	0,051	0,041	0,036	0,056	0,056
Travaillant comme artisan (femmes)					
1988	0,001	0,001	0,001	0,001	0,002
2002	0,012	0,010	0,009	0,010	0,012
Ayant un emploi élémentaire (hommes)					
1988	0,097	0,097	0,072	0,072	0,102
2002	0,076	0,080	0,075	0,066	0,083
Ayant un emploi élémentaire (femmes)					
1988	0,030	0,030	0,016	0,016	0,026
2002	0,057	0,067	0,054	0,049	0,063

(suite page suivante)

Tableau 4A.3 (suite)

	Districts miniers	Groupe de contrôle synthétique – districts miniers	Districts limitrophes	Groupe de contrôle synthétique – districts limitrophes	Groupe de contrôle
Travaillant en tant qu'employeur (hommes)					
1988	0,007	0,006	0,005	0,005	0,007
2002	0,001	0,001	0,001	0,001	0,001
Travaillant en tant qu'employeur (femmes)					
1988	0,003	0,003	0,001	0,001	0,003
2002	0,001	0	0	0	0,000
Travaillant pour son propre compte (hommes)					
1988	0,733	0,736	0,705	0,704	0,680
2002	0,628	0,729	0,697	0,699	0,679
Travaillant pour son propre compte (femmes)					
1988	0,730	0,725	0,781	0,781	0,732
2002	0,536	0,645	0,656	0,699	0,651
Ayant un emploi salarié (hommes)					
1988	0,092	0,092	0,131	0,131	0,156
2002	0,076	0,070	0,075	0,094	0,112
Ayant un emploi salarié (femmes)					
1988	0,035	0,034	0,038	0,038	0,051
2002	0,023	0,034	0,027	0,036	0,047
Travaillant sans rémunération (hommes)					
1988	0,035	0,035	0,022	0,022	0,012
2002	0,048	0,028	0,032	0,022	0,017
Travaillant sans rémunération (femmes)					
1988	0,057	0,057	0,036	0,036	0,024
2002	0,050	0,031	0,036	0,022	0,017

Note : Les résultats constatés des districts miniers correspondent aux résultats moyens des districts miniers. Dans les cas des districts limitrophes, c'est le résultat moyen des districts limitrophes qui est retenu. Le groupe de contrôle représente le résultat moyen de l'ensemble des districts à l'exclusion des districts miniers et limitrophes.

Notes

1. Ce chapitre est basé sur deux articles qui font également partie de cette étude : Chuhan-Pole *et al.* (2015) et Polat *et al.* (2014).
2. Pour des détails sur la manière dont les districts sont définis pour les besoins d'une estimation économétrique, voir Chuhan-Pole *et al.* (2015) et Polat *et al.* (2014).
3. Voir le tableau 2 de Polat *et al.* (2014) pour la liste de variables utilisées pour le travail de mise en correspondance.
4. Voir Polat *et al.* (2014) pour des détails sur la manière dont cela a été construit.

Références

Abadie A., Diamond A. et Hainmueller J. (2010), « Synthetic Control Methods for Comparative Case Studies: Estimating the Effect of California's Tobacco Control Program » *Journal of the American Statistical Association*, vol. 105, n° 490, p. 493–505.

Aragón F. M. et Rud J. P. (2013a), « Natural Resources and Local Communities: Evidence from a Peruvian Gold Mine », *American Economic Journal: Economic Policy*, vol. 5, n° 2, p. 1–25.

———. (2013b), « Polluting Industries and Agricultural Productivity: Evidence from Mining in Ghana », Working Paper, International Growth Centre, Londres.

Chuhan-Pole P., Dabalen A., Kotsadam A., Sanoh A. et Tolonen A. (2015), « The Local Socioeconomic Effects of Gold Mining: Evidence from Ghana », Policy Research Working Paper, n° 7250, Banque mondiale, Washington.

Fafchamps M., Koelle M. et Shilpi F. (2015), « Gold Mining and Proto-Urbanization: Recent Evidence from Ghana », Policy Research Working Paper, n° 7347, Banque mondiale, Washington.

Goltz J. (von der) et Barnwal P. (2014), « Mines: The Local Welfare Effects of Mineral Mining in Developing Countries », Columbia University Working Paper, Columbia University, New York.

Hilson G. et Yakovleva N. (2007), « Strained relations: A critical analysis of the mining conflict in Prestea, Ghana », *Political Geography*, vol. 26, n° 1, p. 98–119.

Kotsadam A. et Tolonen A. (2015), « Mining, Gender and Local Employment » Policy Research Papers, n° 7251, Banque mondiale, Washington.

OIT (1999), *Social and Labour Issues in Small-scale Mines: Report for Discussion at the Tripartite Meeting on Social and Labour Issues in Small-scale Mines*, Organisation internationale du Travail, Genève.

Loayza N., Teran A. M. et Rigolini J. (2013), « Poverty, inequality, and the local natural resource curse », Discussion Paper Series, n° 7225, Forschungsinstitut zur Zukunft der Arbeit, Bonn.

Moretti E. (2010) « Local Multipliers », *American Economic Review. Papers and Proceedings*, vol. 100, n° 2, p. 1–7.

Polat B., Atakke N., Aran M. A., Dabalen A., Chuhan-Pole P. et Sanoh A. (2014), « Socioeconomic Impact of Mining Activity: Effects of Gold Mining on Local Communities in Tanzania and Mali », Development Analytics Research Paper Series, n° 1402, Development Analytics, Sariyer (Turquie).

Ross M. (2008), « Oil, Islam and Women », *American Political Science Review*, vol. 102, n° 1, p. 107–123.

Tolonen A. (2015), « Local Industrial Shocks, Female Empowerment and Infant Health: Evidence from Africa's Gold Mining Industry », thèse de doctorat, université de Gothenburg.

Chapitre 5

L'exploitation minière à grande échelle réduit-elle la croissance agricole ? Études de cas au Burkina Faso, au Ghana, au Mali et en Tanzanie

Introduction

Ce chapitre propose une autre perspective sur l'impact de l'extraction de ressources sur la croissance économique locale en se focalisant sur la croissance agricole[1], l'idée étant de déterminer si l'ouverture des mines a des effets d'entraînement sur l'économie locale, et tout particulièrement sur le secteur agricole. La production agricole peut être impactée par les activités minières de plusieurs manières différentes. L'exploitation minière peut entraîner une augmentation des salaires locaux, réduire les marges agricoles et conduire à la sortie de beaucoup de familles de l'agriculture dans un phénomène semblable à un syndrome hollandais localisé. Les retombées environnementales négatives telles que la pollution ou des problèmes sanitaires locaux peuvent également compromettre la productivité de la terre et des agriculteurs, et donc diminuer la viabilité de l'activité agricole. L'activité minière peut au contraire amener un mini boom dans l'économie locale du fait d'un taux d'emploi supérieur et de salaires supérieurs menant à une augmentation de la demande globale à l'échelle locale, et notamment pour les productions vivrières régionales.

Dans ce chapitre, des données issues de la télédétection sont utilisées pour estimer les niveaux de production agricole et non agricole dans les localités minières et non minières du Burkina Faso, du Ghana, du Mali et de la Tanzanie ainsi que leurs évolutions. Cette étude examine la relation spatiale entre activités minières et développement agricole local en utilisant un indice de végétation comme variable de substitution pour la production agricole. Afin d'estimer le niveau et la composition de la production, tant agricole que non agricole, au niveau local, l'étude définit un rayon autour des zones minières. Trente-deux mines ont été identifiées sur l'ensemble des quatre pays (voir le tableau 4.1 et l'encadré 4.1 dans le chapitre 4).

Les missions de télédétection par satellite sont généralement conçues pour des applications spécifiques, généralement liées aux sciences de la terre, comme par exemple la classification de la végétation ou la météorologie. Il existe très peu de senseurs, voire aucun, qui soit conçu pour des applications dans les sciences sociales (Hall, 2010). Le senseur DMSP-OLS (*Defense Meteorological Satellite Program – Operational Linescan System*), qui collecte des données sur l'éclairage nocturne, a généré une certaine attention récemment du fait de sa capacité à dépeindre tant la situation que le développement des établissements humains. Ce senseur a une sensibilité suffisamment élevée pour détecter des réverbères (Sei-Ichi *et al.* 2010). L'éclairage détecté par DMSP-OLS résulte en grande partie des activités humaines et est émis par les établissements humains, les flottes de navires, le torchage de gaz ou les feux de l'agriculture par brûlis. En conséquence, l'imagerie d'éclairage nocturne donne une vision unique de l'activité humaine sur terre. L'un des usages principaux des données sur l'éclairage nocturne est de servir à la fois de mesure et d'indicateur de substitution de l'activité économique.

La relation entre activité économique et éclairage a été étudiée par plusieurs auteurs, qui sont tous arrivés à la conclusion qu'il existe effectivement une relation positive entre la luminosité émise et le développement économique au sein d'une même région. Comprendre cela permet à la fois d'estimer le produit intérieur brut et la croissance économique. Cette étude met à profit des données issues de la télédétection pour approfondir la question de la relation qui existe entre les industries extractives et le regroupement de l'activité économique à l'échelle locale.

Nous commençons par passer en revue la littérature sur la télédétection de l'activité économique, en nous attachant particulièrement au cas des activités agricoles, avant de nous attacher à décrire les données utilisées dans l'étude puis les différentes méthodologies et leurs résultats, y compris les résultats économétriques estimés grâce à la méthode des doubles différences. Cette dernière méthode a été employée par le passé pour comprendre les effets économiques de l'exploitation aurifère en Afrique par Aragón et Rud (2015), Kotsadam *et al.* (2015) et Tolonen (2015). Le chapitre s'achève sur des conclusions concernant l'utilisation de données issues de la télédétection pour estimer l'ampleur et la croissance de l'exploitation aurifère sur l'activité économique locale, et en particulier sur l'agriculture.

Télédétection et activité économique

Plusieurs études économiques récentes ont exploité les données sur l'éclairage nocturne artificiel pour comprendre la structure, la croissance et la répartition géographique des activités économiques dans les pays ou des zones localisées

(Chen et Nordhaus, 2011 ; Doll, Muller et Morley, 2006 ; Ebener *et al.* 2005 ; Elvidge *et al.*, 1997 ; Ghosh *et al.*, 2010 ; Henderson, Storeygard et Weil, 2012 ; Sutton et Costanza, 2002).

La relation étroite entre éclairage nocturne et développement économique a été mise en avant par Elvidge *et al.* (1997) quand ils ont exploré la relation entre zones éclairées et produit intérieur brut, et entre population et consommation électrique dans les pays d'Amérique du Sud, des États-Unis, de Madagascar et de plusieurs pays insulaires des Caraïbes et de l'Océan Indien. En utilisant une simple régression linéaire sur une période de six mois (allant d'octobre 1994 et mars 1995), ils ont constaté que le PIB présentait une forte relation linéaire avec la surface éclairée ; la plupart des autres publications utilisant des données de ce type ont établi des liens entre activité économique et intensité lumineuse. Doll, Muller et Morley (2006) ont été parmi les premiers à appliquer cette relation à l'estimation de l'activité économique sur une base nationale et infranationale. Ils ont identifié une relation linéaire particulière entre produit régional brut et éclairage pour l'Union européenne et États-Unis sur la base de données sur une période de six mois (allant d'octobre 1996 à mars 1997) et ont constaté que l'utilisation d'une simple relation linéaire était inadaptée étant donné que certaines villes font figure d'exception. Une fois ces données aberrantes retirées cependant, les auteurs ont été en mesure de générer des régressions linéaires simples montrant de fortes associations entre produit régional brut et intensité lumineuse et les ont utilisées pour générer une carte carroyée du produit régional brut avec une résolution de 5 km.

En adoptant la même approche, Ghosh *et al.* (2010) utilisent le produit étatique brut, le PIB et l'intensité lumineuse en 2006 de différentes collectivités territoriales en Chine, aux États-Unis, en Inde et au Mexique pour obtenir une estimation de l'activité économique totale pour chacune des collectivités territoriales. Ces valeurs ont ensuite été réparties spatialement sur un maillage général utilisant le pourcentage de la contribution de l'agriculture au PIB, une grille de population et l'image de l'éclairage nocturne. Il s'agit là d'une amélioration par rapport à Doll, Muller et Morley (2006) dans le sens où cette nouvelle étude a été en mesure d'assigner une activité économique aux zones agricoles, lesquelles se retrouvent souvent exclues des données sur l'éclairage nocturne puisqu'elles sont rarement éclairées. Cette dernière remarque constitue une observation importante sur l'éclairage nocturne qui renseignera notre étude.

Chen et Nordhaus (2011) ont mené l'une des premières études exploitant la variation dans les séries temporelles du PIB et de l'éclairage nocturne. Pour montrer la force de la corrélation entre activité économique et éclairage nocturne, leur méthode assigne des coefficients de pondération à l'intensité nocturne afin de réduire la différence entre les valeurs réelles et estimées du PIB (en d'autres termes, ils minimisent l'erreur quadratique moyenne) pour l'ensemble des pays du monde entre 1992 et 2008. Ils montrent que si les données sur l'intensité lumineuse ne sont pas d'une grande valeur ajoutée dans le cas des pays disposant de beaucoup données – c'est-à-dire qu'elles n'apportent pas d'informations supplémentaires par rapport aux données effectives disponibles –, c'est le contraire qu'on observe pour les pays pauvres en données. Les auteurs montrent que les estimations de PIB utilisant l'éclairage nocturne dans les pays pauvres en données, aussi bien au niveau national qu'infranational, sont nettement améliorées avec les données sur l'éclairage nocturne.

L'une des applications les plus récentes de l'ensemble de données sur l'éclairage nocturne en rapport avec l'évaluation de l'activité économique nous vient de Henderson, Storeygard et Weil (2012). Plutôt que d'explorer la relation entre niveaux de luminosité et PIB, ils examinent la relation entre la croissance du PIB réel et la croissance du PIB estimée à l'aide de l'éclairage nocturne. Comme Chen et Nordhaus (2011), ils utilisent une série temporelle de la croissance et de la luminosité entre 1992 et 2008. Leur modèle statistique définit des corrélations avec la croissance du PIB sur la base de données économiques spécifiques aux pays et des valeurs de l'intensité lumineuse. De même que Chen et Nordhaus (2011), ils construisent différents coefficients de pondération pour les données de luminosité et les données économiques existantes sur la base de la qualité de ces dernières. Les auteurs ont ainsi déterminé que pour les pays disposant de « mauvaises » données, il existe souvent des différences importantes (à la fois positives et négative) entre la croissance économique relevée et la croissance estimée.

Ce bref examen de la littérature utilisant les données issues de la télédétection mène généralement à deux conclusions. Premièrement, il démontre que de telles données fournissent une prévision probante et précise de l'activité économique Deuxièmement, bien que différents types de données de télédétection soient disponibles, la plus largement utilisée tend à être celle de luminosité nocturne. À ce jour, la plupart des études ont utilisé l'intensité lumineuse plutôt que la surface éclairée pour expliquer soit le PIB ou la croissance de celui-ci au sein des pays et entre pays au cours d'une année donnée et, dans certains cas, au cours du temps. Toutefois, si l'éclairage nocturne peut nous en apprendre beaucoup sur les activités humaines, ces données ne permettent pas une évaluation exhaustive de l'activité humaine en tous lieux. En particulier, dans les pays où l'approvisionnement électrique est incertain et qu'il y a un recours important aux groupes électrogènes pour les activités de production, l'utilisation de l'éclairage nocturne pourrait conduire à sous-estimer l'activité économique réelle. C'est d'autant plus vrai que les générateurs sont souvent éteints pendant la nuit pour des questions de coût. En outre, dans les pays qui sont principalement ruraux et où l'agriculture constitue le pilier de l'économie, trop s'appuyer sur les données sur l'éclairage nocturne fait courir le risque de passer à côté d'une partie importante de l'activité économique totale, et ce y compris là où l'approvisionnement électrique est bien fiable. Heureusement, des données issues de la télédétection peuvent également être utilisées pour appréhender les activités agricoles.

De nombreuses méthodes existent pour estimer la production agricole au sein d'une zone géographique donnée au moyen de la télédétection, cependant la plupart de ces approches reposent sur l'idée que la végétation, et notamment les cultures agricoles, est très réfléchissante sur le spectre lumineux rouge et du proche infrarouge. Les combinaisons de ces deux spectres, les indices de végétation, constituent de bonnes mesures de la vigueur des plantes et sont le pilier de la quasi-totalité des approches visant à estimer les rendements des cultures (Lobell, 2013). Les rendements sont alors estimés en déterminant quelle est la relation empirique entre les mesures au sol du rendement et des indices de végétation, habituellement l'indice différentiel de végétation normalisé (NDVI), lequel est une mesure de verdure.

Les erreurs dans les estimations des rendements agricoles par télédétection sont principalement dues aux propriétés des senseurs (en termes de résolution spatiale, spectrale et temporelle) et à la complexité des paysages. La classification des types de cultures est plus problématique dans les régions qui sont caractérisées par plusieurs types de cultures ayant des cycles de production similaires (ou phonologies), ou dans les régions de champs en cultures associées (Lobell, 2013). Un niveau de complexité supplémentaire provient du manioc : même les agriculteurs ont des difficultés à estimer les rendements de cette culture importante. En effet, il s'agit d'un légume-racine dont la récolte s'étend sur une longue période de temps et qui est caractérisé par une grande diversité de ramification. On néglige parfois le problème de couverture nuageuse dans la télédétection satellitaire, laquelle peut limiter le nombre d'observations disponibles pour une région géographique donnée. Néanmoins, les estimations de rendement dans les systèmes de polyculture, lesquels sont caractéristiques de l'agriculture paysanne africaine, devraient s'avérer possibles au moyen d'une plateforme de senseurs de télédétection dotés des propriétés adéquates.

L'analyse du NDVI sur le long terme peut révéler des informations importantes sur les anomalies dans la végétation qui sont dues aux variations de pluviosité, de température et d'ensoleillement (irradiance), ainsi que sur la tendance pour un lieu donnée. Les paramètres phénologiques tels que le début et la fin de la saison de culture, la durée de la saison, la date de mi-saison, l'amplitude saisonnière du NDVI et le taux de croissance et de décroissance en début et en fin de saison peuvent être mis en rapport avec la gestion et les rendements des cultures par année et sur des périodes plus longues. Les données de télédétection à résolution moyenne issues de MODIS[2] sont disponibles à partir de 2000 et son agrégées par moyenne sur seize jours (tous les seize jours, des observations sur la manière dont la végétation change au niveau de chaque pixel sont disponibles). Les paramètres phénologiques sont extraits à l'aide du logiciel Timesat, lequel présente des informations sous la forme de graphiques montrant la manière dont la végétation change au niveau de chaque pixel (Eklundh et Jönsson, 2012).

Pour cartographier la production agricole au moyen de données de télédétection pouvant être comparées à d'autres données dont on pense qu'elles contrôlent les rendements des cultures, l'on a utilisé des variables explicatives telles que des variables de verdure, de température, d'humidité et de gestion, lesquelles ont été ensuite statistiquement analysées pour déterminer l'importance relative de chaque variable dans le rendement des cultures. Il existe plusieurs exemples de cette approche dans la littérature (par exemple Lobell *et al.* [2005]), mais peu d'entre eux ont pris en compte la question de l'autocorrélation spatiale et d'autres particularités associées à l'analyse de données spatiales. Exploitant au mieux les opportunités offertes par les données issues de la télédétection (et notamment la taille d'échantillon relativement importante), nous cherchons à identifier les interactions, relations non linéaires ou seuils qui ne sont pas évidents à mettre en évidence dans de petits échantillons et avec des outils statistiques ordinaires.

Une deuxième méthode pour étudier les causes des écarts de rendements consiste à examiner la répartition spatiale des rendements moyens avec le calcul de moyennes sur des périodes de temps variables. L'idée de base est que les moyennes calculées sur des périodes plus longues de temps exhiberont moins de variation spatiale que les moyennes sur des périodes plus courtes puisque les facteurs qui sont moins persistants tendent à s'effacer sur plusieurs années. Cette approche a été largement utilisée par David Lobell sur plusieurs sites d'étude (Lobel, 2013). La pente des courbes peut notamment apporter des renseignements sur la persistance de différences spatiales de rendement sur la période étudiée, éléments qui peuvent ensuite être rapprochés d'autres facteurs persistants (la qualité du sol, l'hydrologie et ainsi de suite). L'absence de persistance des tendances de rendement ne suggère pas que des facteurs socioéconomiques ou encore la compétence des agriculteurs ne sont pas importants mais bien que les variations de ces facteurs ne sont pas suffisantes pour expliquer les différences de rendement constatées.

Données de télédétection

Trois sources de données de télédétection ont été utilisées pour estimer les effets de l'exploitation minière sur l'activité économique locale : l'éclairage nocturne, le NDVI et la perte de couverture forestière. Les données sur l'éclairage nocturne sont issues du *National Geophysical Data Center* de la *National Oceanic and Atmospheric Association*, lequel fournit trois produits annuels d'éclairage nocturne : un composite sans nuages, un composite de la moyenne des lumières visibles et un composite des lumières stables[3]. Pour cette étude, les données ont été traitées en deux étapes. Tout d'abord, les torchères ont été éliminées au moyen d'une collection de *shapefiles* de l'*Environmental Systems*

Research Institute[4] qui contiennent des polygones délimitant la localisation des torchères pour chaque pays. Les données ont ensuite été interétalonnées pour permettre des analyses comparatives entre différentes années. La procédure d'interétalonnage mise au point par Elvidge *et al.* (2009) était destinée à surmonter la comparabilité limitée des données DMSP-OLS en étalonnant chaque composite sur un composite de base. Il s'agit d'une technique de régression qui repose sur l'hypothèse que les niveaux de luminosité dans la zone de référence sont restés relativement constants dans le temps et qu'ils peuvent donc être utilisées comme variable dépendante.

Le tableau 5.1 montre les paires satellitaires (satellite/année) utilisés pour l'interétalonnage. Comme indiqué dans le tableau, les données pour l'année 2010 issues du satellite F18 (combinaison désignée par le sigle « F192010 ») ont été choisis comme composite de base parce que dans l'ensemble, ses pixels contenaient la plus la plus forte intensité, telle que mesurée en valeurs numériques[5]. Ensuite, pour chaque composite, la régression quadratique suivante a été estimée :

$$y = C_0 + C_1 x + C_2 x^2 \qquad (1)$$

Le tableau 5.1 montre les coefficients d'étalonnage résultants (*C*), lesquels ont été appliqués à chaque composite pour qu'une nouvelle valeur (*y*) soit calculée sur la base de la valeur d'origine (*x*). Toutes les valeurs au-dessus de 63 ont été tronquées pour que la fourchette de valeurs reste comprise entre 0 et 63. En principe, on peut obtenir des données sur l'intensité lumineuse pour des zones très petites, d'une taille de cellule de 1 km². Alternativement, on peut prendre la moyenne sur des petites zones et créer vingt-et-un composites représentant chacun une année d'éclairage nocturne entre 1992 et 2012.

Étant donné que l'analyse porte sur l'évaluation de l'impact de l'exploitation minière sur l'activité économique locale, une mesure de l'intensité totale de l'éclairage est créée, c'est-à-dire un cumul d'éclairage, et ce pour l'ensemble des cellules situées autour des zones minières et pour chaque unité de l'échelon d'administration territoriale le plus bas possible de chaque pays. Cette mesure a pour but de nous aider à tirer une relation entre l'intensité de la luminosité et l'activité économique locale, en notant que les zones qualifiées de locales concernent en fait ici les districts.

Les données NDVI[6] sont fournies sous la forme d'un jeu de données mondiales, avec une résolution temporelle de 16 jours et une résolution spatiale de 250 × 250 m. Le NDVI est un indice spectral sans dimension qui est lié à l'activité photosynthétique de la végétation (Myneni et Williams, 1994 ; Sellers, 1985). Il se calcule sur la base des bandes spectrales du rouge et du proche infrarouge en utilisant la relation suivante :

$$NDVI = (Proche\ IR - Rouge) / (Proche\ IR + Rouge). \qquad (2)$$

Tableau 5.1 Paires satellitaires utilisés pour les coefficients d'interétalonnage

Satellite	Année	C_0	C_1	C_2
F10	1992	0,0577	1,8322	−0,0140
	1993	−0,1031	1,9334	−0,0156
	1994	0,0711	1,9056	−0,0155
F12	1994	0,0996	1,5284	−0,0086
	1995	−0,0196	1,6398	−0,0108
	1996	0,0850	1,7066	−0,0119
	1997	−0,0270	1,5579	−0,0092
	1998	−0,0345	1,4509	−0,0078
	1999	0,0394	1,3969	−0,0070
F14	1997	−0,0204	2,1047	−0,0186
	1998	0,1002	2,0889	−0,0188
	1999	−0,0281	1,9474	−0,0161
	2000	0,0920	1,8814	−0,0153
	2001	−0,0131	1,7926	−0,0135
	2002	0,0784	1,7011	−0,0122
	2003	−0,0185	1,7744	−0,0133
F15	2000	−0,1015	1,4326	−0,0073
	2001	−0,0916	1,4454	−0,0071
	2002	−0,0326	1,3646	−0,0060
	2003	−0,0387	2,0021	−0,0168
	2004	0,0820	1,8514	−0,0144
	2005	−0,0311	1,7861	−0,0130
	2006	−0,0035	1,8146	−0,0135
	2007	0,1053	1,8927	−0,0151
F16	2004	0,0017	1,6334	−0,0107
	2005	−0,0734	1,8601	−0,0143
	2006	−0,0087	1,5660	−0,0091
	2007	−0,0205	1,3583	−0,0060
	2008	−0,0179	1,4378	−0,0073
	2009	0,1349	1,5622	−0,0095
F18	2010	0,0000	1,0000	0,0000
	2011	0,0938	1,2698	−0,0055
	2012	0,0122	1,1210	−0,0024

Source : Compilation par les auteurs sur la base des données de télédétection.
Note : Les valeur des colonnes sont les coefficients estimés de l'équation (1).

Il a précédemment été montré que le NDVI est lié, par exemple, à la verdure de la végétation, l'indice de surface foliaire et la productivité primaire de la végétation (Johnson, 2003 ; Paruelo *et al.* 1997). De plus, Hill et Donald (2003) ont montré qu'une série temporelle de NDVI peut être utilisée pour apprécier les évolutions de la couverture végétale et les variations au fil du temps. En outre, le NDVI peut être utilisé pour estimer les rendements agricoles (Labus *et al.*, 2010 ; Ren *et al.* 2008). Cela rend possible l'évaluation de la couverture végétale et des rendements agricoles à grande échelle, en utilisant le NDVI issu de la télédétection dans des régions où les données de terrain sont rares.

Afin de diminuer le temps de traitement des données NDVI, un masque a été construit pour exclure les zones qui ne sont pas associées à l'économie agricole en combinant les occupations du sol du produit *MODIS Land Cover Type*[7]. Le système de classification du sol MODIS identifie 17 classes d'occupation du sol : 11 classes de végétation naturelle, 3 classes de sol liés à une utilisation humaine (terrains construits, terrains cultivés et mosaïque terrains cultivés / végétation naturelle) et 3 classes de sol dépourvues de végétation[8]. Ici, les classes souhaitées étaient les « terrains cultivés » (*Croplands*, classe n° 12) et la « mosaïque terrains cultivés / végétation naturelle » (*Cropland/Natural vegetation mosaic*, classe n° 14). Pour les zones comprises dans ces deux classes, l'amplitude annuelle du NDVI a été calculée.

La base de données mondiale de Hansen *et al.* (2013) a été utilisé pour quantifier la perte annuelle de couverture forestière[9]. Il s'agit d'une carte de l'étendue, de la perte et du gain de la couverture forestière entre 2000 et 2012 avec une résolution spatiale de 30 m. Cet ensemble de données améliore la connaissance existante sur l'étendue de la couverture forestière existante en étant spatialement explicite, en quantifiant les pertes et gains d'étendue forestière, en fournissant des informations annuelles sur les pertes et en quantifiant les tendances de perte de couverture forestière. La perte de couverture forestière a été définie comme le remplacement par perturbation ou la disparition totale de la canopée de couverture forestière à l'échelle d'un pixel Landsat. Les tuiles ont été fusionnées en des composites plus larges et reclassifiés en 12 couches, une par année, distinguant ainsi la perte forestière pour chaque année. Au lieu de la somme de luminosité, la somme de perte de couverture forestière a été calculée de la même manière que l'éclairage nocturne.

Les données sur la production agricole provenant des bureaux statistiques du Ghana, de Tanzanie et du Mali ont été mises à contribution pour analyser la relation entre NDVI et production agricole. Les données ont été compilées au niveau des districts et représentent l'ensemble de la production agricole sur une année. Ghana avait des données pour la période allant de 2001 à 2012, la Tanzanie pour 2007 et 2008, et le Mali pour les années entre 2002 et 2007. Les données officielles sur le PIB entre 1992 et 2012 ont été obtenues à partir de la base de données ouverte des Indicateurs du développement dans le monde de la Banque mondiale. (Banque mondiale, 2014). L'ensemble des données sur le PIB sont exprimées en dollars américains constants de 2015.

Modèle de croissance et résultats

Afin de pouvoir utiliser ces données issues de la télédétection, il faut pouvoir démontrer que ces données peuvent effectivement prédire ou suivre les tendances des données collectées par les bureaux statistiques. En d'autres termes, il est important de démontrer la force de la corrélation entre les données de télédétection et les données effectives qui sont collectées par les agences administratives des pays étudiés. Tout particulièrement en ce qui concerne le NDVI, une certaine connaissance de la production agricole au niveau des districts est requise, et même de préférence à l'échelon le plus bas des collectivités territoriales.

Notre analyse du modèle de croissance comporte trois parties. Premièrement, nous établissons la corrélation entre NDVI et production agricole effective. Deuxièmement, nous estimons les modèles de croissance nationale et locale sur la base d'une analyse de séries temporelles allant de 2001 à 2012 au niveau des districts dans les pays étudiés et combinons les données sur l'éclairage nocturne, le NDVI et la perte de couverture forestière pour estimer la taille de l'économie locale. Troisièmement, nous appliquons la méthode des doubles différences pour estimer l'effet de l'exploitation minière sur l'activité économique locale, en ciblant tout particulièrement la production agricole locale.

NDVI et production agricole

Les données issues de la télédétection permettent le calcul du NDVI pour des zones de toutes tailles, mais les chiffres de production agricole effective ne sont disponibles qu'à l'échelle des districts pour cette étude. En conséquence, la première tâche consiste à montrer une corrélation spatiale du NDVI et de la production agricole effective au niveau des districts. Une différence importante entre les estimations spatiales et traditionnelles (« aspatiales ») telles que la régression par la méthode des moindres carrés ordinaire (MCO) réside dans le fait que les statistiques spatiales intègrent directement l'espace et les relations spatiales dans leurs modèles. En fonction de la technique spécifique utilisée, la dépendance spatiale peut entrer dans le modèle de régression sous la forme de relations entre les variables indépendantes et les variables de résultats, de relations entre les variables de résultat et un décalage spatial qui s'y applique, ou encore sous la forme de termes non expliqués (c'est-à-dire de termes d'erreur). Une régression géographiquement pondérée (GWR) est une régression spatiale appliquée aux zones géographiquement réduites qui génère des paramètres qui sont désagrégés par unité spatiale d'analyse. Cela permet d'évaluer l'hétérogénéité spatiale dans les relations estimées entre les variables indépendantes et dépendantes (Fotheringham, Brundsdon et Charlton, 2002).

L'analyse montre une relation forte entre la production agricole effective et le NDVI en utilisant la régression spatiale. La carte 5.1 illustre les différences au niveau spatial entre les deux estimations de la production agricole que sont le

NDVI et les statistiques officielles sur la production agricole sur la base de données datant de 2007. D'autres années donnent des résultats similaires et la force de la relation est affichée dans la figure 5A.1 et le tableau 5A.1 en annexe. La somme du NDVI au niveau du district est utilisée comme variable prédictive du niveau de production agricole. La tendance qui émerge est celle d'une corrélation forte à modérée entre production agricole et NDVI dans les zones à forte densité de population. Pour la plupart des années et des pays – à l'exception du Mali –, plus de 60 % de la variation dans la production agricole au niveau des districts peut s'expliquer par les différences dans l'intensité moyenne de NDVI

Carte 5.1 Régression géographiquement pondérée, par district au Ghana, au Mali et en Tanzanie, 2007

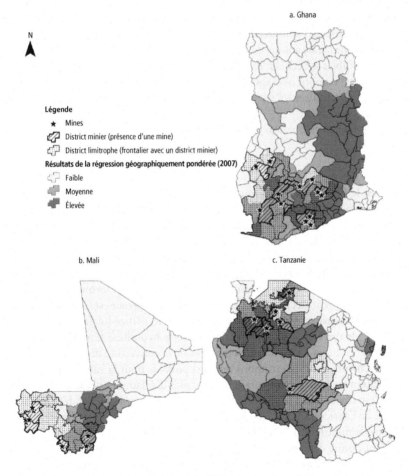

Source : Calculs des auteurs sur la base de données de télédétection et sur la production agricole.

au niveau des districts (voir dans l'annexe, le tableau 5A.1). Nous ne sommes pas en mesure de déterminer si les données agricoles comprennent la production non mise sur le marché, laquelle pourrait s'avérer importante dans l'ensemble des pays étudiés. Cela dit, la forte corrélation entre NDVI et production agricole nous donne l'assurance d'utiliser le NDVI pour prédire la production agricole sur des petites zones – par exemple, autour d'une mine.

Modèle de croissance national

En plus de son impact sur l'agriculture, l'intérêt est de savoir si l'exploitation minière apporte des retombées économiques importantes (ou effets d'entraînement) sur les économies locales. Nous avons montré que la forte association entre NDVI et production agricole justifie l'utilisation de données de NDVI pour mesurer l'évolution de la production agricole autour des mines. De même, on pourrait utiliser les données sur l'éclairage nocturne, dont il a été démontré qu'elles prédisent l'activité économique, pour appréhender les évolutions de l'économie locale autour des mines. Si les données sur la production agricole sont disponibles à l'échelle des districts, ce n'est pas le cas du PIB. En conséquence, il est d'abord nécessaire de définir un modèle national estimant le PIB agrégé avant d'utiliser les paramètres de ce modèle pour obtenir la production économique locale.

La stratégie d'estimation de base suit la formule déterminée par Henderson *et al.* (2012) :

$$\gamma_{jt} = \widehat{\psi} X_{jt} + c_j + d_t + e_{jt}, \tag{3}$$

où γ_{jt} est le PIB réel du pays j au temps t, X_{jt} est le niveau d'éclairage nocturne observé dans le pays j au temps t, c_j et d_t sont respectivement les effets fixes pays et année et e_{jt} est le terme d'erreur. Ce modèle de l'économie agrégée suggère que la production totale ou l'activité économique totale (ou ses évolutions) s'explique par le niveau d'éclairage nocturne mesuré (ou son pourcentage de croissance) tel qu'observé par le satellite et ajusté pour prendre compte de certains effets invariants dans le temps et selon les pays et un terme d'erreur.

Conformément aux pratiques établies, le terme d'erreur est supposé non corrélé avec la mesure du PIB. Étant donné que le PIB et l'éclairage nocturne viennent de deux sources indépendantes, cette hypothèse semble appropriée. Toutefois, en utilisant les données maillées de la couverture du sol et de l'éclairage nocturne, nous déterminons qu'il est possible pour la valeur ajoutée agricole d'augmenter sans pour autant émettre plus d'éclairage nocturne observable dans l'espace. Si tel est le cas, alors le terme d'erreur serait en fait dépendant de la part de l'agriculture puisque le plus la part de l'agriculture est élevée, le plus l'erreur de mesure de l'éclairage nocturne sera élevée.

Étant donné cette observation, notre estimation suit le cadre de l'équation (1) mais prend compte du fait que toute la croissance économique n'est pas prise en compte par la seule croissance de l'éclairage nocturne observable, tout particulièrement dans les sociétés fortement agricoles. L'hypothèse de travail est ici que l'éclairage nocturne observé dans l'espace est le résultat de la seule croissance qui a lieu dans le secteur non agricole. Nous scindons donc le modèle de Henderson *et al.* (2012) en deux, avec un modèle non agricole (équation 4) et un modèle agricole (équation 5) :

$$\gamma_{jt}^{\text{na}} = \widehat{\psi}^{\,\text{na}} X_{jt}^{\text{na}} + c_j^{\text{na}} + d_t^{\text{na}} + e_{jt}^{\text{na}} \qquad (4)$$

$$\gamma_t^{\text{a}} = \left(\widehat{\psi}^{\,\text{a1}} \ \widehat{\psi}^{\,\text{a2}} \ \dots \ \widehat{\psi}^{\,\text{an}} \right) \begin{pmatrix} 1_{jt}^{\text{a1}} \\ 1_{jt}^{\text{a2}} \\ \vdots \\ 1_{jt}^{\text{an}} \end{pmatrix} + c_j^{\text{a}} + d_t^{\text{a}} + e_{jt}^{\text{a}} \qquad (5)$$

L'équation (3) est le modèle familier qui lie le niveau de PIB (ou sa croissance) à la somme (ou la croissance) de l'éclairage nocturne. Nous soutenons que ce modèle est principalement prédictif de données non agricoles. Dans l'équation (5), nous étendons ce modèle au secteur agricole en introduisant deux variables : le NDVI de MODIS et la perte de couverture forestière. Enfin, une variable indicatrice annuelle (utilisant 2004 comme année seuil) est ajoutée de manière à obtenir trois modèles de revenu (ou de croissance de revenu) pour chacun des trois pays, en combinant l'éclairage nocturne, le NDVI et la perte de couverture forestière, c'est-à-dire :

Log PIB ~ Log Éclairage Nocturne + Variable indicatrice annuelle (6)

Log PIB ~ Log Éclairage Nocturne + NDVI + Variable indicatrice annuelle (7)

Log PIB ~ Log Éclairage Nocturne + NDVI + Perte de couverture forestière + Variable indicatrice annuelle (8)

L'intérêt à utiliser une variable indicatrice annuelle et spécifiquement l'année 2004 tient à la réévaluation du PIB qui a été effectuée par le Ghana vers 2006 et au fait que la plupart des prix des marchandises ont commencé à augmenter à cette époque. Le modèle est conçu de manière à ce que le point d'intersection de la droite de régression avec l'ordonnée (l'intercept) corresponde à l'origine. La raison pour laquelle l'intercept n'est pas utilisé tient au fait que dans la seconde étape du modèle, nous estimons la croissance locale en utilisant de modèle de croissance national afin de correspondre aux paramètres locaux au niveau des districts. La dynamique de l'économie locale dépend de la relation entre les variables utilisées dans le modèle de croissance nationale. Inclure un terme d'intercept national se traduirait par un décalage du fait de l'échelle spatiale des estimations locales.

La figure 5.1 montre la correspondance entre l'évolution effective de la production agrégée et les tendances de production estimées obtenues au moyen des trois modèles différents (6 à 8) pour chacun des pays. Trois observations peuvent être tirées de la figure 5.1. Premièrement, les données issues de la télédétection sont fortement prédictives de l'évolution effective du PIB dans l'ensemble des pays et avec de meilleurs niveaux de prédiction du PIB lorsque les trois types de données de télédétection sont utilisés. La correspondance est la meilleure dans le cas du Ghana, et tout particulièrement pour la période après 2004. Au Mali et au Burkina Faso, le logarithme du PIB réel et le logarithme du PIB estimé (sur la base du logarithme de l'éclairage, la perte de couverture forestière et le NDVI) sont très proches pour presque toutes les années à l'exception des pics importants en 2001 et en 2009. En revanche, pour la Tanzanie, si les corrélations sont

Figure 5.1 **Le logarithme du PIB réel et du PIB projeté calculé au moyen de trois modèles différents pour le Burkina Faso, le Ghana, le Mali et la Tanzanie, 2001–2012**

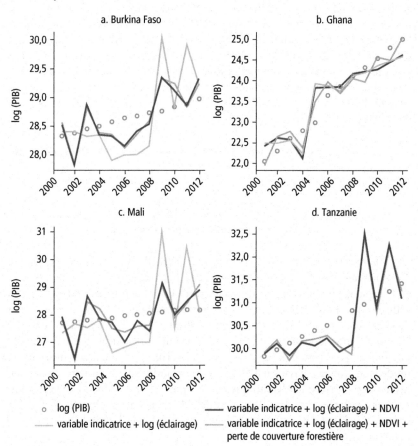

fortes, les données issues de la télédétection sous-estiment tantôt la production totale et tantôt la surestiment. On observe des crêtes similaires dans les données de la Tanzanie, tout particulièrement pour le logarithme de l'éclairage nocturne. Les tendances très particulières que l'on peut observer pour les dernières années du modèle pour le Burkina Faso, la Tanzanie et le Mali sont similaires à celles observées pour les données sur l'éclairage au niveau global (figure 5A.2 de l'annexe). Elles sont dues à plusieurs particularités ayant trait à l'éclairage nocturne : la variation réelle dans les données sur l'éclairage nocturne entre les différentes années, les effets d'étalonnement et le troncage des valeurs supérieures à 63 (intensité lumineuse supérieure à 63).

De plus, comme on s'y attendait, l'éclairage nocturne ne suffit pas à lui seul pour prédire la production agrégée. S'il est vrai que l'éclairage nocturne se démarque comme étant fortement corrélé au PIB, l'inclusion du NDVI améliore la correspondance du modèle (tableau 5.2) En fait, les modèles de pays semblent suggérer que la combinaison éclairage nocturne – NDVI présente une meilleure adéquation statistique dans la prévision du logarithme du PIB que toute autre spécification (par exemple l'éclairage nocturne ou le NDVI seuls ou encore la perte de couverture forestière). La perte de couverture forestière n'est statistiquement significative qu'au Ghana. Les résultats des autres pays ne sont pas statistiquement significatifs quand l'on ajoute la perte de couverture forestière et cette variable a donc été retirée de l'ensemble des modèles d'estimation.

Enfin, bien que l'agriculture représente la part la plus importante de l'activité économique dans l'ensemble de ces pays, le NDVI n'est fortement significatif que dans le cas du modèle du Burkina Faso et du Mali. Ajouter la perte de couverture forestière n'améliore pas la correspondance du modèle et cette variable n'est significative qu'au Ghana. La variable indicatrice annuelle est fortement significative au Ghana mais n'influence pas les résultats pour les autres pays.

Modèle de croissance à l'échelle des districts

Idéalement, nous aimerions estimer un modèle faisant le lien entre PIB au niveau local et des données géoréférencées. Malheureusement, si les données géoréférencées pourraient être compilées pour des zones plus réduites qu'un district, il n'y existe pas de données administratives qui permettraient de calculer le PIB à l'échelle des districts. Pour cette raison, les paramètres de la relation entre PIB et données géoréférencées au niveau national sont utilisés pour imputer la production à l'échelle des districts à chaque pays étudié. Les modèles sont basés sur les résultats des régressions des équations (6) à (8) et présentés dans le tableau 5.3.

Plusieurs méthodes ont été utilisées lors du développement du modèle de croissance à l'échelle des districts pour déterminer la dimension l'économie locale de manière précise. Les données sur la population et les dépenses moyennes par ménage au niveau des districts ont été utilisées comme coefficients de pondération dans le modèle estimant les tendances de croissance

Tableau 5.2 Croissance estimée, calculée en utilisant les données issues de la télédétection au Burkina Faso, au Ghana, au Mali et en Tanzanie

Pays	Spécification du modèle	Variable indicatrice	Éclairage	NDVI	Perte forestière	R^2
Burkina Faso	log(PIB) ~ 0 + log(éclairage) + var. indicatrice	−0,6375	2,6873***			0,314
	log(PIB) ~ 0 + log(éclairage) + NDVI + var. indicatrice	−0,1954	1,8140***	8,188E-06**		0,434
	log(PIB) ~ 0 + log(éclairage) + NDVI + perte forestière + var. indicatrice	−0,2595	1,8477***	7,821E-06**	5,12E-07	0,433
Ghana	log(PIB) ~ 0 + log(éclairage) + var. indicatrice	1,6512***	1,8172***			0,837
	log(PIB) ~ 0 + log(éclairage) + NDVI + var. indicatrice	1,6370***	1,7550***	1,713E-06		0,844
	log(PIB) ~ 0 + log(éclairage) + NDVI + perte forestière + var. indicatrice	1,7860***	1,7590***	3,644E-06	−2,34E-06*	0,915
Mali	log(PIB) ~ 0 + log(éclairage) + var. indicatrice	−1,0713	2,5732***			0,201
	log(PIB) ~ 0 + log(éclairage) + NDVI + var. indicatrice	−0,4041	1,3282***	1,064E-05**		0,223
	log(PIB) ~ 0 + log(éclairage) + NDVI + perte forestière + var. indicatrice	−0,4554	1,3731**	1,009E-05**	2,62E-06	0,259
Tanzanie	log(PIB) ~ 0 + log(éclairage) + var. indicatrice	0,3340	2,5921***			0,489
	log(PIB) ~ 0 + log(éclairage) + NDVI + var. indicatrice	0,3322	2,5913***	4,347E-08		0,488
	log(PIB) ~ 0 + log(éclairage) + NDVI + perte forestière + var. indicatrice	0,5441	2,6175***	7,163E-08	−1,58E-07	0,483

Source : Calculs des auteurs sur la base des données issues de la télédétection.
Note : NDVI = Normalized Difference Vegetation Index.
*** $p < 0,01$, ** $p < 0,05$, * $p < 0,1$.

Tableau 5.3 Produit intérieur brut observé et modélisé au Burkina Faso, au Ghana, au Mali et en Tanzanie

	Burkina Faso	Ghana	Mali	Tanzanie
Moyenne du log (PIB)	28,65	23,59	27,98	30,62
Moyenne du log (PIB modélisé)	28,65	23,60	27,96	30,60
Écart-type résiduel	0,67	0,43	1,39	0,72

locale. Toutefois, la population à l'échelle des districts était fortement corrélée à la densité de l'éclairage nocturne au niveau des districts et la moyenne des dépenses des ménages à l'échelle des districts était fortement corrélée au PIB au niveau local (voir les figures 5A.3 et 5A.4 de l'annexe pour l'analyse des corrélations) et n'a donc pas été utilisée dans les estimations.

Les résultats des tendances de croissance au niveau des districts sont affichés sous forme d'une série de cartes et de graphiques dans l'annexe 5A. La série de cartes 5A.1 de l'annexe présente une visualisation spatiale des tendances de croissance imputées au niveau des districts dans chacun des pays, catégorisant les districts en fonction de la croissance prévue (négative, modérée ou élevée). L'observation de ces cartes mène à trois conclusions principales. Premièrement, la croissance moyenne dans les districts miniers apparaît comme plus élevée que dans les districts non miniers. Au Ghana, les taux de croissance moyens deviennent positifs lorsque la croissance dans les districts limitrophes aux districts miniers est prise en compte. La série de cartes 5A.1 suggère que les effets de l'exploitation minière pourraient évoluer différemment autour des zones minières et des zones non minières des différents pays. Cela pourrait avoir un impact sur la croissance économique locale. Toutefois, pour déterminer si ces tendances spatiales de la croissance économique locale mesurée sont dues aux activités minières, il faut procéder à un test plus rigoureux qu'une simple inspection visuelle. Un test approprié et ses résultats sont présentés dans la section suivante.

Éclairage nocturne et NDVI dans le cadre de l'application de la méthode des doubles différences

Cadre empirique
Pour comprendre si l'éclairage nocturne et l'indice de verdure dans les communautés minières sont liés au démarrage de l'exploitation minière, une stratégie empirique d'estimation par la méthode des doubles différences est utilisée[10]. Cette stratégie permet de comparer les résultats des zones situées à proximité géographique des mines avec des zones plus distantes, à la fois avant et après le début de production des mines. Il s'agit donc de faire trois comparaisons : près et loin des mines, avant et après, et les deux comparaisons en simultané. Les différences transversales entre zones avec une mine active et zones sans mine active sont modelisées comme suit :

$$Y_{jt} = \beta_1 active_{jt} + \varepsilon_j \qquad (9)$$

où Y est la variable de résultat (éclairage nocturne et NDVI), *active* est une variable binaire qui prend la valeur 1 si la mine est active au cours de l'année considérée, et l'indice j concerne la mine et l'indice t l'année. L'importance de la proximité peut être modélisée comme suit :

$$Y_j = \beta_1 proche_j + \varepsilon_j \qquad (10)$$

où *proche* correspond à la différence transversale entre les zones qui sont proches des mines et celles qui sont situées plus loin. L'intérêt est de connaître l'évolution relative ayant lieu à proximité géographique des mines avec le démarrage de la mine, comparé avec ce qui se passe loin de la mine. Cela est appréhendé par un modèle d'estimation utilisant la méthode des doubles différences et qui comprend un effet d'interaction entre les deux variables binaires :

$$Y_{jt} = \beta_1 active_{jt} + \beta_2 proche_j + \beta_3 active_{jt} {}^\star proche_j + \delta_j + \varepsilon_{jt} \qquad (11)$$

où δ_j correspond à un effet fixe mine, ce qui signifie que tout changement qui est spécifique a une mine est pris en compte. Les effets fixes année, qui concernent les chocs liés à une année spécifique et ayant lieu sur l'ensemble des mines, sont également pris en compte. Pour décider des distances pertinentes pour l'examen de l'impact géographique des mines d'or, l'analyse s'inspire d'études récentes dans un contexte africain (voir chapitre 4). Ces études déterminent que les zones situées dans un rayon de moins de 20 km d'une mine sont pertinentes et qu'au-delà de 50 km les mines ont peu d'influence sur le plan économique. De plus, nous nous basons sur les résultats géographiques trouvés dans cette étude. En conséquence, une distance de 10 km est choisie pour comprendre l'influence à proximité des mines. L'on compare les résultats avec ceux pour une zone qui est située à 10 km, 20 km, 30 km, et entre 50 à 100 km de distance. La taille totale de l'échantillon est de 32 mines d'or situées au Burkina Faso, au Ghana, au Mali et en Tanzanie.

Résultats

La figure 5.2 étudie les évolutions aux différentes distances de la mine sur la durée de la vie de celle-ci. Ces chiffres sont basés sur des statistiques synthétiques et ne prennent pas en compte les différences systématiques qui pourraient exister entre les mines. Dans l'ensemble, il semble que les zones très proches des mines sont sur une tendance plus marquée pour ce qui est de l'éclairage nocturne que les zones plus lointaines, tout particulièrement au plus près de l'année d'ouverture de la mine. Une interprétation de cette tendance est que l'activité économique qui émet de la lumière nocturne augmente dans ces zones quelques années avant le début de l'extraction d'or effective. Cela a lieu dès avant l'année d'ouverture de la mine notamment parce que les mines ont une forte intensité capitalistique et que l'économie locale est stimulée pendant cette phase d'investissement, ce qui se retrouve dans les études économétriques précédemment mentionnées.

Pour le NDVI, il n'y a pas de grande différence dans les tendances observées sur les différentes zones. Bien que les deux zones semblent être sur une tendance haussière, cela doit être interprété avec prudence car cela peut être dû à un échantillon déséquilibré[11]. La seule chose que nous détectons est que les zones proches des mines deviennent relativement plus vertes au fil du temps par rapport aux zones plus distantes.

Le tableau 5.4 montre les résultats de la régression effectuée sur la base des stratégies décrites dans la section sur les cadres empiriques. Ces résultats indiquent qu'il y a eu une augmentation nette de l'éclairage nocturne près des mines. Les effets les plus prononcés se retrouvent dans les 10 km autour d'une mine. Les mesures sont de simples différences et comparent les périodes avant et après l'ouverture de la mine au sein d'une même zone. Le plus la distance utilisée pour définir la zone proche d'une mine est élevée, le plus l'ampleur des effets est réduite. Il convient de noter que ces estimations sont de simples différences et qu'ils ne prennent pas en compte les tendances locales de l'éclairage

Figure 5.2 Éclairage nocturne et NDVI sur la durée d'exploitation des mines

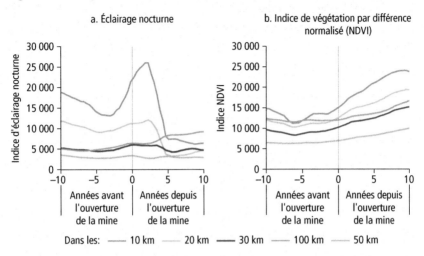

a. Éclairage nocturne

b. Indice de végétation par différence normalisé (NDVI)

Dans les : —— 10 km —— 20 km —— 30 km —— 100 km —— 50 km

Source : Estimation des auteurs sur la base des données des enquêtes.
Note : Mesures non paramétriques (lissage polynomial local) de l'éclairage nocturne et du NDVI près des mines. « Années depuis l'ouverture de la mine » sur l'abscisse fait état du nombre d'années depuis l'ouverture de la mine, les années avant l'ouverture étant situées à gauche de l'origine, et les années depuis l'ouverture étant situées à droite de l'origine sur le plan. L'éclairage nocturne et le NDVI sont mesurés en tant que moyennes sur des zones géographiques limitées, comprises entre un rayon de 10 km autour du centre de la mine, de 20 km, de 30 km, de 50 km, et de 100 km.

nocturne (pour cela, voir l'analyse par la méthode des doubles différences qui fait suite et le tableau 5.5).

Il existe aussi une possibilité que le modèle surestime l'ampleur de l'effet parce qu'il n'appréhende pas les évolutions de la composition de la production agricole uniquement avec l'éclairage nocturne. Par exemple, si les ménages travaillant dans l'agriculture vivrière n'ont pas l'électricité, mais en demandent plus afin de s'engager dans des secteurs plus modernes à l'époque de l'ouverture de la mine, alors l'augmentation de la demande en électricité conduire à une augmentation de l'éclairage nocturne. Toutefois, le déclin de l'activité agricole qui résultera du changement d'occupation professionnelle ne sera pas reflété dans les évolutions de l'éclairage nocturne si l'agriculture vivrière n'utilise pas d'électricité. Dans un tel scénario, l'effet de la mine sur l'économie locale serait surestimé.

Les conclusions de l'analyse par la méthode des doubles différences sont présentées dans le tableau 5.5. Les résultats ne montrent pas d'augmentation robuste dans l'éclairage nocturne ou le NDVI dans les communautés minières (à moins de 20 km d'une mine) par rapport à celles situées plus loin (à entre 20 et 100 km d'une mine). Les effets estimés sont non significatifs pour le coefficient de traitement principal, *active_fermée*. Le coefficient statistiquement significatif pour le caractère actif de la mine dans la première spécification montre qu'il y a plus de sources d'éclairage nocturne sur l'ensemble de la zone après

Tableau 5.4 Spécification de l'estimation par simple différence : comparaison entre la situation avant et après l'ouverture de la mine

Distance	(1) 10 km	(2) 20 km	(3) 30 km	(4) 40 km	(5) 50 km
Log (éclairage nocturne)					
Mine active	0,704**	0,446***	0,281*	0,235	0,468***
	(0,272)	(0,135)	(0,146)	(0,149)	(0,070)
Observations	620	620	620	620	620
R^2	0,649	0,728	0,775	0,820	0,896
Log (NDVI)					
Mine active	0,026***	0,014*	0,014	0,030**	0,049
	(0,009)	(0,007)	(0,024)	(0,012)	(0,061)
Observations	347	347	347	347	347
R^2	0,601	0,709	0,649	0,635	0,452
Effets fixes mine	Oui	Oui	Oui	Oui	Oui

Note : Les écarts types agrégés au niveau de la mine sont indiqués entre parenthèses. La simple différence consiste à enregistrer le pourcentage d'augmentation de l'éclairage nocturne et du NDVI après l'ouverture de la mine dans un rayon de 10, 20, 30, 40 ou 50 km d'une mine. La méthode de la simple différence est donc une comparaison de valeurs avant et après l'ouverture d'une mine une zone géographique donnée.
***$p < 0,01$, **$p < 0,05$, *$p < 0,1$.

Tableau 5.5 Spécification de l'estimation par la méthode des doubles différences

	(1) Éclairage nocturne	(2) Éclairage nocturne	(3) NDVI	(4) NDVI
Active_fermée	−0,540	−0,545	−0,052	−0,034
	(0,365)	(0,375)	(0,270)	(0,265)
Active	0,692***	0,191	0,316	−0,028
	(0,204)	(0,240)	(0,228)	(0,232)
Proche (20 km)	0,209	0,199	−0,144	−0,168
	(0,333)	(0,344)	(0,207)	(0,200)
Effets fixes mine	Oui	Oui	Oui	Oui
Effets fixes année	Non	Oui	Non	Oui
Observations	1 063	1 063	684	684
R^2	0,655	0,693	0,691	0,727

Note : Les écarts types sont agrégés au niveau de la mine sont indiqués entre parenthèses. L'estimation par la méthode des doubles différences compare les résultats près des mines avec ceux plus loin (20 à 100 km), et avant et après l'ouverture de la mine. Les deux années précédant l'ouverture des mines sont exclues de l'analyse. *Proche* est défini par une proximité à moins de 20 km d'une mine.
***$p < 0,01$, **$p < 0,05$, *$p < 0,1$.

l'ouverture de la mine qu'avant celle-ci. Le coefficient est non significatif si l'on prend en compte les effets fixes année, qui indiquent qu'il y a des tendances dans l'éclairage. En évaluant les données visuelles de la figure 5.2, il semblerait qu'il n'y ait qu'une augmentation modeste dans l'éclairage nocturne sur la zone située à moins de 20 km d'une mine d'or à l'époque de l'ouverture, mais que cela n'est pas vrai sur le long terme.

Si les mines augmentent le taux d'urbanisation ou conduisent à une diminution de l'agriculture locale – comme mis en évidence par Aragón et Rud (2015) –, la verdure dans les zones minières devrait diminuer. En somme, les valeurs du NDVI, l'indicateur de verdure utilisé dans notre modèle, devraient décliner. Le tableau 5.4 B montre que les zones proches des mines ont des niveaux plus élevés de NDVI (colonnes 1, 2 et 4). Cela pourrait indiquer que les zones minières sont plus rurales en général. Toutefois, les termes d'interaction (tableau 5.5, colonnes 3 et 4) sont non significatifs et négatifs, indiquant que le NDVI ne change pas statistiquement avec le démarrage de l'exploitation minière.

Conclusions

L'objectif de ce chapitre a été d'utiliser des données issues de la télédétection pour estimer le niveau et la croissance (ou du déclin) des activités économiques locales autour des zones minières au Burkina Faso, au Ghana, au Mali et en Tanzanie. L'analyse a été divisée en deux parties.

Elle a d'abord établi la relation spatiale entre le NDVI et la production agricole effective au niveau des districts d'une part, et entre l'éclairage nocturne et la production économique totale (PIB) d'autre part. Les jeux de données de télédétection utilisés dans l'étude avaient trait à la période allant de 2001 et 2012, fournissant non seulement une résolution spatiale élevée mais également la perspective d'une série temporelle pour permettre de prendre en compte les évolutions au cours du temps. Les résultats étaient encourageants. Il a été mis en évidence que le NDVI, ou indice de verdure, et l'éclairage nocturne constituent de bons indicateurs (dotés d'un R^2, ou coefficient de détermination, relativement élevé) de l'activité économique de ces pays. Toutefois, la perte de couverture forestière comme variable prédictive de la croissance économique ne contribue pas un pouvoir explicatif supérieur pour modéliser la croissance économique au niveau national, ce qui fait que la perte de couverture forestière a été omise de la modélisation de la croissance économique à l'échelle locale.

Deuxièmement, après avoir montré que les données issues de la télédétection fournissent une mesure utile de l'activité économique, ce chapitre a fait usage de ces données issues de la télédétection pour comparer la croissance des activités économiques autour des zones minières et celles des zones plus distances en utilisant la méthode des doubles différences.

Les conclusions peuvent être résumées en deux points. Premièrement, l'analyse d'un ensemble choisi de 32 mines d'or de quatre pays africains (Burkina Faso, Ghana, Mali et Tanzanie) suggère que le démarrage des mines est associé à des augmentations de l'activité économique – telle qu'évaluée à partir de l'éclairage nocturne – dans le périmètre des mines. L'analyse graphique des données sur l'éclairage nocturne affiche de fortes augmentations dans l'éclairage nocturne dans les communautés minières situées dans les 10 km d'une mine dans les années précédant immédiatement l'ouverture de la mine, et dans les années suivant l'ouverture de la mine[12]. Une simple analyse par la méthode des doubles différences illustre le fait que les zones très proches (à moins de 10 km d'une mine) ont des niveaux significativement plus élevés d'activité économique après l'ouverture de la mine. Toutefois, l'analyse par la méthode des doubles différences illustre le fait que les zones proches des mines ne s'en sortent pas significativement mieux que les zones plus distantes sur le long terme. Cela pourrait partiellement indiquer qu'à terme les retombées économiques de l'exploitation minières se diffusent sur une zone plus large à distance du point central de la mine. Cette conclusion selon laquelle la croissance économique s'accroît est contraire à la perception selon laquelle les mines à grande échelle constituent des enclaves économiques séparées des économies locales.

Deuxièmement, malgré les risques que les mines posent pour la productivité agricole par exemple, à travers la pollution de l'environnement ou des changements structurels dans le marché du travail, rien n'indique une diminution du taux de verdure – lequel est un indicateur de la production agricole[13].

Annexe 5A: Résultats sur les tendances de croissance au niveau des districts

Figure 5A.1 Régression géographiquement pondérée – Coefficient de détermination local pour la relation entre la variable dépendante « Production agricole totale par district » et la variable indépendante « Somme de l'intensité du NDVI par district »

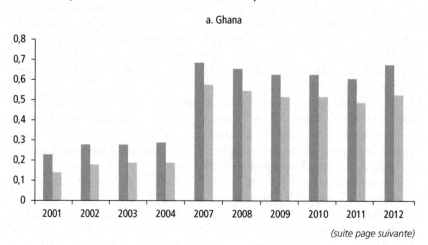

a. Ghana

(suite page suivante)

Figure 5A.1 (suite)

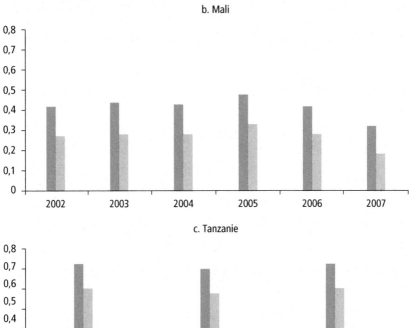

Source : NDVI traités par les auteurs et données sur la production agricole issues de la Banque mondiale.

Tableau 5A.1 Régression géographiquement pondérée – Coefficient de détermination local pour la relation entre la variable dépendante « Production agricole totale par district » et la variable indépendante « Somme de l'intensité du NDVI par district »

Pays	Année	R^2	R^2 ajusté
Ghana	2001	0,23	0,14
Ghana	2002	0,28	0,18
Ghana	2003	0,28	0,19
Ghana	2004	0,29	0,19

(suite page suivante)

Tableau 5A.1 (suite)

Pays	Année	R^2	R^2 ajusté
Ghana	2007	0,69	0,58
Ghana	2008	0,66	0,55
Ghana	2009	0,63	0,52
Ghana	2010	0,63	0,52
Ghana	2011	0,61	0,49
Ghana	2012	0,68	0,53
Mali	2002	0,43	0,28
Mali	2003	0,45	0,29
Mali	2004	0,44	0,29
Mali	2005	0,49	0,34
Mali	2006	0,43	0,29
Mali	2007	0,33	0,19
Tanzanie	2007	0,72	0,58
Tanzanie	2008	0,69	0,55

Source : NDVI traités par les auteurs et données sur la production agricole issue de la Banque mondiale.

Figure 5A.2 Log (lumière totale), 2008–2012

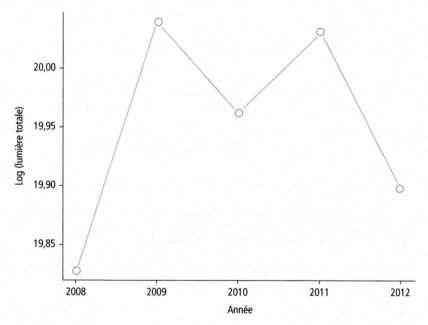

Carte 5A.1 Analyse spatiale de la croissance moyenne dans les districts estimée par le modèle de croissance au Burkina Faso, au Ghana, au Mali et en Tanzanie, 2001–2012

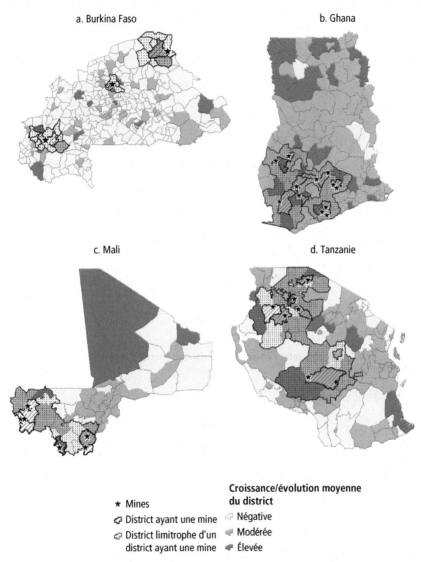

a. Burkina Faso

b. Ghana

c. Mali

d. Tanzanie

★ Mines

🡲 District ayant une mine

🡲 District limitrophe d'un district ayant une mine

Croissance/évolution moyenne du district

🡲 Négative

🡲 Modérée

🡲 Élevée

Source : Calcul des auteurs sur la base de données de télédétection et de données sur la production agricole.

Figure 5A.3 Corrélation entre le PIB et les dépenses des ménages par habitant au Ghana, 1991/1992 et 2005/2006

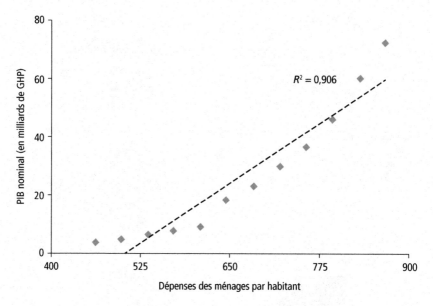

Source : Indicateurs du développement dans le monde de la Banque mondiale ; *Ghana Living Standards Surveys* de 1991/1992 et 2005/2006.

Figure 5A.4 Corrélation entre l'intensité de l'éclairage nocturne et la population au niveau des districts au Ghana, 2010

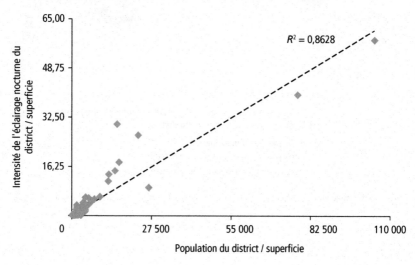

Source : Données DMSP-OLS traitées par les auteurs ; données sur la population fournies par la Banque mondiale.

Notes

1. Ce chapitre est basé sur Andersson *et al.* (2015).
2. Le senseur MODIS (*Moderate Resolution Imaging Spectroradiometer*) est un instrument clé qui est embarqué à bord des satellites Terra (EOS AM) et Aqua (EOS PM) mis en orbite par la NASA.
3. Voir le site web du *National Oceanic and Atmospheric Administration – National Geophysical Data Center* (http://ngdc.noaa.gov/eog/archive.html) pour pour une description de chacun de ces ensembles de données.
4. Il s'agit d'un fournisseur international de logiciels de systèmes d'information géographique.
5. Dans leur étude, Elvidge *et al.* (2009, 2013) ont sélectionné F121999 comme composite de base. Cette différence de sélection s'explique par le fait que les auteurs interétalonnaient un ensemble de données à l'échelle mondiale tandis que l'étude en question ne porte que sur le cas de l'Afrique.
6. Les NDVI du produit d'indices de végétation MOD13Q1 de MODIS ont été utilisés.
7. À cet effet, le produit *Land Cover Type MODIS* (MCD12Q1) a été utilisé (Friedl *et al.* 2010).
8. Il s'agit de classes de classification du sol définies par le programme IGBP (*International Geosphere Biosphere Programme*).
9. Les données annuelles sur la perte de couverture forestière ont été téléchargées sur http://www.earthenginepartners.appspot.com/science-2013-global-forest/download.html.
10. Cette stratégie est employée pour comprendre les effets économiques de l'exploitation aurifère en Afrique par Aragón and Rud (2015), Chuhan-Pole *et al.* (2015) Tolonen (2015).
11. L'échantillon est déséquilibré étant donné que les données sur l'éclairage nocturne démarrent en 2002 mais que les mines peuvent avoir démarré leur activité bien avant 2002, ou bien après. Si une mine est lancée avant 2002, nous aurons les données d'éclairage nocturne pour la seule période active de la mine. Dans de telles situations, il y aura un ajout aux estimations de l'éclairage nocturne du côté droit de la ligne rouge sur la figure 5.2, mais pas du côté gauche. Il y a trop peu de mines pour lesquelles nous disposons de données sur l'éclairage nocturne sur l'ensemble de la période de vingt années pour obtenir un sous-échantillon parfaitement équilibré.
12. La proximité est définie comme une zone dans les 10 km, 20 km, 30 km ou 40 km d'une mine, et le groupe de contrôle est tiré d'une zone située à entre 50 et 100 km d'une mine.
13. Il faut toutefois noter que les effets des activités de l'exploitation minière artisanale et à petite échelle, qui sont fréquentes dans les pays étudiés, sur la croissance économique et la verdure ne sont pas abordés dans ce rapport. Ces effets ne sont pas non plus estimés de manière séparée (voir l'encadré 4.1 du chapitre 4).

Références

Andersson M., Chuhan-Pole P., Dabalaen A., Hall O., Olen N., Sanoh A. et Tolonen A. (2015), « Does Large-Scale Gold Mining Reduce Agricultural Growth? Case Studies from Burkina Faso, Ghana, Mali, and Tanzania », inédit.

Aragón, F. M. et Rud. J. P. (2015), « Polluting Industries and Agricultural Productivity: Evidence from Mining in Ghana », *The Economic Journal*, vol. 126, n° 597, p. 1980–2011.

Chen X. et Nordhaus W.D. (2011), « Using luminosity data as a proxy for economic statistics » *Proceedings of the National Academy of Sciences*, vol. 108, n° 21, p. 8589–8594.

Chuhan-Pole P., Dabalen A., Kotsadam A., Sanoh A. et Tolonen A. (2015), « The Local Socioeconomic Effects of Gold Mining: Evidence from Ghana », Policy Research Working Paper, n° 7250, Banque mondiale, Washington.

Doll C. N. H., Muller J.-P., et Morley J. G. (2006), « Mapping regional economic activity from night-time light satellite imagery » *Ecological Economics*, vol. 57, n° 1, p. 75–92.

Ebener S., Murray C., Tandon A. et Elvidge C. D. (2005), « From wealth to health: modelling the distribution of income per capita at the sub-national level using night-time light imagery », *International Journal of Health Geographics*, vol. 4, n° 5, p. 1–17.

Eklundh L. et Jönsson P. (2012), « TIMESAT 3.1 Software Manual », Lund University, Lund.

Elvidge C. D., Baugh K. E., Kihn E. A., Kroehl H.W., David E. R. et Davis C.W. (1997), « Relation between satellite observed visible-near infrared emissions, population, economic activity and electric power consumption », *International Journal of Remote Sensing*, vol. 18, n° 6, p. 1373-1379.

Elvidge C. D., Hsu F.-C., Baugh K. E. et Ghosh T. (2013), « National trends in satellite observed lighting: 1992–2012 » in *Global Urban Monitoring and Assessment Through Earth Observation*, édité par Q. Weng, CRC Press, Boca Raton.

Elvidge C. D., Ziskin D., Baugh K. E., Tuttle B. T., Ghosh T., Pack D. W. et Zhizhin M. (2009), « A fifteen year record of global natural gas flaring derived from satellite data », *Energies*, n° 2, p. 595–622.

Fotheringham A. S., Brunsdon C. et Charlton M. E. (2002), *Geographically Weighted Regression: The Analysis of Spatially Varying Relationships*, Wiley, Chichester.

Friedl M. A., Sulla-Menashe D., Tan B., Schneider A., Ramankutty N., Sibley A. et Huang X. (2010), « MODIS Collection 5 global land cover: Algorithm refinements and characterization of new datasets », *Remote Sensing of Environment*, n° 114, p. 168-182.

Ghosh T., Powell R. L., Elvidge C. D., Baugh K. E., Sutton P. C. et Anderson S. (2010), « Shedding light on the global distribution of economic activity », *The Open Geography Journal*, n° 3, p. 148-161.

Hall O. (2010), « Remote sensing in social science research », *Open Remote Sensing Journal*, n° 3, p. 1–16.

Hall O. et Magnus A. (2014), « African Economic Growth » *Light and Vegetation Database*, Lund.

Hansen M. C., Potapov P. V., Moore R., Hancher M., Turubanova S. A., Tyukavina A., Thau D. *et al.* (2013), « High-Resolution Global Maps of 21st-Century Forest Cover Change », vol. 342, n° 6160, p. 850–853.

Henderson J. V., Storeygard A. et Weil D. N. (2012), « Measuring Economic Growth from Outer Space », *American Economic Review*, vol. 102, n° 2, p. 994–1028.

Hill M. J. et Donald G. E. (2003), « Estimating spatio-temporal patterns of agricultural productivity in fragmented landscapes using AVHRR NDVI time series », *Remote Sensing of Environment*, vol. 84, n° 3, p. 367–384 – doi:http://dx.doi.org/10.1016/S0034-4257 (02)00128-1.

Johnson L. F. (2003), « Temporal stability of an NDVI-LAI relationship in a Napa Valley vineyard », *Australian Journal of Grape and Wine Research*, vol. 9, n° 2, p. 96–101 – doi:10.1111/j.1755-0238.2003.tb00258.x.

Keola S., Andersson M. et Hall O. (2015), « Monitoring Economic Development from Space: Using Night-time Light and Land Cover Data to Measure Economic Growth », *World Development*, n° 66, p. 322–334.

Labus M. P., Nielsen G. A., Lawrence R. L., Engel R. et Long D. S. (2002), « Wheat yield estimates using multi-temporal NDVI satellite imagery », *International Journal of Remote Sensing*, vol. 23, n° 20, p. 4169–4180 – doi:10.1080/01431160110107653.

Lobell D. B., Ortiz-Monasterio J. I., Asner G. P., Matson P. A., Naylor R. L. et Falcon W. P. (2005), « Analysis of wheat yield and climatic trends in Mexico », *Field Crops Research*, n° 94, p. 250–256.

Lobell D. B. (2013), « The use of satellite data for crop yield gap analysis », *Field Crops Research*, vol. 143 (mars), p. 56-64.Myneni R. B. et Williams D. L. (1994), « On the relationship between FAPAR and NDVI » *Remote Sensing of Environment*, vol. 49, n° 3, p. 200–211 – doi:10.1016/0034-4257 (94)90016-7.

Paruelo J. M., Epstein H. E., Lauenroth W. K. et Burke I. C. (1997), « ANPP estimates from NDVI for the Central Grassland Region of the United States », *Ecology*, vol. 78, n° 3, p. 953–958 – doi:10.1890/0012-9658 (1997)078[0953:aefnft]2.0.co;2.

Ren J., Chen Z., Zhou Q. et Tang H. (2008), « Regional yield estimation for winter wheat with MODIS-NDVI data in Shandong, China », *International Journal of Applied Earth Observation and Geoinformation*, vol. 10, n° 4, p. 403–413 – doi:http://dx.doi.org/10.1016/j.jag.2007.11.003.

Sei-Ichi S., Fukaya A., Saitoh K., Semedi B. et Mugo R. (2010), « Estimation of number of Pacific saury fishing vessels using night-time visible images », *International Archives of the Photogrammetry, Remote Sensing and Spatial Information Science*, vol. 38 (partie 8), p. 1013–1016.

Sellers P. J. (1985), « Canopy reflectance, photosynthesis and transpiration » *International Journal of Remote Sensing*, vol. 6, n° 8, p. 1335–1372.

Sutton P. et Costanza R. (2002), « Global Estimates of Market and Non-Market Values Derived from Nightime Satellite Imagery, Land Cover and Ecosystem Service Valuation », *Ecological Economics*, vol. 41, n° 3, p. 509-527.

Tolonen A. (2015) « Local Industrial Shocks, Female Empowerment and Infant Health: Evidence from Africa's Gold Mining Industry », thèse de dissertation, université de Göteborg.

Imprimerie de la Direction de l'information légale et administrative
Nº 443190040-001119 – Dépôt légal : novembre 2019

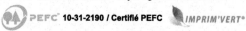